# 担保物権法

[第2版]

## 松井 宏興
*Matsui Hirooki*

[民法講義3]

成文堂

# はしがき

　著者は，関西学院大学大学院司法研究科（法科大学院）において法律基本科目の1つである民法Ⅲを講義しているが，この科目は，債権担保に関わる様々な民法上の制度を対象としており，そこで取り扱われる範囲の中には当然担保物権が含まれている。そして，2006年度では講義用のために担保物権を中心としたノートを作成したが，本書は，このノートを基にして作られたものである。

　本書の基となったノートは，法科大学院の学生を対象にしたものであるが，本書は，目を通して頂ければ分かるように，内容的には学部学生にも十分理解できるように，平易に書いたつもりである。したがって，本書は，法科大学院生だけではなく広く民法を学ぼうとする者を対象としている。そして，最近の多くの教科書や体系書にならって，簡単な設例を随所に採り入れて，読者の理解を助けるようにしている。民法学の議論は抽象的であり，民法を学ぼうとする者にとってなかなか馴染めず理解するのに困難な場合が多いように思われる。そのため，本書でも必要に応じて簡単な例を設けることによって，民法学における複雑な議論を少しで理解できるように試みた。これらの設例を念頭に置いて本書を読むようにしていけば，理解が進むものと考えられる。また，本書を教科書に使用する場合でも，この設例を中心に授業を進めることも考えられる。

　更に，教科書であれば，それが対象とする範囲についてある程度万遍なく叙述するのが通常であるが，本書は，この点については叙述の仕方に軽重を設け，第2章の抵当権と最後の第5章の非典型担保の叙述に重点を置いた。それは，なんと言っても抵当権が担保物権の最も代表的なものであり，担保物権全体を理解するには抵当権の十分な理解が不可欠であり，また，非典型担保は，その重要性にもかかわらず，仮登記担保を除いて法律上の規定がなく，もっぱら判例・学説によって理論が構成されていることから，その理解に種々の困難を伴うと考えたからである。

*ii*　　はしがき

　しかし，以上のような筆者の意図が十分達成されているかは，本書を読まれた方々の判断に委ねざるを得ないところである。また，なにぶん急いで書き上げたこともあって，本書の内容について思わぬ間違いを犯しているかも知れない。読者諸賢からの忌憚のない御意見や御批判を頂戴して，本書をより良いものにしていきたいと考えている。

　本書を初めとする民法財産法教科書シリーズ執筆の約束をしたのは，筆者が前任校の甲南大学に在職していた頃であり，その当時の同僚であった松岡正章先生（甲南大学名誉教授・弁護士）から成文堂の土子三男氏（編集部取締役）を紹介され，3人で甲南大学の近辺で何度か酒を酌み交わした折であった。その後，筆者は2001年4月に現在の関西学院大学に移り，更に2004年4月には同大学法科大学院に移ったこともあって，土子氏との約束もそのままの状態であった。しかし，このままではいつまで経っても土子氏との約束を果たすことができないと考え，昨年の夏休みの折に計画を練り直してとりあえず担保物権法の教科書から書き始めることにした。そして，前に述べたように，幸い法科大学院の授業で使用する講義ノートがあったので，それを基にして本書を書き上げることにしたわけである。こうして最初に約束をした時から10年近く経ってようやく約束の1つだけを実現することができ，筆者としても内心ホッとしているところである。そして，本書執筆の機会を与えて下さった松岡先生，それにこの間辛抱強く本書の出来上がるのを待って頂いた土子氏に対して，心からお礼を申し上げたい。この後は，引き続き予定している債権総論の教科書の執筆に取り掛かりたいと考えている。

　2007年6月

松　井　宏　興

## 【補訂版はしがき】

　2007年9月に出版した本書は，幸いにも多くの読者を得ることができ，この度再版をむかえることができた。再版にあたって，初版の際に見落としがあった誤植の訂正や，その後の新たな判例の追加を行い，今回補訂版として公刊することにした。しかし，内容上初版との違いはないので，既に購入された方はそれをお読みいただいて問題はない。今後とも機会があれば，読者の要望に応えて本書をより良いものにしていきたいと考えている。読者諸賢の忌憚のない御意見をいただければ幸いである。

　2008年6月　　　　　　　　　　　　　　　　　　　　　　著　　者

## 【補訂第2版はしがき】

　この度，本書の補訂版第2版を出すことになった。それは，本書の一部について多少の手直しをしたからである。その1つは，第2章の3.4.1について，新たに「抵当権侵害の意義」を付け加えたことである。2つは，3.4.2の「(2)　抵当不動産の占有者に対する明渡請求」で取り上げた平成11年最高裁大法廷判決について，若干の説明を追加したことである。そして，3つは，第5章の3.3.2「集合動産譲渡担保の設定」の末尾で，物上代位に関する平成22年最高裁決定を紹介したことである。このほか，とりわけ第2章の所々で細かい字句の修正や追加などを行っているが，内容的には旧版と異なるものではない。今後とも機会があれば，読者の要望に応えて本書をより良いものにしていきたいと考えている。読者諸賢の忌憚のない御意見をいただければ幸いである。今回も，旧版と同様に成文堂編集部土子三男氏のお世話になった。ここに記して，謝意を述べたい。

　2011年7月　　　　　　　　　　　　　　　　　　　　　　著　　者

## 【第2版はしがき】

　2017年に民法が改正され，2020年4月1日から施行されることになった。この改正は特に債権法に関わるものであるが，債権法の改正にともなって担保物権法に関する条文もいくつか改正された。そして，補訂第2版が出てから大分時間が経っており，本書の内容にも補充や訂正の必要な箇所が出てきた。そこで，この度の民法改正に合わせて，本書の第2版を出すことにした。今後も機会があれば，本書をよ

*iv*　　はしがき

り良いものにしていきたいと考えている。本書を読まれた方々から率直なご意見を頂ければ幸いである。今回の出版に当たっても，成文堂編集部の飯村晃弘氏のお世話になった。ここに記してお礼を述べたい。

　2019年 1 月　　　　　　　　　　　　　　　　　　　　　　　著　者

# 凡　例

## 1　判例集・法律雑誌の略語

| | |
|---|---|
| 民録 | 大審院民事判決録 |
| 民集 | 大審院・最高裁判所民事判例集 |
| 高民集 | 高等裁判所民事判例集 |
| 下民集 | 下級裁判所民事裁判例集 |
| 新聞 | 法律新聞 |
| 判時 | 判例時報 |
| 金法 | 金融法務事情 |

## 2　法令名の略記

　　本文カッコ内での法令の引用に関して，民法については条文番号のみを記した。その外の法令で下記に示したもの以外は，有斐閣六法全書の法令名略語に従った。なお，本文中の民法の条文番号は，特に断わりのない限り，平成29（2017）年改正民法の条文番号である。

| | |
|---|---|
| 借地借家 | 借地借家法 |
| 不登 | 不動産登記法 |
| 商 | 商法 |
| 会社 | 会社法 |
| 民執 | 民事執行法 |

### 【参考文献】

## 1　教科書・体系書

生熊長幸『担保物権法第2版』（三省堂，2018年）

内田貴『民法Ⅲ債権総論・担保物権［第3版］』（東京大学出版会，2005年）

大村敦志『基本民法Ⅲ債権総論・担保物権［第2版］』（有斐閣，2005年）

近江幸治『民法講義Ⅲ担保物権（第2版補訂）』（成文堂，2007年）

川井健『担保物権法』（青林書院新社，1975年）

川井健『民法概論2物権〔第2版〕』（有斐閣，2005年）

清水元『プログレッシブ民法［担保物権法］』（成文堂，2008年）

鈴木禄弥『物権法講義5訂版』（創文社，2007年）

高木多喜男『担保物権法〔第4版〕』（有斐閣，2005年）

*vi* 凡 例

**高橋眞**『担保物権法（法学叢書 6 ）』（成文堂，2007年）

**椿寿夫編**『現代民法講義 3 担保物権法』（法律文化社，1991年）

**道垣内弘人**『担保物権法〔第 4 版〕』（有斐閣，2017年）

**平野裕之**『担保物権法』（日本評論社，2017年）

**本田純一＝湯川益英＝原田剛＝橋本恭宏**『ハイブリッド民法 2 物権担保物権法』（法律文化社，2007年）

**槇悌次**『担保物権法』（有斐閣，1981年）

**松井宏興**『物権法』（成文堂，2017年）

**松岡久和**『担保物権法』（日本評論社，2017年）

**我妻栄**『新訂担保物権法（民法講義Ⅲ）』（岩波書店，1971年）

**柚木馨＝高木多喜男**『担保物権法〔第 3 版〕』（有斐閣，1982年）

2　注釈書

**林良平編**『注釈民法 (8) 物権 (3)（留置権・先取特権・質権）』（有斐閣，1965年）

**柚木馨＝高木多喜男編**『新版注釈民法 (9) 物権 (4)（抵当権・譲渡担保・仮登記担保，他）』（有斐閣，1998年）

3　その他

**星野英一編集代表**『民法講座 3 物権 (2)』（有斐閣，1984年）

**椿寿夫編**『講座・現代契約と現代債権の展望 3 担保契約』（日本評論社，1994年）

**広中俊雄＝星野英一編**『民法典の百年Ⅰ全般的観察』（有斐閣，1998年）

**広中俊雄＝星野英一編**『民法典の百年Ⅱ個別的観察 (1) 総則編・物権編』（有斐閣，1998年）

（以上の文献の引用は，それぞれゴシック体の部分で引用する。）

目　次　*vii*

# 目　次

はしがき

凡例

## 第1章　担保物権総論

### 第1節　担保物権の意義 ………………………………………………… *1*

**1.1 債権の掴取力と債権担保手段** …………………………………… *1*

**1.1.1** 債権の掴取力　*1*

**1.1.2** 債権の掴取力の限界　*2*

**1.1.3** 債権担保手段の必要性　*3*

**1.2 人的担保と物的担保** ……………………………………………… *3*

**1.2.1** 人的担保　*3*

**1.2.2** 物的担保　*4*

### 第2節　担保物権の種類 ………………………………………………… *5*

**2.1 民法上の担保物権** ………………………………………………… *6*

**2.1.1** 典型担保　*6*

**2.1.2** 法定担保物権　*6*

**2.1.3** 約定担保物権　*7*

**2.2 特別法上の担保物権** ……………………………………………… *7*

**2.2.1** 留置権　*7*

**2.2.2** 先取特権　*7*

**2.2.3** 質権　*8*

**2.2.4** 抵当権　*8*

**2.3 非典型担保** ………………………………………………………… *9*

**2.3.1** 非典型担保の意義　*9*

**2.3.2** 仮登記担保　*9*

*viii*　目　次

**2.3.3**　譲渡担保　*9*

**2.3.4**　買戻し・再売買の予約　*10*

**2.3.5**　所有権留保　*10*

第3節　担保物権の性質と効力 ……………………………………… *10*

3.1　担保物権の通有性 …………………………………………………… *10*

**3.1.1**　付従性　*11*

**3.1.2**　随伴性　*11*

**3.1.3**　不可分性　*11*

**3.1.4**　物上代位性　*12*

3.2　担保物権の効力 ……………………………………………………… *12*

**3.2.1**　制限物権型担保物権の効力　*12*

**3.2.2**　権利移転型担保の効力　*13*

# 第2章　抵当権

第1節　抵当権の意義と性質 ……………………………………… *14*

1.1　抵当権の意義と特徴 ………………………………………………… *14*

1.2　抵当権の法的性質 …………………………………………………… *14*

**1.2.1**　抵当権の価値権性　*14*

**1.2.2**　担保物権の通有性　*15*

1.3　抵当権の機能 ………………………………………………………… *15*

第2節　抵当権の設定 ……………………………………………… *16*

2.1　抵当権設定契約 ……………………………………………………… *16*

**2.1.1**　契約の性質　*16*

**2.1.2**　契約の当事者　*16*

2.2　抵当権の客体 ………………………………………………………… *17*

**2.2.1**　1筆の土地の一部　*17*

**2.2.2**　共有不動産の持分権　*18*

**2.2.3**　未完成の建物　*18*

**2.2.4**　附属建物　*18*

**2.2.5**　一棟の建物の一部　*19*

目　次　*ix*

**2.2.6** 抵当権設定後の建物の合体　*19*

2.3 **抵当権の登記** ･･････････････････････････････････････････････ *20*

**2.3.1** 対抗要件　*20*

**2.3.2** 登記の内容　*20*

**2.3.3** 未登記抵当権の効力　*20*

**2.3.4** 登記の流用　*21*

2.4 **抵当権の被担保債権** ･････････････････････････････････････ *23*

**2.4.1** 被担保債権の種類　*23*

**2.4.2** 被担保債権の個数　*23*

**2.4.3** 抵当権の付従性と被担保債権　*24*

## 第3節　抵当権の効力 ････････････････････････････････････････ *26*

3.1 **抵当権の効力の及ぶ債権の範囲** ･･･････････････････････ *26*

**3.1.1** 元本債権　*26*

**3.1.2** 利息債権　*27*

**3.1.3** 利息債権以外の定期金債権　*28*

**3.1.4** 遅延損害金債権　*28*

**3.1.5** 最後の2年分の意味　*29*

3.2 **抵当権の効力の及ぶ目的物の範囲** ･･･････････････････ *29*

**3.2.1** 付加物　*29*

**3.2.2** 従物　*32*

**3.2.3** 抵当不動産からの分離物　*35*

**3.2.4** 借地権　*36*

**3.2.5** 果実　*37*

3.3 **物上代位** ･･･････････････････････････････････････････････ *38*

**3.3.1** 物上代位の意義　*38*

**3.3.2** 物上代位の対象　*40*

**3.3.3** 物上代位権行使の要件　*45*

**3.3.4** 物上代位権行使の方法　*54*

3.4 **抵当権侵害に対する効力** ･･･････････････････････････････ *55*

**3.4.1** 抵当権の侵害　*55*

*x*　目　次

**3.4.2**　抵当権に基づく物権的請求権　*57*

**3.4.3**　抵当権侵害に対する損害賠償請求権　*61*

**3.4.4**　期限の利益喪失と増担保の特約　*62*

**3.5**　**抵当権の優先弁済的効力**……………………………………… *62*

**3.5.1**　抵当権の順位　*63*

**3.5.2**　担保不動産競売　*64*

**3.5.3**　担保不動産収益執行　*68*

**3.5.4**　他の債権者による競売　*70*

**3.5.5**　一般債権者としての競売権　*70*

**3.5.6**　抵当直流　*71*

第4節　抵当権と利用権 ………………………………………………… *71*

**4.1**　**序説**………………………………………………………………… *71*

**4.2**　**法定地上権**…………………………………………………………… *72*

**4.2.1**　意義　*72*

**4.2.2**　法定地上権の成立要件　*74*

**4.2.3**　法定地上権の内容　*87*

**4.3**　**土地と建物の一括競売**……………………………………………… *88*

**4.4**　**抵当権設定登記後の賃貸借**………………………………………… *89*

**4.4.1**　短期賃貸借保護の旧制度　*89*

**4.4.2**　新制度の概要　*90*

第5節　抵当不動産の第三取得者の保護 ……………………………… *92*

**5.1**　**第三者弁済**…………………………………………………………… *93*

**5.2**　**代価弁済**……………………………………………………………… *93*

**5.3**　**抵当権消滅請求**……………………………………………………… *94*

**5.3.1**　抵当権消滅請求の意義　*94*

**5.3.2**　抵当権消滅請求権者　*95*

**5.3.3**　抵当権消滅請求の時期　*95*

**5.3.4**　抵当権消滅請求の手続　*96*

**5.3.5**　抵当権消滅請求の効果　*96*

目 次　*xi*

## 第6節　抵当権の処分 ………………………………………… 97

### 6.1　転抵当 ……………………………………………………… 97
**6.1.1** 転抵当の意義と法的構成　*97*

**6.1.2** 転抵当の設定　*99*

**6.1.3** 転抵当の効果　*100*

### 6.2　抵当権の譲渡・放棄と抵当権の順位の譲渡・放棄 ………… 101
**6.2.1** 抵当権の譲渡・放棄　*101*

**6.2.2** 抵当権の順位の譲渡・放棄　*102*

**6.2.3** 対抗要件　*103*

### 6.3　抵当権の順位の変更 …………………………………… 103

## 第7節　共同抵当 ………………………………………………… 104

### 7.1　共同抵当の意義 ………………………………………… 104
**7.1.1** 共同抵当の意義　*104*

**7.1.2** 共同抵当の公示　*106*

### 7.2　共同抵当における配当 …………………………………… 106
**7.2.1** 同時配当の場合　*107*

**7.2.2** 異時配当の場合　*108*

### 7.3　物上保証人または第三取得者との関係 ………………… 110
**7.3.1** 共同抵当の目的不動産の一部が物上保証人に帰属している場合　*110*

**7.3.2** 共同抵当の目的不動産全部が同一の物上保証人に帰属している場合　*113*

**7.3.3** 共同抵当の目的不動産全部が異なる物上保証人に帰属している場合　*113*

**7.3.4** 共同抵当の目的不動産の一部が第三取得者に属する場合　*114*

## 第8節　抵当権の消滅 …………………………………………… 115

### 8.1　抵当権の消滅時効 ……………………………………… 115

### 8.2　抵当不動産の時効取得による消滅 ……………………… 115
**8.2.1** 民法 397 条の趣旨　*115*

**8.2.2** 抵当不動産の第三取得者　*116*

*xii* 目 次

**8.3** **抵当権の目的たる用益物権の放棄** ……………………………… *117*

第9節 根抵当権………………………………………………………… *117*

**9.1** **根抵当権の意義** ……………………………………………… *117*

**9.1.1** 根抵当権の意義と必要性 *117*

**9.1.2** 根抵当権の特質 *118*

**9.2** **根抵当権の設定と変更** ……………………………………… *119*

**9.2.1** 根抵当権の設定 *119*

**9.2.2** 根抵当権の変更 *120*

**9.3** **被担保債権の処分** …………………………………………… *121*

**9.4** **根抵当権者または債務者の相続・合併・分割** ……………… *121*

**9.4.1** 相続 *121*

**9.4.2** 合併 *122*

**9.4.3** 分割 *122*

**9.5** **根抵当権の処分** ……………………………………………… *123*

**9.5.1** 全部譲渡 *123*

**9.5.2** 分割譲渡 *123*

**9.5.3** 一部譲渡 *124*

**9.6** **共同根抵当** …………………………………………………… *124*

**9.6.1** 狭義の共同根抵当 *124*

**9.6.2** 累積根抵当 *125*

**9.7** **根抵当権の確定** ……………………………………………… *125*

**9.7.1** 確定の意義と確定事由 *125*

**9.7.2** 確定の効果 *126*

**9.8** **根抵当権の消滅** ……………………………………………… *127*

# 第3章 質 権

第1節 質権の意義 ……………………………………………………… *128*

**1.1** **質権の特色** …………………………………………………… *128*

**1.2** **質権の種類** …………………………………………………… *129*

**1.2.1** 動産質 *129*

**1.2.2** 不動産質 *129*

**1.2.3** 権利質 *130*

## 第2節 質権の設定 …………………………………………………… *130*

### 2.1 質権設定契約 …………………………………………………… *130*

**2.1.1** 要物契約 *130*

**2.1.2** 質権の対象 *132*

**2.1.3** 存続期間 *132*

### 2.2 対抗要件 …………………………………………………… *133*

**2.2.1** 動産質と不動産質 *133*

**2.2.2** 債権質 *134*

## 第3節 質権の効力 …………………………………………………… *135*

### 3.1 被担保債権の範囲 …………………………………………… *135*

### 3.2 質権の効力が及ぶ目的物の範囲 ………………………… *135*

**3.2.1** 従物 *135*

**3.2.2** 果実 *136*

**3.2.3** 物上代位 *136*

### 3.3 留置的効力 ………………………………………………… *136*

**3.3.1** 留置的効力の意味 *136*

**3.3.2** 留置の態様 *137*

### 3.4 優先弁済権 ………………………………………………… *138*

**3.4.1** 動産質 *138*

**3.4.2** 不動産質 *139*

**3.4.3** 債権質 *139*

### 3.5 転質 ………………………………………………………… *140*

**3.5.1** 転質の意義 *140*

**3.5.2** 責任転質 *140*

**3.5.3** 承諾転質 *141*

xiv 目次

# 第4章 法定担保物権

## 第1節 留置権 ……………………………………………………………… 143

### 1.1 留置権の意義 …………………………………………………… 143

**1.1.1** 留置権とは *143*

**1.1.2** 同時履行の抗弁権との関係 *144*

### 1.2 留置権の成立要件 ……………………………………………… 145

**1.2.1** 他人の物の占有 *145*

**1.2.2** 債権と物との牽連関係 *145*

**1.2.3** 弁済期の到来 *148*

**1.2.4** 不法行為による占有開始ではないこと *149*

### 1.3 留置権の効力 …………………………………………………… 150

**1.3.1** 留置的効力 *150*

**1.3.2** 果実収取権 *152*

**1.3.3** 費用償還請求権 *153*

**1.3.4** 留置権者の義務 *153*

### 1.4 留置権の消滅 …………………………………………………… 153

**1.4.1** 留置権の消滅請求 *153*

**1.4.2** 代担保の提供 *154*

**1.4.3** 占有の喪失 *154*

**1.4.4** 債務者の破産など *154*

## 第2節 先取特権 ……………………………………………………………… 155

### 2.1 先取特権の意義 ………………………………………………… 155

### 2.2 先取特権の種類 ………………………………………………… 155

**2.2.1** 一般の先取特権 *156*

**2.2.2** 動産の先取特権 *157*

**2.2.3** 不動産の先取特権 *159*

### 2.3 先取特権の順位 ………………………………………………… 160

**2.3.1** 先取特権相互間の順位 *160*

**2.3.2** 他の担保物権との順位 *161*

目　次　*xv*

**2.4　先取特権の効力** ································································ *162*

  **2.4.1**　優先弁済的効力　*162*

  **2.4.2**　物上代位性　*164*

  **2.4.3**　第三取得者との関係　*167*

  **2.4.4**　先取特権の特別な効力　*167*

  **2.4.5**　抵当権の規定の準用　*169*

## 第5章　非典型担保

**第1節　序論** ·············································································· *170*

**第2節　仮登記担保** ···································································· *171*

**2.1　序説** ··················································································· *171*

  **2.1.1**　仮登記担保の意義　*171*

  **2.1.2**　仮登記担保の存在理由と仮登記担保法の制定　*172*

**2.2　仮登記担保の設定** ······························································ *173*

  **2.2.1**　仮登記担保契約の締結　*173*

  **2.2.2**　公示方法　*174*

  **2.2.3**　目的物の範囲　*174*

**2.3　仮登記担保の実行** ······························································ *174*

  **2.3.1**　序説　*174*

  **2.3.2**　仮登記担保の私的実行　*175*

  **2.3.3**　後順位担保権者の措置　*177*

  **2.3.4**　受戻権　*180*

**2.4　競売手続等と仮登記担保** ····················································· *181*

  **2.4.1**　競売手続と仮登記担保　*181*

  **2.4.2**　倒産手続と仮登記担保　*183*

**2.5　仮登記担保と利用権** ··························································· *183*

  **2.5.1**　利用権との関係　*183*

  **2.5.2**　法定借地権　*184*

xvi    目 次

**2.6** 　仮登記担保の消滅 ……………………………………………………… *185*

第3節　譲渡担保 ……………………………………………………………… *185*

　**3.1** 　序説 ………………………………………………………………… *185*

　　**3.1.1** 　譲渡担保の意義と存在理由　*185*

　　**3.1.2** 　譲渡担保の法律構成　*188*

　**3.2** 　不動産・個別動産の譲渡担保 ……………………………… *192*

　　**3.2.1** 　譲渡担保の設定　*192*

　　**3.2.2** 　効力の及ぶ範囲　*193*

　　**3.2.3** 　設定当事者間の関係（対内的効力）　*196*

　　**3.2.4** 　設定当事者と第三者の関係（対外的効力）　*200*

　　**3.2.5** 　譲渡担保の消滅　*211*

　**3.3** 　集合動産の譲渡担保 ………………………………………… *211*

　　**3.3.1** 　集合動産譲渡担保の意義　*211*

　　**3.3.2** 　集合動産譲渡担保の設定　*213*

　　**3.3.3** 　集合動産譲渡担保の効力　*217*

　**3.4** 　債権の譲渡担保 ……………………………………………… *220*

　　**3.4.1** 　個別債権の譲渡担保　*220*

　　**3.4.2** 　集合債権の譲渡担保　*221*

第4節　所有権留保 …………………………………………………………… *226*

　**4.1** 　序説 ………………………………………………………………… *226*

　　**4.1.1** 　所有権留保の意義　*226*

　　**4.1.2** 　所有権留保の法律構成　*227*

　**4.2** 　所有権留保の設定と効力 …………………………………… *228*

　　**4.2.1** 　所有権留保の設定　*228*

　　**4.2.2** 　当事者間の関係　*228*

　　**4.2.3** 　当事者と第三者の関係　*230*


　　事項索引　*235*

　　判例索引　*239*

# 第1章　担保物権総論

## 第1節　担保物権の意義

### 1.1　債権の掴取力と債権担保手段

> **【設例 I – 1】**　GはSに対して1000万円を貸し付けているが，返済期日に
> なってもSはGに借金を返そうとしない。しかし，Sには時価2000万円の
> 土地がある。この場合，債権者Gは，どのような法的手段を用いて，債務者
> Sから貸し付けた金員を取り立てることができるか。

#### 1.1.1　債権の掴取力

　**【設例 I – 1】**について，まず考えられるのは，Gが自己の貸金債権に基づ
いてSの所有する土地に強制執行をかけることである。通常，債権の効力の
1つとして，債務者の一般財産に強制執行をかけることのできる掴取力（かくしゅりょく）が
債権に認められている\*。したがって，**【設例 I – 1】**において，債権者Gは，
この債権の掴取力を利用して，Sの土地について裁判所に強制執行の申立て
を行い，これを売却して得られた金額から1000万円を受け取ることができる。

　もっとも，債務者の一般財産に強制執行をかけるためには，その前提とし
て，債権者に債務者に対する一定の請求権があることを公的に認めた文書
（債務名義）が必要であるので（民執22条），単にGがSに対して1000万円の貸
金債権を持っているというだけでは強制執行の申立てはできないことに注意
する必要がある（詳しくは，債権総論や民事執行法の教科書などに譲る）。

---

　**\*一般財産（責任財産）**　　債権者の強制執行の対象になる債務者の財産を**一般
　財産**または**責任財産**という。

*2* 第1章 担保物権総論

### 1.1.2 債権の掴取力の限界

#### (1) 一般財産の減少

しかし，この債権の掴取力には，次のような限界がある。その1つは，債権の掴取力が働くまでに債務者の一般財産が減少してしまい，債権者が強制執行をかけても充分な満足を受けることができないという事態が生じることである。すなわち，債権の掴取力が実際に働くのは債務者が債務を履行しない時であり，それ以前では債務者は自己の一般財産を自由に処分することができる。そのため，債権者が掴取力に基づいて債務者の一般財産に強制執行をかけようとしても，その時には一般財産が減少していて，強制執行をかけても充分な満足を受けることができないということが起こりうる。【設例 I－1】で言えば，債務者Sが土地を他人に譲渡して所有権移転登記をしてしまい，めぼしい財産がなくなってしまったというような場合である。

このような一般財産の減少を防ぐ手段として，民法は，債権者代位権（423条以下）と詐害行為取消権（424条以下）という2つの制度を設けているが，債権者がこれらの権利を行使するためにはそれぞれ一定の要件が必要であり，これらによって一般財産の減少をすべて防ぐことができるというわけではない（債権者代位権と詐害行為取消権については，債権総論の教科書などの説明に譲る）。

#### (2) 複数の債権者の存在

債権の掴取力のもう1つの限界は，債務者に複数の債権者がおり，その総債権額が債務者の一般財産の額を上回っている場合である。このような場合にも，債権者は，掴取力によっては債権の弁済を完全に受けることができない。

例えば，【設例 I－1】で債務者SにはG以外にHとIという債権者がおり，Hは800万円の貸金債権，Iは700万円の売買代金債権を持っており，Sの所有する土地が強制執行によって2000万円で売却されたとしよう。この例のように，同一の債務者に複数の債権者がいる場合，各債権の成立の前後や成立の原因を問わず，すべての債権者は債務者の一般財産から平等の立場で弁済を受けることになる（**債権者平等の原則**）。そのため，債務者の一般財産がすべての債権を満足させるのに不足しているときは，各債権者は，債権額に応じた比例配分で弁済を受けるにとどまる。

第1節　担保物権の意義　　*3*

したがって，【設例Ⅰ-1】ではＳの土地が2000万円で売却されたのであるから，Ｇは800万円（2000万円×$\frac{10}{25}$），Ｈは640万円（2000万円×$\frac{8}{25}$），Ⅰは560万円（2000万円×$\frac{7}{25}$）というように，それぞれの債権の一部しか弁済を受けられない。

### 1.1.3　債権担保手段の必要性

上に述べてきたように，債権成立の時には，債権が履行されなくても債務者の財産状態から強制執行によって債権は充分に回収できると債権者が考えていても，その後に債務者の一般財産が減少したり複数の債権者が存在するようになって，充分な回収を受けることができないという結果になることがある。このようなことから，債務者の一般財産は，債権者にとって常に頼りになるというものではないのである。

そこで，例えば1000万円の金銭債権であれば，債権者が確実に1000万円の弁済を受けることができるように，債権の弁済（回収）を確保するための法的手段が必要になってくる。このような債権の回収を確保することを**債権の担保**といい，そのための法的手段を一般に**債権担保手段**という。そこで次に，この債権担保手段について説明していくことにする。

## 1.2　人的担保と物的担保

債権担保手段には，人的担保と呼ばれるものと物的担保と呼ばれるものとの2種類がある。

### 1.2.1　人的担保

#### (1)　人的担保の意義

人的担保とは，債務者が弁済しない場合に備えて，あらかじめ特定の第三者による弁済を確保しておく制度をいう。その代表的なものが保証である（446条以下）。例えば，【設例Ⅰ-1】において債権者Ｇのために B が債務者Ｓの保証人になったとすると，B は G に対して保証債務と呼ばれる債務を負担する。その結果，Ｓの一般財産だけでなく，保証人 B の一般財産も G の債権の

*4* 第1章 担保物権総論

引当てになる。言い換えれば，Gは，Sの一般財産だけでなく，Bの一般財産に対しても強制執行をかけることができる。したがって，Gから見れば，強制執行の対象となる財産が増加し，それだけ債権の回収がしやすくなるわけである。この保証のほかに，連帯債務（436条以下）や不可分債務（430条）なども，債権者が強制執行できる財産の範囲を広げるという意味で債権担保の機能を果たしており，この人的担保に含まれる。

**(2) 人的担保の機能**

人的担保においても，第三者の一般財産が債権の回収の拠り所となっているので，前述の掴取力の限界に伴う債権回収の不確実性があることは否定できない（例えば，保証人自身が多数の債務のために債務超過に陥っている場合など）。そのため，人的担保は，物的担保と併用されて利用されたり，物的担保（特に抵当権）の設定のために利用できるめぼしい財産が債務者にない場合に補充的に用いられたりしている。なお，近時では，中小企業が金融機関から借入れを行う際になされる信用保証協会による保証（機関保証）などが増大している（これらの保証・連帯債務・不可分債務などは，講学上「多数当事者の債権関係」として債権総論で取り扱われるので，詳細は債権総論の教科書などに譲る）。

### 1.2.2 物的担保

**(1) 物的担保の意義**

物的担保とは，債権の回収を確保するために，債権者が債務者または第三者の財産の上に権利を取得し，債務不履行の場合にその権利に基づいて目的財産から優先的に弁済を受けることができる制度をいい，この債権者が取得する権利は，物権の一種であるので，**担保物権**と呼ばれる。

**(2) 物的担保の例—抵当権**

この担保物権の代表的なものが抵当権である（369条以下）。例えば，【設例Ⅰ-1】において，1000万円の貸金債権の担保のために，債権者Gが債務者Sの土地に抵当権を取得していたとすると，Sが借金をGに返済しない場合には，Gはこの抵当権に基づいてSの土地の売却を裁判所に申し立てることができる。そして，債権者がGのほかにHとIがおり，H・I共に抵当権を取得していないときには，抵当権を有するGは，裁判所による土地の売却に

よって得られた代金からHとIに優先して自己の債権の弁済を受けることができる。仮にSの所有地が2000万円で売却されたとすると，Gの債権は，その売却代金から全額弁済を受けて消滅し，他の債権者HとIは，売却代金の残りから債権額の比例配分で弁済を受けることになる。したがって，Hについては約533万円（〔2000万円－1000万円〕×$\frac{8}{15}$），Iについては約467万円（1000万円×$\frac{7}{15}$）の弁済を受けるにとどまる*。

　以上のことから明らかなように，物的担保を利用する債権者は，その目的財産の経済的価値（担保価値―例では抵当権の実行による売却代金）によって自己の債権の回収を確保することができる。この物的担保は前述の人的担保よりも債権担保手段として優れているために，金融取引では物的担保の利用が現在でも主流を占めているといえよう。そこで，次節では，物的担保において用いられる担保物権の種類や性質およびその効力について，概略を述べることにする。

> ＊HとIも同じSの土地について抵当権を取得している場合も考えられるが，ここでは説明を簡単にするために，HとIは無担保の債権者（**一般債権者**）とした。

# 第2節　担保物権の種類

　担保物権の種類については，まず，①民法やそれ以外の法律に規定されている担保物権と②法律に規定のない担保物権とに大別される。そして，前者は民法上の担保物権と特別法上の担保物権とに区別される。そこで，以下では，ⓐ民法上の担保物権，ⓑ特別法上の担保物権そしてⓒ法律に規定のない担保物権の順で説明する。

*6*　第1章　担保物権総論

## 2.1　民法上の担保物権

### 2.1.1　典型担保

#### (1)　典型担保

　民法は,「第二編　物権」において留置権・先取特権・質権・抵当権という4つの種類の担保物権を規定しており,これらは,民法に規定されている担保物権であることから,**典型担保**と呼ばれる。また,これらは,制限物権として構成されているので,**制限物権型担保**ともいわれる。

#### (2)　法定担保物権と約定担保物権

　これら4種類の担保物権は,法定担保物権と約定担保物権とに分けることができる。①**法定担保物権**とは,法律が定める一定の債権が発生すると,これを担保するために,当事者間の契約によらないで法律上当然に生じる担保物権をいい,留置権と先取特権がこれに当たる。これに対し,②**約定担保物権**は,当事者間の設定契約によって生じる担保物権であり,質権と抵当権がこれに該当する。以上の典型担保の詳細は**第2章**以下で述べるので,ここでは,それらの概略だけを述べるにとどめたい。

### 2.1.2　法定担保物権

#### (1)　留置権

　他人の物の占有者が,その物に関して生じた債権を持っている場合に,その債権の弁済を受けるまでその物を留置できる権利であり (295条以下),物を留置することによって間接的に債務者に弁済を強制するものである。

#### (2)　先取特権

　法律の定める一定の債権を持っている者が,その債権の弁済がないときに,債務者の財産を売却にかけてその代金から他の債権者に優先して弁済を受けることのできる権利をいう (303条以下)。その種類には様々なものがあるが,①債務者の総財産を対象とする一般の先取特権 (306条以下),②債務者の特定動産を対象とする動産の先取特権 (311条以下),③債務者の特定不動産を対象とする不動産の先取特権 (325条以下) に大別される。

### 2.1.3 約定担保物権

#### (1) 質 権

債権者がその債権の担保のために債務者または第三者から受け取った物を留置し，間接的に債務者に弁済を強制するとともに，弁済が行われないときは，その物を売却にかけてその代金から優先的に弁済を受けることのできる権利である（342条以下）。この質権には，①動産を対象とする動産質（352条以下），②不動産を対象とする不動産質（356条以下），③財産権を対象とする権利質（362条以下）の3種類がある。

#### (2) 抵当権

債権の弁済期までは目的不動産の使用・収益をその所有者（債務者または第三者）にゆだねておくが，期日に弁済がなされないときは，債権者がその不動産を売却にかけてその代金から優先的に弁済を受けることのできる権利である（369条以下）。地上権と永小作権も抵当権の対象になることができる（369条2項）。さらに，昭和46（1971）年の民法一部改正によって，発生と消滅を繰り返す一定範囲の不特定の債権を一定金額の範囲内で担保する根抵当権が民法の規定の中に追加されるにいたっている（398条の2以下）。

## 2.2 特別法上の担保物権

特別法によって定められている主な担保物権には，次のようなものがある。

### 2.2.1 留置権

商法では，商事留置権（商31条・521条・557条・562条・589条など）が定められており，成立要件や効力に関して民法の留置権と異なっている（→**第4章 1.2.4，1.4.4**参照）。

### 2.2.2 先取特権

国や公共団体の租税その他徴収金の先取特権（税徴8条，地税14条），借地地代の先取特権（借地借家12条），農業経営資金貸付の先取特権（農動産4条），海

*8*　第1章　担保物権総論

難救助者の先取特権（商810条），船舶の先取特権（商842条）などがある。

### 2.2.3　質　権

商事質権（商515条），質屋営業法による質権などがある。商事質権と質屋営業法による質権は，流質契約が許される点で（商515条，質屋19条1項），民法の質権と異なる（349条参照）。

### 2.2.4　抵当権

抵当権については，現在までに金融取引の発達による要求に応じた多数の特別法が制定され，その結果抵当制度の著しい発展がみられる。その概略を述べれば，次のとおりである。

#### (1)　財団抵当・企業担保権

企業に対する資金の融資を容易にするために，明治38（1905）年の工場抵当法以来，企業を構成する各種の財産をひとまとめにして「財団」とし，それを抵当権の目的とする財団抵当が認められている。これには，上記の工場抵当法のほかに，鉱業抵当法，鉄道抵当法，軌道ノ抵当ニ関スル法律，漁業財団抵当法，道路交通事業抵当法，観光施設財団抵当法などによる様々な財団抵当がある。さらに，昭和33（1958）年の企業担保法による企業担保権がある。

#### (2)　動産抵当

民法上の抵当権は不動産と地上権・永小作権を対象とするものであり，動産には抵当権を設定することができない。そこで，動産の抵当化の必要性から，比較的経済的価値が高く，しかも，登記・登録による権利の公示の途が開かれている一定の動産についてのみ，抵当権を設定することが特別法によって認められている。

この動産抵当の対象となることができる動産として，登記された船舶（商848条），農業用動産（農動産12条），登録を受けた自動車（自抵2条・3条）や航空機（航抵2条・3条），登記された建設機械（建抵3条・5条）がある。しかし，すべての動産が抵当権の対象になることはできないので，実際には非典型担保の譲渡担保が動産抵当の役割を果たしている。

### (3) 抵当権の証券化

抵当権を証券化して流通性を与えることを目的とする制度として，抵当証券法による抵当証券や担保付社債信託法による抵当権付社債などがある。

## 2.3 非典型担保

### 2.3.1 非典型担保の意義

金融取引の世界で慣行的に用いられ，学説・判例によってその有効性が承認された物的担保制度として，仮登記担保，譲渡担保，所有権留保などがある。これらは，民法に規定されていない物的担保の手段であることから，**非典型担保**と呼ばれる。この非典型担保は，債務の担保のために債務者または第三者の財産権（主として所有権）を債権者に移転する形式をとるものであるので，**権利移転型担保**ともいわれる。これら非典型担保の概略は，次のとおりである。なお，仮登記担保については，昭和53（1978）年に「仮登記担保契約に関する法律」（仮登記担保法）という特別法が制定された。

### 2.3.2 仮登記担保

**仮登記担保**とは，債務の弁済がなされないときは債務者または第三者の不動産を譲渡して弁済に代えるということを債務の担保のために予約し（代物弁済の予約，停止条件付代物弁済や売買の予約），その予約から生じる債権者の所有権移転請求権を仮登記（不登105条2号）によって保全するという形式をとるものである。かつては判例によって処理されていたが，昭和53年の仮登記担保法によって規制されるようになったことは前述のとおりである。

### 2.3.3 譲渡担保

**譲渡担保**とは，債務の担保のために債務者または第三者が自己の有する財産権（主として所有権）を債権者に移転し，弁済があれば移転した財産権は戻るが，弁済がなければ確定的に財産権は債権者に帰属するという方式をとるものをいう。取引慣行上の担保手段として広く利用され，判例も早くからこれを有効なものとしてきた。譲渡担保の認められる対象には制限がなく，不

10　第1章　担保物権総論

動産・動産・権利のいずれもその対象になることができるが，近年では特に動産や権利（特に債権）の集合体に対する譲渡担保（集合動産や集合債権の譲渡担保）が問題になっている。

### 2.3.4　買戻し・再売買の予約

**買戻し**と**再売買の予約**は，いずれも債務者が債務の担保のために自己の所有物をいったん債権者に売却し，後に代金（実質的には借受金）を返済することによってそれを取り戻すという方式を取るものである。ただ，債権者に売却した物を取り戻すための方法として，買戻しは売買の解除という構成をとるのに対し（579条），再売買の予約は二度目の売買の予約という構成をとる点で，両者に違いがある。しかし，両者とも広義の譲渡担保に属し，売渡担保と呼ばれることがある。

### 2.3.5　所有権留保

**所有権保留**は，商品の割賦販売において，目的商品は買主に引き渡されるが，賦払代金債権の担保のために，代金の完済を受けるまで売主が目的商品の所有権を自己に留保しておくという方式をとるものである。割賦販売法においては，一定の指定商品の割賦販売についてこの所有権留保が認められている（割賦7条）。しかし，これ以外の商品の割賦販売についても，代金債権の担保のために所有権留保が広く利用されている（例えば，自動車の割賦販売）。

# 第3節　担保物権の性質と効力

## 3.1　担保物権の通有性

担保物権が共通に備えている性質（通有性）として，以下で述べる付従性・随伴性・不可分性・物上代位性の4つがあるとされている。ここで述べる通有性は，主として典型担保について説明されるものである。もっとも，それらの中には，4つの性質すべてを備えていないものもある。

第3節　担保物権の性質と効力　*11*

### 3.1.1　付従性

#### (1)　付従性の意義

　担保物権は，通常特定の債権を担保するために設定されるものであるから，担保されるべき債権（被担保債権）がなければ担保物権だけが存在することはないという性質があり，これを**担保物権の付従性**という。この付従性には，①被担保債権が発生しなければ担保物権も発生しないという成立における付従性，②被担保債権が弁済などによって消滅すれば担保物権も消滅するという消滅における付従性，③被担保債権が存在しなければ担保物権を実行することができないという実行における付従性，の3つがある。

#### (2)　付従性の緩和

　この付従性は，法定担保物権については，その性質上厳格に要求されるが，約定担保物権については，金融取引上の必要性から緩やかに解釈されており，将来生ずべき債権のために質権や抵当権が有効に成立することが認められている（成立における付従性の緩和）。また，発生と消滅を繰り返す不特定の債権を担保する根抵当権では，成立や消滅における付従性がなく，根抵当権を実行する時に特定の被担保債権がなければならないという実行における付従性が存在するだけである。

### 3.1.2　随伴性

　被担保債権が譲渡などによって第三者に移転すれば，担保物権もこれに伴って第三者に移転する。この性質も付従性の一側面であるが，とくにこれを**担保物権の随伴性**という。担保物権は一般に随伴性を備えているが，確定前の根抵当権は随伴性を有しない（398条の7）。

### 3.1.3　不可分性

　担保物権は，被担保債権の全部の弁済があるまで目的物全体の上に効力を及ぼす。この性質を**担保物権の不可分性**という。その結果，一方では，一部弁済などによって債権が減少しても，担保物権は残存する債権のために目的物全体の上に存在するし，他方では，担保目的物が減少しても，担保物権は目的物の残存する部分でもって債権全部を担保する。民法は，留置権につい

*12* 第1章 担保物権総論

てこの不可分性を規定し（296条），先取特権・質権・抵当権についてこれを準用している（305条・350条・372条）。

### 3.1.4 物上代位性

担保物権は，目的物の売却・賃貸・滅失または損傷によって債務者または目的物の所有者が受ける金銭その他の物，および目的物の上に設定された物権の対価（地代や小作料）についても，その効力が及ぶ。この性質を**担保物権の物上代位性**という。民法は，先取特権についてこの物上代位性を規定し（304条），質権と抵当権にこれを準用している（350条・372条）。これらの先取特権・質権・抵当権は，いずれも次に述べる優先弁済的効力を有していることから，この物上代位性が認められている（ただし，一般の先取特権を除く）。そのため，優先弁済的効力をもたない留置権には，物上代位性が否定されている。

## 3.2 担保物権の効力

ここで取り上げる担保物権の効力とは，債権担保としての効果をあげるために担保物権に与えられている効力をいう。これ以外の各種の担保物権に固有の効力については，それぞれの箇所で説明される。

### 3.2.1 制限物権型担保物権の効力

制限物権型担保物権である留置権・先取特権・質権・抵当権について認められている効力として，次のようなものがある。

#### (1) 留置的効力

債務の弁済がなされるまで担保権者が目的物を留置（占有）することができる効力を**留置的効力**という。これによって，間接的に債務の弁済を促すわけである。留置権にはもっぱらこの留置的効力しか認められていない（295条）。また，質権は，(3)で述べる優先弁済的効力のほかに，この留置的効力を備えている（342条・347条）。

第3節　担保物権の性質と効力　*13*

### (2)　収益的効力

担保権者が目的物を使用収益することができる効力を**収益的効力**という。不動産質にこの効力が認められている。すなわち，不動産質権者は，原則として目的不動産を使用収益する権利を有している（356条）。動産と異なり，不動産は使用収益によって損傷するおそれが少ないし，不動産を使用収益しないことはかえって国民経済上不利益であるというのが，その理由である。

### (3)　優先弁済的効力

債務の弁済がなされないときに，担保権者が目的物を売却（競売）にかけ，その代金から優先的に弁済を受けることができる効力を**優先弁済的効力**という。先取特権・質権・抵当権についてこの効力が認められており（303条・342条・369条），この効力に基づいていずれも目的物の換価権と優先弁済権を有している。そして，担保物権としての本質的機能は，この優先弁済的効力にある。

### 3.2.2　権利移転型担保の効力

譲渡担保や仮登記担保などの権利移転型担保にあっては，債権の弁済がないときには，債権者が目的物を取得し，これによって弁済に代えたりまたはこれを売却した代金から弁済を受けたりすることができる。これが権利移転型担保の本来的効力であるが，今日では，債権者の**清算義務**が認められるにいたっている（仮登記担保3条参照）。すなわち，債権者は取得した目的物の価額または売却した目的物の代金と被担保債権額との差額を元の所有者に返還しなければならない。したがって，制限物権型であれ権利移転型であれ，債権者は被担保債権額の限度内でしか満足を得られないという点では，両者ともに同じである。なお，この権利移転型担保に属する買戻しは，前述の収益的効力をも備えているものとされている（579条参照）。

# 第2章　抵当権

## 第1節　抵当権の意義と性質

### 1.1 抵当権の意義と特徴

　**抵当権**は，弁済期の到来後債権が弁済されないときに，債権者（抵当権者）が債務者または第三者（抵当権設定者）によって債権の担保に提供された目的物の換価代金から他の債権者に優先して弁済を受けることのできる担保物権である（369条1項）。抵当権は，契約によって生じる約定担保物権である点では質権と同様である。しかし，抵当権が設定されても目的物の引渡しがなされず（369条1項），抵当権設定者が抵当権設定後も引き続き目的物を手元に留めて，使用・収益できる点で質権と異なる（342条・344条・345条参照）。

　このように抵当権は目的物に対する占有を伴わない**非占有担保**であるために，登記や登録が抵当権の公示方法とされている。そのため，登記や登録によって権利関係を公示できないものは，抵当権の客体とすることができない。わが民法が抵当権の客体を不動産・地上権・永小作権に限定し（369条），特別法によって抵当権が認められる場合も，登記や登録による権利関係の公示が可能なもの（立木・工場財団・船舶・航空機・自動車・建設機械など）に限られているのは，この理由に基づいている。

### 1.2 抵当権の法的性質

#### 1.2.1 抵当権の価値権性

　抵当権は，目的物の占有や利用を設定者の下にとどめたまま（非占有担保），債権の弁済がなされない場合に，目的物を換価してその代金から優先的に弁済を受ける権利であること（換価権と優先弁済権）から，抵当権の本質は，目

的物の有する交換価値（担保価値）だけを支配する**価値権**であるといわれる。これに対し，所有権や用益物権（地上権や永小作権など）は，目的物を物質的に支配する物質権（実体権）であるとされる。しかし，近年では，価値権という法概念はドイツにおける農業の資本主義化に伴って発展してきたドイツ抵当制度に由来する独特な法概念であるとして，わが国の抵当権の本質を価値権と解することに対して批判が出されている[1]。

#### 1.2.2　担保物権の通有性

抵当権は，担保物権の一種であるから，担保物権の通有性としての付従性，随伴性，不可分性（372条・296条），物上代位性（372条・304条）を有している。しかし，抵当権では付従性の緩和が見られ，特に根抵当権においては，実行における付従性しかなく，また随伴性が否定されていることに注意する必要がある（398条の7）。

## 1.3　抵当権の機能

土地や建物などの不動産を担保物にとって金銭を貸し付ける場合，金銭債権の担保のために利用できる担保物権として不動産質と抵当権が存在する。しかし，今日では，融資を行う銀行などの金融機関が不動産を質にとることは通常考えられない。というのは，**占有担保**である不動産質にあっては，質権者は，原則として質物である不動産の占有を取得して使用・収益を行う（356条）とともに，不動産の管理費用などを負担することになり（357条），不動産質は，債権者にとってすこぶる利用しにくい担保物権であるからである。また，質権設定者にとっても，目的物の使用・収益が奪われることから企業施設（工場・建物・土地など）を質物とすることができず，必然的に日常生活の必需品（動産）が質物になり，その結果質権は主として消費生活のための金融を媒介する手段にとどまることになる（動産質）。

これに対し，抵当権には，その非占有担保という性質から，不動産質と比

---

1）詳細は，松井宏興『抵当制度の基礎理論』（法律文化社，1997年）参照。

16　第2章　抵当権

べて次のような利点がある。まず，抵当権者にとっては，①目的物の維持・管理の煩わしさから解放され，また，②抵当権設定者に目的物を使用・収益させて，その利益から債務の弁済を受けることができるという利点がある。次に，抵当権設定者にとっても，ⓐ目的物を従来どおり使用・収益しながら，それを担保物に提供して必要な金銭を借りることができ，また，ⓑ一度抵当権を設定しても目的物にまだ余剰の担保価値が見込まれる場合には，さらに抵当権を設定して金銭を借りることができるという利点がある。もっとも，質権も同一物の上に複数成立することは可能であるが，質権者の占有取得を必要とするために実際にはまれである。不動産質と比較して抵当権にはこのような利点があるために，不動産を担保にとる場合にはもっぱら抵当権が利用されることになる。そして，抵当権においては企業施設も担保物とすることができるために，今日では，抵当権は企業金融の媒介手段として重要な役割を果たしている。

# 第2節　抵当権の設定

## 2.1　抵当権設定契約

### 2.1.1　契約の性質

抵当権は，抵当権の成立を直接の目的とする契約によって設定される。この契約を**抵当権設定契約**という。この契約は，諾成・無方式の契約であり，当事者間の合意（意思表示）のみによって効力を生じる（176条）。

### 2.1.2　契約の当事者

### (1)　抵当権者・抵当権設定者

抵当権設定契約の当事者は，債権者（抵当権者）と債務者または第三者（抵当権設定者）である。第三者が抵当権設定者である場合，この者は**物上保証人**と呼ばれる。自らは債務を負わないが，債務者のために自己の財産に抵当権を設定し，いわゆる債務なき責任を負うことになる。そして，物上保証人が抵当権の実行を免れるために債務者に代わって債務を弁済したり，抵当権の

実行によって自己の財産の所有権を失った場合には，自己の出捐によって債務者の債務を消滅させたことになるので，保証債務に関する規定（459条〜464条）に従って債務者に求償できる（372条・351条）*。なお，物上保証人から抵当不動産を譲り受けた第三取得者は，物上保証人に類似する地位にあるので，民法372条・351条が準用される（最判昭42・9・29民集21巻7号2034頁）。

> ＊委託を受けた保証人については事前求償権が認められているが（460条），委託を受けた物上保証人にはこの規定が準用されないとするのが判例である（最判平2・12・18民集44巻9号1686頁）。

### (2) 抵当権設定者の処分権限

抵当権の設定は処分行為であるので，設定者にはその目的物を処分する権限（所有権や代理権）があることが必要である。したがって，登記上の所有名義人から善意で抵当権の設定を受けても，その名義人が真実の所有者でなければ，登記に公信力が認められないことから，抵当権を取得することができない（ただし，94条2項の類推適用によって抵当権を取得できる場合がある）。これに対し，将来取得すべき特定の不動産について，設定者が目的不動産の所有権を取得することを停止条件として抵当権を設定することは可能である。この場合，設定者が所有権を取得すると同時に抵当権も成立する（判例・通説）。

## 2.2 抵当権の客体

既に述べたように，抵当権は，目的物の占有を伴わない非占有担保であることから，登記や登録が権利の公示方法である。したがって，抵当権の客体になりうるものも，登記や登録によって権利関係が公示されるものに限定される。以下では，抵当権の客体として問題になるものを取り上げる。

### 2.2.1 1筆の土地の一部

1筆の土地の一部を事実上区分して物権の客体とすることは可能であるので（大連判大13・10・7民集3巻476頁—1筆の土地の一部の売買），これに抵当権を設定することもできる。もっとも，抵当権設定登記をするには，分筆登記

*18*　第 2 章　抵当権

（不登39条）をして，その部分を 1 筆の土地にしなければならない（前掲大連判大13・10・7）。

### 2.2.2　共有不動産の持分権

　各共有者は，自己の持分権を自由に処分できるので，持分権に抵当権を設定することもできる。しかし，分譲マンションなどの区分所有建物における共用部分の持分権や敷地利用権の持分権は，専有部分と切り離して処分できないので（建物区分15条・22条），これにのみ抵当権を設定することはできない。なお，共有物全体に抵当権を設定するには，共有者全員の同意が必要である（251条）。もっとも，共有者全員の同意がない場合でも，同意した共有者の各持分権についてそれぞれ抵当権が設定されたと解する余地もある（最判昭42・2・23金法472号35頁）。

### 2.2.3　未完成の建物

　工事中でまだ完成していない建物であっても，屋根および周囲の荒壁ができて土地に定着した一個の建造物として存在する段階に達したものであれば，法律上建物と認められる（大判昭10・10・1 民集14巻1671頁）。したがって，そのような建物については有効に抵当権を設定することができる。問題となるのは，法律上建物と認められる段階に達していない未完成の建物について抵当権が設定された場合である。登記実務は，このような未完成の建物への抵当権設定の効力を否定し，建物となった時点で改めて抵当権設定契約をすることによって抵当権が成立するとしている（昭37・12・28民事甲3727号民事局長回答）。しかし，学説では，建物となることを停止条件とする抵当権設定契約が成立し，建物となった段階で当然に抵当権が発生すると解する見解が強い。建物の建設資金調達の手段として，このような未完成の建物への抵当権設定の必要性があるといわれている。

### 2.2.4　附属建物

　附属建物とは，表題登記（不登 2 条20号）がある建物（主たる建物）に附属する建物であって，当該建物と一体のものとして1個の建物として登記されて

いるものをいう（不登2条23号）。倉庫・物置・離れ家・湯殿・ガレージなどである。これらの附属建物は、主たる建物とともに抵当権の客体になる。ただし、主たる建物と一体として登記されていても、主たる建物から独立した建物であれば、実体法上は独立して抵当権の客体になることができる。もっとも、抵当権設定登記をするためには、その前に建物の分割の登記（不登54条1項1号）をしなければならない。

### 2.2.5　一棟の建物の一部

建物の区分所有等に関する法律で認められている区分所有権の客体（専有部分）については（建物区分1条・2条1項・3項）、抵当権を設定することができる。そして、専有部分に抵当権が設定されると、その区分所有者が持っている共用部分や敷地利用権の持分権にも抵当権の効力が及ぶのが原則である（建物区分15条・22条）。

### 2.2.6　抵当権設定後の建物の合体

> **【設例Ⅱ-1】**　Sは、お互いに主従の関係にない隣接した甲建物と乙建物を所有していたが、甲建物についてGのために抵当権を設定した。その後、Sによって甲・乙両建物の内部の隔壁が除去され、甲・乙両建物は1棟の丙建物になった。この場合、甲建物に設定されたGの抵当権はどうなるか。

**【設例Ⅱ-1】**のような場合について、判例は、甲建物の価値は、丙建物の価値の一部として存続しているものとみるべきであるから、甲建物に設定されていた抵当権は、消滅することはなく、丙建物のうちの甲建物の価格の割合に応じた持分を目的とするものとして存続すると解している（最判平6・1・25民集48巻1号18頁）。学説も、丙建物のSの所有権の一部が甲建物の所有権に由来することから、甲建物のSの所有権を対象としていた抵当権も、丙建物の中の甲建物価格相当分に対して存続すると解して、判例の結論を支持している[2]。そして、登記簿上は、合体による丙建物について表題登記や所有権

---

2）詳細は、高木・133頁以下参照。なお、松井・181頁をも参照。

20 第2章 抵当権

の登記がなされ (不登49条)，甲建物の抵当権の登記は丙建物の登記記録に移記されることになる (不登規120条4項)。

## 2.3 抵当権の登記

### 2.3.1 対抗要件

抵当権の設定は，登記を対抗要件とする (177条)。したがって，抵当不動産の譲受人 (第三取得者)，他の抵当権者，用益権者 (地上権者・永小作権者・賃借人など)，差押債権者などの177条の第三者に該当する者に抵当権の取得を対抗するためには，抵当権設定の登記が必要となる。さらに，抵当権の順位は登記の前後によって決定され (373条。なお，不登4条1項・19条・20条参照)，同一不動産の上に存在する複数の抵当権は，それぞれその順位に従って競売における売却代金から配当を受けることになる。なお，わが民法では，先順位の抵当権が被担保債権の弁済などによって消滅すると，後順位抵当権の順位が昇進する。これを**順位昇進の原則**という。

### 2.3.2 登記の内容

抵当権設定の登記は，抵当権の存在だけでなく (不登59条参照)，抵当権によって優先弁済を受ける債権の範囲をも公示しなければならない。そのため，登記事項として，債権額 (元本額) のほかに (不登83条1項1号)，利率などの「利息に関する定め」(不登88条1項1号)，債務不履行による損害賠償額の定め (不登88条1項2号)，「債権に付した条件」(不登88条1項3号) などが挙げられている。

### 2.3.3 未登記抵当権の効力

登記は抵当権設定の対抗要件であるので，登記のない抵当権でも当事者間では有効に成立する。したがって，抵当権者は，未登記であっても抵当権を実行することができる (最判昭25・10・24民集4巻10号488頁)。しかし，登記を備えていない以上優先弁済権を第三者に対抗できないので，競売手続に第三者が参加してきたときには，未登記の抵当権者は優先弁済権を主張できず，

一般債権者として配当を受けるにすぎない。なお，民事執行法は，抵当権実行の開始要件として，①抵当権の存在を証する確定判決や公正証書の謄本の提出（民執181条1項1号・2号），または，②抵当権の登記に関する登記事項証明書の提出（民執181条1項3号）を要求しているので，未登記抵当権による実行を否定しているわけではない。しかし，確定判決または公正証書のいずれかが必要であるので，未登記抵当権の実行は事実上制約される。

### 2.3.4 登記の流用

#### (1) 問題の所在

これは，弁済などによって抵当権が消滅したにもかかわらず，抵当権の登記が抹消されずに残っている場合に，この登記を他の債権のために設定された抵当権に流用できるかという問題である。

---

**【設例Ⅱ-2】**　Sは，Gから500万円の金銭を借り受け，この貸金債権αの担保のために，自己所有の不動産に甲抵当権を設定して登記を行った。その後，Sが債務を全額弁済したので，甲抵当権は消滅したが，登記は抹消されずに残っていた。そして，Sは今度はHから500万円を借り受け，この貸金債権βのために乙抵当権を自己の不動産に設定したが，その登記は甲抵当権の登記を流用した（手続的には，GからHへ登記上残っているα債権と甲抵当権を譲渡した形をとり，抵当権移転の付記登記〔不登4条2項〕が行われる）。この場合，この流用された登記は乙抵当権の登記として効力を有するか。

---

**【設例Ⅱ-2】**の場合，甲抵当権が消滅しその登記が無効となった以上は，同じ内容とはいえ別の乙抵当権のために甲抵当権の登記を利用することは認められるべきでないし，また，登記の流用を認めれば後順位抵当権者や抵当不動産の取得者などの第三者Dの利益（後順位抵当権者にとっては順位昇進の利益，抵当不動産の取得者にとっては抵当権の負担を免れるという利益）が害されるといえる。しかし，他方では，流用された登記が現在の権利状態と一致しており，第三者Dの利益を害さない場合であれば，登記の流用を認めてもよいと解される余地もある。

22　第2章　抵当権

### (2)　判例・多数説

そこで，この問題につき，流用登記の有効性を全面的に肯定する説（全面的肯定説）や，反対に有効性を全面的に否定する説（全面的否定説）もあるが，現在の判例・多数説は，第三者Dの利益を害しない限り流用登記の有効性を認める立場に立ち，次のように場合を分けて考えている（制限的有効説）。

(ア)　**甲抵当権の消滅前に第三者Dが存在する場合**　この場合に流用登記の有効性を認めると，後順位抵当権者の順位昇進の利益や不動産取得者の抵当権消滅の利益が害されるので，登記の流用は無効とされる。なお，判例は，第三者Dが後順位抵当権者であった場合，Dの抵当権は順位を昇進して第1順位になり，乙抵当権は第2順位になるとする（大判昭8・11・7民集12巻2691頁）。

(イ)　**甲抵当権の消滅後で登記の流用前に第三者Dが出現した場合**　この場合も，甲抵当権の登記流用の有効性が認められればDの利益（先順位抵当権取得の利益や抵当権の負担のない不動産の取得という利益）が害されるので，登記の流用は無効とされる。

(ウ)　**登記の流用後に第三者Dが出現した場合**　この場合について，学説は，Dは登記が流用された乙抵当権の存在を前提として抵当権や所有権を取得しているので，Dの利益が害されることはなく，登記の流用は有効であるとする*。その結果，Dが抵当権を取得したときは，それは2番抵当権になり，不動産を取得したときは，Dは乙抵当権の負担の付いた所有権を取得する。

これに対し，判例は，大審院では，Dが抵当不動産の第三取得者である場合について，流用登記を無効としながらも，Dは乙抵当権の存在を前提として不動産を買い受けたのであり，乙抵当権の登記の欠缺（不存在）を主張する正当の利益を有しないとして，登記流用後の抵当権者と第三者はいわゆる対抗関係に立ち，この第三者が177条の「第三者」に該当するかどうかで両者の優劣を判断するような考え方を示していた（大判昭11・1・14民集15巻89頁）。しかし，最高裁では，仮登記担保の仮登記流用後にDが同一不動産を代物弁済によって取得した場合について，仮登記移転の付記登記が現実の権利関係に符合する限り，付記登記後にその不動産上に利害関係を取得したDは，特別の事情のない限り，付記登記の無効を主張するにつき正当な利益を

有しないとして，登記流用後に出現した第三者Dに対しては流用登記が有効であることを明言している（最判昭49・12・24民集28巻10号2117頁）。

＊制限的有効説の中には，甲抵当権の消滅は知っていたが，登記流用の事実を知らなかった第三者Dに対しては，流用登記は無効であるとするものもある。

## 2.4　抵当権の被担保債権

### 2.4.1　被担保債権の種類

抵当権によって担保される債権は通常金銭債権であるが，それ以外の債権も被担保債権になりうる。被担保債権が金銭債権以外の債権であっても，債務不履行の場合には金銭債権（損害賠償債権）となり，それが抵当権によって担保されることになるからである。ただし，被担保債権が金銭債権以外の債権であるときは，これを金銭に算定して登記しなければならない（不登83条1項1号かっこ書）。

### 2.4.2　被担保債権の個数

1個の債権の一部（例えば1000万円の貸金債権のうちの800万円）について抵当権を設定することもできる（一部抵当）＊。他方，数個の債権について1個の抵当権を設定する場合，それら数個の債権が同一債権者のものであれば，債務者が異なっていても，1個の抵当権を設定できる。しかし，債権者が異なる数個の債権のために1個の抵当権を設定する場合については，否定説と肯定説とに見解が分かれている。この場合について特に問題となったのは，複数の銀行が協定して1人の債務者に融資を行う協調融資の場合である。この協調融資では，各銀行の分担部分について個別に金銭消費貸借契約が締結されるので，1個の抵当権を設定できないとされており（昭35・12・2民事甲3280号民事局長通達），実際にはそれぞれ別個独立の抵当権を同一の順位で設定する方法がとられている。しかし，学説では，1個の抵当権の設定を認めるべきであるとするものがある。これを肯定するときは，抵当権は各抵当権者の準共有になる。

*24* 第2章 抵当権

＊一部抵当と，債権額1000万円の貸金債権を被担保債権とする抵当権が設定さ
れたのに被担保債権額を800万円とする登記しかされなかった場合とは区別さ
れねばならない。前者では，被担保債権額は800万円であるので，債務者は800
万円の弁済で抵当権を消滅させることができるが，後者では，被担保債権額
はあくまで1000万円であるので，債務者は1000万円を弁済しなければ抵当権
を消滅させることができない。


### 2.4.3　抵当権の付従性と被担保債権

#### (1)　債権が無効な場合

　抵当権には付従性があるため，被担保債権が存在しないと抵当権も成立し
ない（成立における付従性）。したがって，被担保債権の発生原因となった契約
が無効であり債権が発生しないときには，設定された抵当権も無効となる。
また，いったん有効に成立した債権が，原因となった契約の取消しによって
遡及的に消滅した場合には，抵当権も遡及的に消滅する。問題は，無効な消
費貸借契約に基づいて金銭が交付されている場合である。この場合，交付さ
れた金銭について貸主に不当利得返還請求権が発生するので，設定されてい
た抵当権はこの債権を被担保債権として存続するのかどうかが問題となる。

> 【設例Ⅱ-3】　Sは，G労働金庫から金銭を借り受けるに際して，会員資格が
> ないために自己を代表者とする架空のA従業員組合を作り，その名義でGか
> ら金銭を借り受けた。そして，この借入れについてSの不動産に抵当権が設
> 定されたが，借入金が返済されなかったために抵当権が実行され，Dが不動
> 産を競落した。そこで，SはDに対し，GのSに対する貸付は員外貸付で無
> 効であり，被担保債権が無効であるから，抵当権も無効であり，したがって
> Dは有効に所有権を取得していないと主張した。このようなSの主張は認め
> られるか。

　【設例Ⅱ-3】のような場合について，判例は，Sが貸付の無効を理由に抵
当権の無効を主張することは信義則上許されないとしている。そして，信義
則に反する事情として，第1に，Gの貸付行為が無効であっても，Sには借
受金を不当利得として返済すべき債務があり，それにもかかわらず，Sが債

務を弁済しないで抵当権の無効を主張したこと，第2に，Sの抵当権の無効の主張を許すと，競売における買受人Dの権利を否定することになるが，このようなことは「善意の第三者の権利を自己の非を理由に否定する結果」になることが挙げられている（最判昭44・7・4民集23巻8号1347頁）。これに対し，学説の中には，Gの無効な貸金債権は不当利得返還請求権に転化し，両者には法律的同一性はないが，経済的実質的同一性があるので，この不当利得返還請求権を被担保債権として抵当権が有効に存続すると解する有力説もある。

　本件のように，金銭の交付がなされている場合，貸主Gの意識としては，法律的な名目は何であれ，貸した金銭の返還を担保するために抵当権を取得したものと考えられる。また，借主Sとしても，自己の返還債務を担保する意図があったといえよう。つまり，当事者にとって重要なのは，法律上の名目よりも経済的な実質である。そうであるとすれば，本件の場合，有力説が説くように，問題の抵当権は端的に不当利得返還請求権を担保するものとして有効に存続すると解すべきではなかろうか[3]。

＊なお，民事執行法によれば，買受人Dが代金を納付した後は，Sは，抵当権の不存在または消滅を理由にDの所有権の取得を争うことができない（民執184条）。したがって，現在では，【設例Ⅱ-3】のような事件は，Dの代金納付以前に，Sが抵当権の不存在を理由に競売手続の取消しを求めることができるかという形で問題となる。

### (2)　将来の債権

　抵当権の成立における付従性を厳格に解釈すると，将来発生する債権のために抵当権を設定することができないことになる。しかし，判例・学説では，この成立における付従性は抵当権の設定時に債権が存在することまでを必要とするものではないと解して，将来発生する債権のためにあらかじめ抵当権を設定することが認められている。すなわち，①要物契約である金銭消費貸借契約（587条参照）について，金銭交付のない段階で設定された抵当権

---

3）内田・391頁以下，343頁以下。

26　第2章　抵当権

が有効とされ（大判明38・12・6民録11輯1653頁など）（なお，平成29〔2017〕年改正民法により書面でする金銭消費貸借契約は諾成契約とされるが〔587条の2〕，これについても金銭の交付がなされて貸主の金銭返還債権が発生するので，金銭交付のない債権成立前での抵当権設定が生じうる），また，②保証人の将来取得する求償権（条件付債権）（459条以下）の担保のためにあらかじめ抵当権を設定することができる。

# 第3節　抵当権の効力

## 3.1　抵当権の効力の及ぶ債権の範囲

> 【設例Ⅱ-4】　Sは，Gから1000万円を，利息年1割5分，遅延損害金年2割の約束で10年間借り受け，その担保のために自己の不動産に抵当権を設定した。しかし，10年後の約束の期日にSは借受金を返済できなかったので，その1年後に抵当権が実行されたが，利息4年分と遅延損害金が未払いであった。

　抵当権の効力の及ぶ債権の範囲とは，どのような債権が抵当権によって担保されるのかということ（抵当権によって担保される債権の種類の問題）ではなく，抵当権の実行によって不動産が競売された場合に，被担保債権のどのような範囲について抵当権者が優先弁済を受けることができるかということ（抵当権によって優先弁済を受けられる債権の範囲の問題）である。【設例Ⅱ-4】でいえば，抵当権を実行したGは，元本債権1000万円のほかに，未払いの利息債権4年分（600万円）と遅延損害金債権1年分（200万円）全額について優先弁済を受けることができるのか，あるいはそれらの債権について優先弁済を受けられる範囲が制限されるのかということである。

### 3.1.1　元本債権

　抵当権によって元本債権は担保されるが，その債権額を登記しておかないと（不登83条1項1号），後順位抵当権者・第三取得者・差押債権者などの177条の第三者に対して優先弁済権を主張できない。【設例Ⅱ-4】において，なんらかの事情で元本債権額が800万円と登記された場合には，抵当権者Gは

上の第三者との関係では800万円しか優先弁済を受けられない。ただし，債務者Ｓが債務を弁済して抵当権を消滅させるには，1000万円を支払わねばならないことは既に述べたとおりである。元本債権全額について抵当権が設定されるのが通常であろうが，元本債権の一部について抵当権を設定することも可能である（一部抵当→**2.4.2** 参照）。

### 3.1.2 利息債権
#### (1) 最後の２年分の制限
(ｱ) **制限の意味**　債権者と債務者の間で利息支払いの約束があるときは，その利率を登記しなければならない（不登88条１項１号）。しかし，この登記があっても，抵当権によって優先弁済を受けられる範囲は，「満期となった最後の２年分」に限られる（375条１項本文）。利息債権を最後の２年分に限定したのは，抵当権の場合には，目的物が設定者の手元におかれ，抵当権設定後も後順位抵当権者や差押債権者などの他の債権者が目的物について利害関係をもつことが少なくないので，抵当権者の優先弁済権の範囲を限定して，これらの債権者の利益を保護するためである。例えば，【設例Ⅱ−４】において，ＧがＳ所有の不動産（時価2000万円）に１番抵当権を取得した後に，Ｓがこの不動産を担保に更にＨから500万円を借り受ける場合，Ｇは元本1000万円と２年分の利息300万円の合計1300万円についてだけ優先弁済権をもつので，抵当不動産の残余価値はまだ700万円もあり，しかも，Ｇの１番抵当権登記の記載から元本額と利率は知ることができるので，Ｈは安心して２番抵当権をつけて融資することができる。なお，「満期となった最後の２年分」の意味については後述する（→**3.1.5** 参照）。

(ｲ) **２年分の制限を受けない場合**　この最後の２年分という制限は，後順位抵当権者や差押債権者などの他の債権者に対する関係で設けられたものであるので，抵当権設定者（債務者や物上保証人）に対する関係ではこの制限は働かない。したがって，他の債権者が存在しない場合には，抵当権者は，最初から２年分を超える未払いの利息債権について配当を受けられる。なお，２番抵当権者Ｈがいる場合でも，１番抵当権者Ｇは，Ｈが配当を受けたあと（Ｈについても２年分の制限が働く）競落代金にまだ余剰があれば，２年分を超

*28* 第2章 抵当権

えた未払いの利息債権についてさらに配当を受けることができる。

**(ウ) 第三取得者との関係** 第三取得者との関係でも最後の2年分という制限が働くのかどうかについては，見解が分かれている。第三取得者は抵当権設定者の負担をそのまま承継する者とみられ，設定者と同視できるとして，抵当権者は最後の2年分という制限を受けないと解するのが判例（大判大4・9・15民録21輯1469頁）・通説である。これに対し，第三取得者は，抵当不動産の残余価値の取得を期待して取得するのであるから，後順位抵当権者と同様に扱うべきであるとして，抵当権者はこの制限を受けると解する有力説もある。この見解が妥当であろう。

**(2) 重利の特約**

重利の特約の登記は認められていないので（昭34・11・26民甲2541号民事局長通達），重利計算によって増加する利息を第三者に公示する方法がない。そこで，単利計算をして2年分の利息債権についてのみ優先弁済を受けられるにすぎない。

**(3) 元利金均等払債権**

住宅ローンのように，元本と約定期間内に発生する利息を合算した債権総額を，約定期間中均等割にして弁済していく場合には，債権総額が確定しており，債権額として登記されるので，最後の2年分の利息という制限を受けない（判例・通説）。

### 3.1.3 利息債権以外の定期金債権

賃料（地代・家賃）などの継続して一定の時期に給付される定期金に関する債権についても，利息債権と同様の制限がある（375条1項）。しかし，借地や借家では，敷金や保証金が賃料債権の担保の役割を果たしており，賃料債権を被担保債権として抵当権が設定されることはほとんどない。

### 3.1.4 遅延損害金債権

金銭債務の不履行の場合の損害賠償金を**遅延損害金**（遅延利息）というが，その利率は，法定利率により，約定利率が法定利率を超えるときは約定利率による（419条1項）。特約（賠償額の予定〔420条〕）がある場合には，その利率を

「損害の賠償額の定め」（不登88条1項2号）として登記しておけば，その利率で優先弁済を受けることができる。しかし，いずれの遅延損害金債権についても，最後の2年分についてのみ優先弁済が認められるにすぎない（375条2項本文）。さらに，利息債権その他の定期金債権と通算して2年分に限定される（同項ただし書）。

### 3.1.5 最後の2年分の意味

「満期となった最後の2年分」の意味について説が分かれているが，通説は，抵当権の実行による配当期日からさかのぼって2年分と解しており，下級審判例もこの立場をとっている（名古屋高判昭33・4・15高民集11巻3号239頁など。なお，民執規173条1項・60条参照）。したがって，【設例II-4】の場合，4年分の利息債権と遅延損害金債権が未払いであるが，配当期日からさかのぼって遅延損害金債権と利息債権を通算した2年分に制限される（375条2項ただし書）。そして，その2年分の内の元本弁済期までのものは利息債権であり，弁済期以降配当期日までのものは遅延損害金債権である。ただし，最後の2年分以前の利息債権などであっても，弁済期後に特別の登記をすれば，登記の時から優先弁済権が生じる（375条1項ただし書）。この特別の登記は，権利の変更の登記（不登66条）によってなされる。

## 3.2 抵当権の効力の及ぶ目的物の範囲

### 3.2.1 付加物

#### (1) 序

> 【設例II-5】 Sは自己所有の宅地と建物にGのために抵当権を設定して登記を行なったが，抵当権の設定当時S宅の庭園には石灯籠・庭石・庭木などがSによって設置されていた。その後，Sの一般債権者Hがこれらを差し押えたので，Gは，いずれも抵当権の効力が及んでいるとして，第三者異議の訴え（民執38条）を提起した。このGの主張は認められるか。

ある不動産について抵当権が設定された場合，抵当権の効力は，抵当不動産のほかに，それに付加して一体となっている物（**付加物**または**付加一体物**―以

*30* 第2章 抵当権

下では「付加物」という）にも及ぶとされている（370条本文）。したがって，**【設例Ⅱ-5】**の場合，問題の石灯籠・庭石・庭木などがこの付加物に当るならば，Gの主張は認められ，また，抵当権の実行の際には，Gは，宅地のほかに，これらの石灯籠・庭石・庭木などについても競売にかけることができる。

　しかし，付加物概念が曖昧であり，その解釈をめぐってこれまで多くの議論がなされてきた。その議論の中心は，後述するように，付加物は付合物（242条）と同一なのか，それとも従物（87条）をも含むのかという点にある。そして，特に今日の社会では，例えば，工場や商店の機械・器具，什器，室内装飾品のように，経営と一体をなしている物が少なくない。したがって，このような経営のための財産を不動産とともに抵当化するためには，付加物がどのように解釈されるのかということが，実際上大きな意味をもっている。

### (2) 付加物と付合物

　上述したように，抵当権の効力は，抵当不動産のほかに付加物にも及ぶ。そして，この付加物については，抵当不動産への付加の時期を問わず抵当権の効力が及ぶ。すなわち，抵当権設定前に付加された物だけでなく，抵当権設定後に付加された物にも抵当権の効力が及ぶ。しかし，問題となるのは付加物が具体的に何を意味するのかということである。民法では，付加物と類似した概念として，従物と付合物があり，これらと付加物との関係，言い換えれば付加物には従物と付合物が含まれるかどうかが問題となる。

　ところで，**付合物**とは，「不動産に従として付合した物」をいう（242条本文）。そして，付合物は物としての独立性を失い，不動産の構成部分となることから，370条の付加物に含まれることに異論がない。また，付合物は抵当不動産に吸収されてしまうことからすれば，付合の時期が抵当権設定の前であろうと後であろうと，付加物として抵当権の効力が及ぶ[*]。

> [*]242条の付合は，所有者を異にする物が結合した場合を想定して規定されている。これに対し，370条の付加は，抵当権設定者が物を付加した場合と第三者が物を付加した場合の双方を含めている。しかし，242条の付合と370条の付加の経済的・物理的状態は同じであるので，両者は同義と解することができる[4]。

---

4）高木・122頁。なお，不動産の付合については，松井・175頁以下参照。

### (3) 付加物の具体例

**(ア) 土地の付加物**　判例にあらわれた土地の付加物の具体例を挙げると，抵当権設定者が植栽した立木法の適用を受けない立木（大判大14・10・26民集4巻517頁），庭木および取りはずしの困難な庭石（最判昭44・3・28民集23巻3号699頁）などがある*。これらの物は，土地の付合物（構成部分）とされ，土地の付加物と解されている。

> ＊地上建物や立木法の適用を受ける立木は，独立の不動産とされるので，土地の付加物ではない（370条本文，立木2条）。

**(イ) 建物の付加物**　雨戸や入口の戸扉など建物の内外を遮断する建具類（大判昭5・12・18民集9巻1147頁），主たる建物の付属建物として同一の登記用紙に登記されている増築建物（大決昭9・3・8民集13巻241頁），ビルのエレベーターや配電盤（大阪地判昭47・12・21判時713号100頁）などがある。雨戸や戸扉などの建具類は畳や障子などと同様に従物と考えることもできるが，判例は，建物の内外を遮断する建具類は取りはずしが容易であっても建物の一部を構成するから（建物の付合物），独立の動産とはいえないとして付加物であるとした。

### (4) 抵当権の効力が及ばない場合

次の場合には，例外として抵当権の効力が及ばない。

**(ア) 特約のある場合**　抵当権設定契約において，付加物に抵当権の効力が及ばない旨の特約を当事者が結んだ場合である（370条ただし書前段）。この特約は登記をしないと（不登88条1項4号・2項2号），第三者に対抗できない。

**(イ) 424条3項による取消しの場合**　424条3項の規定によって債権者が債務者の行為を取り消すことができる場合である（370条ただし書後段）。例えば，債務者である抵当権設定者Sが，他の所有地にある高価な庭木と庭石を債権の引当にしている一般債権者Iを害するために，これらの庭木と庭石を抵当地に付加させ，抵当権者Gもこれを知っているような場合，Iは370条ただし書後段に基づき424条3項によってSの付加行為を取り消すことができるので，これらの庭木と庭石にはGの抵当権の効力は及ばない。平成29年改正前の旧424条1項では取消しの対象は「法律行為」であり，物の付加

行為は法律行為ではなく事実行為であることから424条は適用されないので，特に370条ただし書後段が設けられた。そして，424条の要件が満たされる限り，取消権が行使されなくても（裁判所に取消請求をするまでもなく），370条ただし書後段により当然に抵当権の効力が及ばないと解されている（通説）。しかし，改正424条1項では取消しの対象は「行為」となっているので，370条ただし書後段は，事実行為であっても取消しができるということについては特則の意味を失っており，424条の要件が満たされる限り取消権が行使されなくても当然に抵当権の効力が及ばないとされる点で意義がある。

(ウ) **第三者の権原による付属の場合**　　第三者が権原に基づいて設定者の抵当不動産に自己の物を付属させた場合には，その物は第三者の所有にとどまるので（242条ただし書），抵当権の効力はそれには及ばない。例えば，賃借人や地上権者が抵当地に樹木を植栽した場合である。ただし，賃借人や地上権者の有する賃借権や地上権は，抵当権者に対抗できるものでなければならない（通説）。例えば，抵当権の設定当時抵当土地に既に第三者のために地上権の登記がなされていた場合には，地上権に基づいて植栽された樹木には，それが抵当権設定後に植えられたものであっても，抵当権の効力が及ばない。

### 3.2.2　従　物

**従物**とは，主物の「常用に供するため」，それに付属させられた物をいう（87条1項）。従物は，主物に付属させられても主物の構成部分とはならず，物としての独立性を失わない。そのため，従物が付加物に含まれるかどうかという従物と付加物の関係が問題となる。このような問題が生じた原因の1つは，わが民法において，一方ではドイツ民法にならって主物・従物の区別が設けられたが，他方では付加物を規定する370条は，従物と付合物の区別を知らないフランス民法の考え方を承継したものであることにある[5]。このようなドイツ民法とフランス民法との混合的な継受から生じる矛盾が付加物と従物との関係について解釈論上の問題を発生させているのである。

---

5）その立法過程については，柚木＝高木編『新版注民（9）』34頁以下［山崎寛］，角紀代恵「民法370条・371条」広中＝星野編『百年Ⅱ』593頁以下参照。

第3節　抵当権の効力　　*33*

＊明治38（1905）年に成立した工場抵当法は，工場財団を組成するに至らない工場を抵当化するにあたって，工場用地に設定された抵当権は，「其ノ土地ニ附加シテ之ト一体ヲ成シタル物及其ノ土地ニ備附ケタル機械，器具其ノ他工場ノ用ニ供スル物ニ及フ」と規定している（工抵2条1項）。これは，その当時民法の規定では解釈上従物に抵当権の効力が及ぶかどうか曖昧であったために，特別法の規定によって機械・器具などの従物に抵当権の効力を及ぼそうとしたものである。

### (1)　判例の立場

**(ア)　抵当権設定時の従物**　　古くは，抵当権は不動産にだけ設定され，動産には設定できないことを理由に，抵当権の効力は従物には及ばないとされた（大判明39・5・23民録12輯880頁）。しかし，これはその後変更され，従物は主物の処分に従うという87条2項を根拠に，抵当権設定時に存在した従物に抵当権の効力が及ぶことが肯定された（大連判大8・3・15民録25輯437頁）。そして，最高裁も，抵当権設定当時宅地に存在した石灯籠および取りはずしのできる庭石を従物として抵当権の効力が及ぶとし（前掲最判昭44・3・28），また，借地上のガソリンスタンドの店舗用建物に抵当権が設定された当時から存在していた地下タンク・ノンスペース型計量器・洗車機などの設備を従物として抵当権の効力が及ぶことを肯定している（最判平2・4・19判時1354号80頁）。

**(イ)　抵当権設定後の従物**　　抵当権設定後に抵当不動産に付属させられた従物に抵当権の効力が及ぶかどうかについて，判例理論はそれほど明確ではない。前述の大正8年連合部判決は，87条2項を根拠に抵当権設定時の従物について抵当権の効力が及ぶとして，抵当権設定後の従物については否定する態度を間接的に示していた。しかし，その後の判例は，抵当権設定後の従物にも抵当権の効力を及ぼしている。すなわち，大審院は，抵当権設定後に増築された茶の間を従物とし，抵当権は抵当不動産の付加物だけでなく，従物にも及ぶことは当院の判例であるとして，茶の間に抵当権の効力が及ぶとした（大決大10・7・8民録27輯1313頁）。さらに，大審院は，抵当権設定後に付属させられた畳建具について，設定後の畳建具に抵当権の効力が及ばない旨の特約の効果として，抵当権の効力がこれらには及ばないことを認め，特約がなければ設定後の従物にも抵当権の効力が及ぶことを前提にしている（大

*34*　第2章　抵当権

判昭9・7・2民集13巻1489頁）。

　これらの判例について，前者では，建物の一部になっている茶の間を従物としたこと，および，抵当権設定後の従物にも抵当権の効力が及ぶとするのが当院の判例であるとしたことに誤りがあり，後者では，理論的には設定後の従物に抵当権が及ぶことを前提としているが，否定判決の理論構成の中から肯定的な判例理論を抽出することは妥当でないとして，抵当権設定後の従物に抵当権の効力が及ぶとするのが判例の態度であるととらえることに疑問がもたれている[6]。しかし，その理由づけには上述のような難点があるにしても，判例としては，抵当権設定後の従物にも抵当権の効力が及ぶという立場をとっていると理解できよう＊。

> ＊前掲最判昭44・3・28は，従物上の抵当権と対抗力の問題について（→(3)参照），主物について抵当権設定登記をすれば，従物にも抵当権の効力が及んでいることを370条によって対抗できるとしている。このように主物上の抵当権設定登記の対抗力が従物にも及ぶ根拠として370条を持ち出したことは，対抗力の面で従物と付加物とを同一視することを示しており，これを推し進めていくならば，370条によって従物にも抵当権の効力が及ぶとする解釈に行き着くことになろう[7]。

### (2)　学説の立場

　抵当権は，その設定から実行にいたるまでの間に，ある程度の期間が経過するので，その間に設定時の従物が新しい物と交換されることは十分に考えられる。そうすると，抵当権の効力は設定時の従物には及ぶが，設定後の従物には及ばないとするのは，付属物を含めた不動産全体を被担保債権額の範囲内で把握しようとする抵当権の要請に反し，また当事者の通常の期待にもそぐわないであろう。そこで，現在の学説は，抵当不動産に従物が付属した時期を問わず，常に抵当権の効力が従物に及ぶとすることについては一致している。

　しかし，その理由づけについては見解が分かれており，①370条は主物・従物の概念を知らないフランス民法に由来するものであるから，87条とは関係なく370条の付加物には従物がふくまれると解釈すべきであるとする説

---

6）高木・123頁。
7）高木・124頁。

と，②付加物は取引観念上不動産の構成部分となった物をいうので，独立の動産たる従物は付加物には含まれないが，87条2項の「処分」は抵当権の設定から実行までの過程を意味するとして，設定後の従物にも抵当権の効力が及ぶとする説とがある。そして，今日では，結論的には370条を根拠にして，言い換えれば付加物には従物も含まれるとして，抵当権の効力が従物に及ぶことを認めるのが通説である。なお，今日では，抵当不動産に比べて従物がはるかに高額な場合（例えば，前掲最判平2・4・19の事案では，ガソリンスタンドの店舗は価額50万円であったのに対し，従物である地下タンクは価額234万円であった）にも，かかる従物に抵当権の効力が及ぶとすべきかどうかが問題とされており，学説の中には，巨額な従物については抵当権の効力を否定すべきであるとするものがある。

### (3) 従物についての対抗要件

従物に抵当権の効力が及ぶことにつき独自の対抗要件を必要とするかについては，主物たる不動産の抵当権設定登記をもって370条により従物についても対抗力を生じる（前掲最判昭44・3・28）。したがって，主物に抵当権設定登記がなされれば，従物に抵当権の効力が及んでいることについても当然に対抗できる。その結果，【設例Ⅱ-5】では，Gは石灯籠・庭石・庭木などに抵当権の効力が及んでいることを主張して，差押えをしたHに対して第三者異議の訴えを提起できる。

### 3.2.3 抵当不動産からの分離物

### (1) 問題の所在

抵当権の効力の及んでいた付加物や従物が抵当不動産から分離した場合に，これらの分離物に抵当権の効力が及ぶかどうかが問題となる。これまで特に問題となったのは，抵当地上の山林が伐採・搬出された場合である。この場合について2つの異なることが問題となる。1つは，抵当権者は，伐採行為の禁止や伐採された木材の抵当地からの搬出禁止を求めたり（妨害排除請求），搬出された木材の元の場所への返還を求めたり（返還請求）することができるかという問題である。これは，抵当権の物権的請求権の問題であるので，「抵当権侵害に対する効力」で述べる（→**3.4** 参照）。他の1つは，抵当権

*36* 第2章 抵当権

者は，伐採された木材を競売にかけて優先弁済を受けることができるか（優
先弁済的効力）という問題である。この問題を考える前提として，伐採された
木材に山林の抵当権の効力が及んでいるかどうかを検討する必要がある。

**(2) 学説の立場**

この問題について，山林が伐採されただけでは抵当権の効力は消滅しない
と解する点では，学説は一致している。しかし，伐採された木材が抵当地か
ら搬出されれば抵当権の効力が及ばなくなるのかどうかについては，見解が
分かれている。①伐採された木材が抵当地上にある間は，抵当権設定登記に
より抵当権の効力がその木材に及んでいることが公示され，木材に対する抵
当権の効力を第三者に対抗できるが，そこから搬出されると第三者に対抗で
きなくなるとする説，②伐採された木材が搬出されれば，取引観念上抵当地
と一体的関係にあるという付加物の要件が満たされなくなるので，抵当権の
効力が及ばなくなるという説，③伐採された木材が設定者の所有に属する限
り抵当権の効力は及ぶが，第三者が即時取得すれば抵当権の効力が及ばなく
なるとする説，④抵当権の物上代位の規定（372条・304条）によって，伐採さ
れた木材が第三者に引き渡される前に抵当権者が差し押えることを要件とし
て抵当権の効力が分離物に及ぶとする説などがある。

**(3) 優先弁済実現の方法**

伐採された木材につき抵当権者が優先弁済を受ける方法については，①抵
当権に基づき木材だけを動産競売の方法（民執190条）で競売するという説と，
②抵当地と一括してのみ不動産競売の方法（民執181条）で競売するという説
とがある。しかし，①の動産競売の方法によるのは無理であるとして，②の
不動産競売の方法を支持するのが多数である。

### 3.2.4　借地権

> 【設例Ⅱ-6】　Sは，Aから土地を賃借し，建物を建てて所有していたが，G
> のためにこの建物に抵当権を設定した。その後，抵当権が実行されてBがこ
> の建物を買い受けた。この場合，AはBに対して，Bの建物によってAの土地
> が不法に占拠されているとして，建物の収去と土地の明渡しを請求できるか。

借地上の建物に抵当権が設定された場合，建物存立の基盤となっている借地権（土地賃借権）にも抵当権の効力が及ぶことが望ましい。そうでなければ，【設例Ⅱ-6】の場合，Bは，Aから土地の不法占拠を理由に建物の収去を請求され，折角取得した建物を取り壊さなければならなくなる。それに，そもそも土地利用権の付いていない建物であれば，競売において買受人も出てこないおそれがあり，仮に買受人が現れたとしても，買受価格は極めて安くなり（せいぜい材木価格でしか売れないであろう），抵当権者としても債権の回収が困難となる。そこで，借地権は抵当建物の**従たる権利**であり，借地上の建物に設定された抵当権の効力は借地権にも及ぶと解されている。判例も，建物所有のための敷地賃借権は，建物所有権に付随し，これと一体となって1つの財産的価値を形成しているものであるから，建物に抵当権が設定されたときは敷地賃借権にも原則として抵当権の効力が及び，抵当権が実行されると敷地賃借権は建物買受人に移転するとしている（最判昭40・5・4民集19巻4号811頁）。

　もっとも，土地賃借権については，競売によって建物とともに賃借権を取得した買受人は，賃借権の譲渡について賃貸人の承諾（612条）またはこれに代わる裁判所の許可（借地借家20条）を得なければならない。そのため，実務では，借地上の建物に抵当権を設定する場合には，あらかじめ設定者から賃貸人の賃借権譲渡の承諾書をとるのが慣例である。なお，抵当権設定者である借地人が借地権を放棄したり，地主との間で借地契約を合意解除しても，それらの行為は信義に反するものであるので，借地権の消滅を抵当権者に対抗できない（398条の類推適用→ 8.3 参照。大判大11・11・24民集1巻738頁―借地権の放棄，大判大14・7・18新聞2463号14頁―借地契約の合意解除）。

### 3.2.5 果　実

　抵当不動産から生じる果実について，平成15（2003）年改正前の旧371条は，抵当権の実行着手後は果実にも抵当権の効力が及ぶとしていた。そして，この果実には天然果実のみが含まれ，法定果実は含まれないとするのが判例および一部の学説の考え方であった。しかし，平成15年の「担保物権及び民事執行制度の改善のための民法等の一部を改正する法律」（法律134号）によって，抵当権の実行方法の1つとして，抵当不動産の占有管理を抵当権設

*38*　第2章　抵当権

定者から裁判所の選任する管理人に移して，抵当不動産から生ずる収益（天然果実と法定果実）を被担保債権の弁済に充てる**担保不動産収益執行**の制度が新設された（民執180条2号→|3.5|参照）。そこで，抵当権の効力が抵当不動産から生じる天然果実と法定果実に及ぶという実体法上の根拠を明確にしておくことが必要となり，旧371条は，「抵当権は，その担保する債権について不履行があったときは，その後に生じた抵当不動産の果実に及ぶ」と改められた（平成15年改正の371条）。

　この改正371条によると，被担保債権の不履行が生じた後に発生した天然果実と法定果実に対して抵当権の効力が及ぶことになる（ただ，担保不動産収益執行では，債務不履行時にすでに発生した法定果実も収益執行の対象とされているので〔民執188条・93条2項参照〕，改正371条の規定と整合していない）。しかし，抵当権者が果実に対して優先弁済権を行使するための具体的な方法は，担保不動産収益執行手続か次に述べる物上代位（法定果実について）を利用しなければならず，抵当権者は，これらの方法をとらずに改正371条に基づいて当然に被担保債権の不履行後の果実を収取できるわけではない。

## |3.3|　物上代位

### 3.3.1　物上代位の意義

#### (1)　物上代位とは

---

**【設例Ⅱ−7】**　債務者Ｓは，Ｇのために所有の建物に抵当権を設定したが，Ａの放火によってその建物が焼失した。Ｓは建物について火災保険に入っていたが，この場合，Ｇの抵当権はどうなるか。

---

　先取特権の物上代位に関する規定である304条が抵当権に準用され（372条），抵当権にも物上代位が認められている。したがって，抵当不動産の売却，賃貸，滅失または損傷によって抵当不動産の所有者が受けるべき金銭その他の物（売却代金・賃料・損害賠償金・保険金など），そして所有者が抵当不動産に設定した物権の対価にも，抵当権の効力が及び，抵当権者はこれらの物から優先弁済を受けることができる。**【設例Ⅱ−7】**の場合，建物の所有者Ｓ

は，建物の焼失を理由に，保険会社に対して保険金を請求することができ，Gの抵当権は，Sが保険会社から受けるべき火災保険金（債権）に及ぶことになる。これを**抵当権の物上代位**という。

なお，304条では「債務者が受けるべき…」（1項本文）および「債務者が…」（2項）となっているが（傍点—筆者），これは先取特権では債務者所有の財産が目的物となるからであり，抵当権では物上保証人や第三取得者などの債務者以外の者の不動産も問題となるので，「抵当不動産の所有者」の意味と解されている。

### (2)　物上代位の本質

(ア)　**価値権説と特権説**　(a)　**価値権説**　なぜ抵当権に物上代位が認められるのか，言い換えれば物上代位という制度の本質は何かということについては，従来大きく2つの考え方に分かれていた。1つは，物上代位は抵当権の価値権という本質から当然に認められる効力であるという説である（価値権説）。すなわち，この説によれば，抵当権は，目的物それ自体ではなく，目的物の有する交換価値（担保価値）を把握する価値権であるから，目的物の交換価値がなんらかの原因で現実化または変形したときには，この現実化または変形した価値（価値代表物または価値変形物）に抵当権の効力が当然に及ぶことになるとする。【設例Ⅱ-7】でいえば，抵当建物の交換価値が保険金（債権）に現実化または変形したのであるから，これに抵当権の効力が及ぶと解するわけである。そして，これが従来の通説的見解であった。

(b)　**特権説**　他の1つは，物上代位は抵当権者の保護のために法律によって特別に認められた特権的効力であるとする説である（特権説）。【設例Ⅱ-7】でいえば，抵当権も物権の1つであるから，目的建物がAの不法行為によって滅失すれば抵当権も消滅するのが原則である。しかしそれでは，建物所有者Sは，抵当権の負担を免れたうえに，保険金を取得して損害を補塡できるのに対し，抵当権者Gは抵当権を失うことになり，抵当権者にとって不公平が生じる。そこで，抵当権者を保護するために，特別に保険金（債権）に抵当権の効力が及ぶことを認めたのが物上代位制度であるとする。このような特権説の考え方は，戦前の大審院判例の採るところであり（大連判大12・4・7民集2巻209頁），また，学説の中にはこれを支持するものもある。

*40*　第2章　抵当権

(イ)　**2種類の物上代位に分ける考え方**　　最近では，物上代位にも2種類のものがあることが指摘され，その種類に応じて物上代位制度の意義を分けて考える説が出されている[8]。2種類の物上代位とは，1つは，抵当権の効力が及んでいた目的物の代わりとして得られたもの（例えば保険金債権）に対する物上代位であり（代替的または代償的物上代位），他の1つは，抵当権の効力が及んでいる目的物から派生するもの（例えば賃料債権）に対する物上代位である（付加的または派生的物上代位）。そして，前者の物上代位は，目的物上の抵当権の消滅から抵当権者を保護するために，目的物の代替物（代償物）に抵当権の効力を及ぼす制度であり，後者の物上代位は，担保不動産収益執行手続（民執180条2号）とは別に，目的物の付加物（派生物）に対する差押えによって簡易に優先弁済を受ける執行手続制度であるとする。

### 3.3.2　物上代位の対象

372条によって準用される304条によれば，物上代位の対象（以下では「代位物」という）は，①抵当不動産の売却代金，②抵当不動産の賃料や用益物権の対価，③抵当不動産の滅失・損傷による損害賠償金や火災保険金などである。しかし，先取特権と抵当権とでは性質や効力に違いがあるために，これらすべての物が抵当権においても代位物になるのかどうか問題となる。なお，304条では代位物は「金銭その他の物」となっているが，「債権」が代位物であると解されている（例えば，抵当不動産の賃貸の場合であれば賃料債権が代位物になる）。

### (1)　売却代金債権

(ア)　**売却代金債権**　　抵当不動産の売却代金債権が代位物になるかどうかについて争いがある。というのは，①抵当権は登記を備えておれば第三取得者に対抗でき，抵当不動産が売却されても抵当権を実行できること，②抵当権者が売却代金から優先弁済を受けるには，代価弁済の制度（378条→ 5.2 参照）を利用できることから，売却代金債権への物上代位を認める必要がないと考えられるからである。そこで，近時の多数説は，304条が売却代金債

---

8）道垣内・148頁以下，高木・138頁以下，松岡・56頁。

第3節　抵当権の効力　**41**

を代位物にしたのは，動産先取特権は目的動産が売却されて引き渡されると消滅すること（333条→**第4章2.4.3**参照）を念頭に置いたからであるとして，抵当権については売却代金債権への物上代位を否定する。しかし，通説は，条文の文言どうりに売却代金債権への物上代位を肯定する。もっとも，抵当権と物上代位権の選択的行使しか認めず，物上代位権が行使されれば，売却代金額が被担保債権額に満たなくても抵当権は消滅すると解している。

　(イ)　**買戻代金債権**　　売却代金債権への物上代位に類似した問題として，買戻特約付き売買の買主から目的不動産につき抵当権の設定を受けた者が，買戻権の行使により買主が取得した買戻代金債権について物上代位権を行使できるかという問題がある。

> **【設例II-8】**　A町は，引渡日から3年以内に文化施設用地として使うという条件を付けて，町有地甲をBに売却し，Bが合意に反したときはAは甲地を買い戻すことができるという特約をして登記をした（買戻特約付き売買。579条以下参照）。その後，Bは甲地に相ついでGとHのために抵当権を設定し，登記が行われた。そして，Bの約束違反を理由にAが買戻権を行使したところ，HはBの一般債権者として買戻代金債権を差し押さえ，Gは抵当権に基づく物上代位権の行使として同じ債権を差し押さえた。この場合に，GとHのいずれの差押えが優先するか。

　**【設例II-8】**では，GとHの差押えのいずれが優先するかを決定する前提として，まず買戻代金債権に対する物上代位権の行使が認められるかどうかが問題となる。というのは，Aによる買戻しは，最初に行われたAB間の売買の解除であり（579条），買戻しによって甲地の所有権は売主Aに遡及的に復帰し，しかも，この遡及的復帰は買戻特約の登記によって第三者（抵当権者）GHに対抗できる（581条1項）。したがって，抵当権もはじめから存在しなかったことになるので，Gは物上代位権を行使できないのではないかと考えられるからである。

　しかし，最高裁は，「買戻特約付売買の買主から目的不動産につき抵当権の設定を受けた者は，抵当権に基づく物上代位権の行使として，買戻権の行使により買主が取得した買戻代金債権を差し押さえることができる」と判示

*42*　第2章　抵当権

して，物上代位権の行使を肯定した（最判平11・11・30民集53巻8号1965頁）。その理由として，①抵当権は買戻しによる所有権の売主への復帰に伴って消滅するが，抵当権設定者である買主やその債権者などとの関係では，買戻権行使時まで抵当権が有効に存在していたことによる法的効果までが買戻しによって覆滅されることはなく，また，②買戻代金は，実質的には買戻権の行使による所有権の復帰についての対価と見ることができ，目的物の売却または滅失によって債務者が受けるべき金銭に当たる，ということが挙げられている。

　学説では，買戻しによる所有権の遡及的復帰は，売買後に生じた第三者の権利関係よりも所有権の復帰を優先することを導くための法的フィクションであり，BがGHに抵当権を設定したという事実までが当事者間でも失われてしまうわけではないことなどを理由に，判例を支持するのが多数説である。なお，【設例Ⅱ-8】のように，同一債権について一般債権者による差押えと物上代位による差押えとが競合した場合における両者の優劣については，差押命令の第三債務者への到達と抵当権設定登記の時間的先後によって決まる（→3.3.3(2)(イ)参照）。

**(2)　賃料債権・用益物権の対価**

**(ア)　序　説**　これまで，抵当不動産の賃料債権やそれに設定された用益物権の対価（地上権であれば地代，永小作権であれば小作料）が代位物になるかどうかについて，学説は大きく否定説と肯定説とに分かれていた。すなわち，否定説は，不動産の賃料債権や用益物権の対価への物上代位を認めると，所有者の使用収益権を制限することになり，不動産の使用収益に効力を及ぼさない価値権としての抵当権の本質に反するとする。これに対し，肯定説は，不動産の賃料債権や用益物権の対価への物上代位を認めることが抵当権設定当事者にとって利益になるとする。しかし，平成15年の「民法等の一部を改正する法律」によって担保不動産収益執行の制度が新設され，その立法作業の過程で，担保不動産収益執行と同様に不動産の収益に抵当権の効力を及ぼす賃料債権や用益物権の対価への物上代位を廃止するかどうかが議論された。その結果，賃料債権などへの物上代位は，担保不動産収益執行の手続に比べ簡易かつ迅速な債権回収方法であり，小規模不動産について有用性が高

いという理由で，存続することになった。さらに，改正371条によって，被担保債権の不履行後に生じた天然果実や法定果実に抵当権の効力が及ぶことが規定された。以上のことを考慮すれば，賃料債権などへの物上代位を否定する見解は，解釈論としては現在ではもはやとりえないことになった。

(イ)　**賃料債権**

> **【設例Ⅱ-9】**　Aは所有建物をBに賃貸したのち，この建物にGのために1番抵当権，Hのために2番抵当権を設定した。数年後，Gが1番抵当権の実行を申し立て，競売開始決定がなされた。Bが賃料を供託したので，2番抵当権者Hは，抵当権に基づく物上代位権を行使して，賃料の引渡（還付）請求権を差し押さえ，供託されていた金員の引渡しを受けた。そこでAは，非占有担保である抵当権は目的物の利用の対価である賃料には及ばないことを理由に，Hが取得した金員の返還を求めた。Aの請求は認められるか。

判例によれば，**【設例Ⅱ-9】**におけるAの請求は認められないことになる。すなわち，最高裁は，まず前提として，①372条によって先取特権に関する304条が抵当権にも準用されていること，②抵当権は目的物の使用収益を伴わない担保権であるが，これは先取特権も同じであること，③第三者による使用の対価について抵当権の行使を認めても，設定者による目的物の使用を妨げたことにはならないことを理由に，賃料債権への物上代位を肯定した。そして，賃料債権が供託された場合には，その供託金引渡（還付）請求権は賃料債権に準ずるものであるからこれについて物上代位権を行使できるとした（最判平元・10・27民集43巻9号1070頁）。賃料債権への物上代位の問題について，これまでの判例は，大審院でははっきりしたものがなく，戦後の下級審では肯定例と否定例とに分かれていた。この平成元年判決は，最高裁として初めてこの問題に決着をつけたものである。

(ウ)　**転貸賃料債権**　　抵当権設定者から抵当不動産を賃借した者が他の者に転貸した場合に，抵当権者が転貸賃料債権に対して物上代位権を行使できるかが問題となった。これについて，判例は，賃借人は賃貸人（抵当不動産の所有者）のように抵当不動産によって物的責任を負担するものではなく，自己に属する転貸賃料債権を被担保債権の弁済に供される立場にないことを理由に，原則として転貸賃料債権への物上代位を否定している。ただし，「所

有者の取得すべき賃料を減少させ，又は抵当権の行使を妨げるために，法人格を濫用し，又は賃貸借を仮装した上で，転貸借関係を作出したものであるなど，抵当不動産の賃借人を所有者と同視することを相当とする場合には」，例外的に転貸賃料債権に対して物上代位権を行使することができるとしている（最決平12・4・14民集54巻4号1552頁）。例えば，賃貸人が自己のわら人形を賃借人に仕立てて賃貸借を仮装し，転借人（実質的な賃借人）から転貸賃料を取り立てて賃料収益を得るというような場合には，例外的に転貸賃料債権に対する物上代位が認められることになる。

### (3) 目的物の滅失・損傷により受くべき金銭

第三者が抵当不動産を滅失・損傷した場合に設定者が取得する不法行為に基づく損害賠償債権や，抵当建物の焼失によって設定者が取得する保険金債権がこれに当たる。前者の損害賠償債権が代位物になることについては，学説・判例（大判大5・6・28民録22輯1281頁，大判大6・1・22民録23輯14頁）とも異論がない。後者の保険金債権については，物上代位を肯定するのが判例（大連判大12・4・7民集2巻209頁）・通説である。これに対し，学説の中には，保険金債権は保険契約による保険料支払いの対価として生じるものであり，抵当不動産の価値の代表物または変形物ではないとして，保険金債権への物上代位を否定するものがある。

設定者が保険契約を結んで保険料を支払わなければ保険金債権は生じないが，保険金は抵当不動産に代わるもの（代償物または代替物）ということができ，保険金債権への物上代位を肯定すべきである。もっとも，通常は抵当権者は保険金債権（停止条件付債権）について質権の設定を受けるので（債権質），保険金債権への物上代位が問題となることは少ない。ただ，第三者が保険金債権に質権の設定を受けた場合には，この質権と抵当権の物上代位との優劣が問題となり，議論が分かれている（→3.3.3 (2)(カ)参照）。

### (4) 特別法による補償金・清算金

土地収用法104条や土地改良法123条などは，抵当地の収用・買収に際して設定者に交付される補償金・清算金などについて，抵当権者の物上代位権を認めている。

### 3.3.3　物上代位権行使の要件

　抵当権者が物上代位権を行使して代位物から優先弁済を受けるためには，代位物の払渡または引渡前に差押えをすることが必要である（304条1項ただし書）。この差押えについては，次のような問題がある。第1は，なぜ代位物の払渡または引渡前に差押えをしなければならないのか，言い換えれば払渡または引渡前の差押えの意義はなにかという問題である。第2は，いつまでに差押えをしなければならないかという差押えの時期の問題である。例えば，代位物である賃料債権が第三者に譲渡されたり，他の債権者によって差し押さえられて転付命令が得られたりした場合でも，抵当権者はその賃料債権を差し押さえて物上代位権を行使できるかという問題である。

#### (1)　差押えの意義

　差押えの意義については，従来の見解では物上代位の本質から考察され，価値権説の立場からは代位物の特定性を維持するためのもの（**特定性維持説**），特権説の立場からは抵当権者の優先権を保全するためのもの（**優先権保全説**）と解されていた。しかし近時では，物上代位の本質にとらわれずに，差押えの果たす機能を中心に差押えの意義を考える傾向があり，**第三債務者保護説**という新しい考え方が主張されている。

　**(ア)　特定性維持説**　**(a)　差押えの意義**　　価値権説によれば，物上代位は抵当権の価値権という本質から当然に認められるものであり，本来は代位物が生ずれば差押えがなくても物上代位権を行使できるものである。しかし，払渡しまたは引渡しによって代位物が抵当債務者の一般財産に混入した後まで抵当権の効力が及ぶことを認めるのは，抵当債務者の一般財産に対する優先権を承認することになって，特定物に対する権利である抵当権の性質に反し，また，抵当債務者の一般財産を引当てとする他の債権者を害することになる。そこで，代位物が払渡しまたは引渡しによって抵当債務者の一般財産に混入することを防ぎ，代位物の特定性を維持する，つまり物上代位の対象となる債権を特定するために差押えが要求されているとする。

　**(b)　他の債権者による差押え**　　そして，他の債権者（後順位抵当権者や一般債権者など）による差押えがあれば，払渡しまたは引渡しによる代位物の抵当債務者の一般財産への混入が防止されて特定性が維持されるので，抵当権者

*46* 第2章 抵当権

自身が改めて差し押さえる必要はないとする[9]。もっとも，特定性維持説の中には，他の債権者が代位物を差し押さえた場合であっても，抵当権者自身の差押えが必要とするものもある。そして，この抵当権者自身の差押えは，他の債権者が先に差し押さえて転付命令を得た後や債権譲渡がなされた後であっても，まだ払渡しまたは引渡しがなされていなければ可能であるとする[10]。特定性維持説を採る見解では，後者の考え方が優勢である。

　(イ)　**優先権保全説**　　次に，特権説の立場では，物上代位は抵当権者の保護のために法律によって特別に認められた効力と解することから，差押えは抵当権者が物上代位による優先権を保全するためのものであるとする。したがって，差押えは抵当権者自らが行うことが必要となる。これは戦前の大審院判例が採る考え方であり（前掲大連判大12・4・7，大決昭5・9・23民集9巻918頁），特に大審院昭和5年決定は，代位物である債権には登記のような公示方法がないので，第三者保護の方法として債権への物上代位を差押えによって明確にしたのであり，差押えは第三者に対する物上代位権保全の要件，つまり物上代位によって抵当権の効力が代位物に及んでいることを第三者に主張するための要件であるとしている。しかし，戦後の最高裁ではこの考え方は維持されておらず，特に近年では次に述べる第三債務者保護説を採る判例が現れている。

　(ウ)　**第三債務者保護説**　　この説は，304条1項については本文とただし書を峻別して理解すべきであり，304条1項本文の解釈論である物上代位本質論は，ただし書にいう差押えの意義の解釈と論理必然的に結びつくものではなく，差押えの趣旨は，第三債務者の保護を目的とするものであると説く[11]。すなわち，物上代位権の行使について直接の利害関係を有するのは第三債務者だけであり，第三債務者は，物上代位権の発生によって物上代位権者（抵当権者）に代位債権を直接支払う義務を負うことになるが，物上代位権者の存在を通常知ることができないから，抵当権設定者に弁済してしまい，二重払いの危険に陥ることになる。そこで，このような第三債務者を保護す

---

9）柚木＝高木・272頁。
10）我妻・290頁。
11）詳細は，清原泰司『物上代位の法理』（民事法研究会，1997年）参照。

第3節 抵当権の効力 **47**

るための措置として，抵当権者自身の差押えが要求され，これによって抵当権者が代位債権に対する抵当権の効力を第三債務者に主張することができるようにしたとする。

　したがって，この説は，差押えをいわば第三債務者に対する物上代位権の対抗要件と解するものである。他方，第三債務者以外の第三者との関係では，代位債権に抵当権の効力が及ぶことは既に抵当権の登記によって公示されているから，登記の時期が優劣を決定する基準になるとしている。そして，後述するように，近年最高裁でもこの第三債務者保護説に立つ判例が相ついで出されるにいたっている。ただし，最高裁は，抵当権の登記を第三債務者以外の第三者だけでなく，第三債務者との関係でも物上代位権の対抗要件と解しているようである（最判平13・3・13民集55巻2号363頁→(2)(ウ)参照）。

---

＊私見　差押えの効力から差押えの意義を検討していくと，差押えには，次のような種々の意義があると解することができる。すなわち，第1に，差押えの効力発生後は（民執145条4項参照），第三債務者は債務者に弁済しても，物上代位権者に対抗できず，物上代位権者は第三債務者に弁済を請求することができるので，差押えは，第三債務者からの債務者への弁済を阻止し，物上代位による優先権を保全する意義があるといえる。第2に，第三債務者からみると，差押えの効力発生前は債務者に弁済しても物上代位権者に対抗できるので，差押えは第三債務者保護の意義があるといえる。そして第3に，差押えによって代位物の債務者の一般財産への混入が阻止されて代位物が特定され，物上代位による優先権が及ぶ範囲が明確となるので，第三債務者以外の第三者（差押債権者や譲受人など）が不測の損害を負うのを免れることになる[12]。

　このように，差押えには多様な意義があると解されるので，第三債務者保護説が主張するように，差押えの意義を第三債務者の保護に限定する必要はないと考える。そして，差押えは，物上代位による優先権を保全し，代位物を特定すると同時に，第三債務者やそれ以外の第三者を保護するものでもあるから，差押えによって物上代位の効力が代位物に及ぶとともに，差押えは，第三債務者やそれ以外の第三者に対して物上代位による優先権を対抗するための要件でもあると解したい。

---

12) 高木・150頁による。

*48*　第2章　抵当権

### (2)　差押えの時期

　物上代位権行使の要件としての差押えは，304条1項ただし書によれば，代位物の「払渡し又は引渡しの前」に行うべきものとされている。そして，この「払渡し又は引渡し」がどのような行為を意味するか，つまりどのような行為がなされれば，もはや抵当権者は差押えをすることができなくなるかということが問題となっている。例えば，抵当権者による差押前に物上代位の目的債権が抵当債務者から第三者に譲渡されて対抗要件が備えられた場合には，もはや抵当権者は目的債権を差し押さえて物上代位権を行使することができないのかといったような問題である。そこで以下では，これまで問題となったいくつかの場合を取り上げて，検討していくことにする。

　㋐　**目的債権が譲渡され対抗要件が備えられた場合**　　抵当権者による差押前に物上代位の目的債権が譲渡され対抗要件が備えられた場合について，大審院は，抵当債務者にはもはや第三債務者から弁済を受けるべき債権関係がないことから，抵当権者は物上代位権を行使することができないとしていた（前掲大連判大12・4・7，前掲大決昭5・9・23など）。しかし，特定性維持説を採る学者の中には，目的債権が譲渡され対抗要件が備えられた後であっても，債権が譲受人に弁済される前であれば，抵当権者は目的債権を差し押さえて物上代位権を行使できると主張する者があった。また，前述の第三債務者保護説も，これと同様の考えを採っていた。そして，最高裁は，この第三債務者保護説に依拠して，抵当権者による物上代位権の行使を認めるにいたった。

---

【設例Ⅱ-10】　HはSに10億円を融資し，担保としてA所有の本件建物（地上5階建ての共同住宅兼店舗）に抵当権の設定を受け登記を経由した。その後Sは倒産したが，その直後に，Aと本件建物の多数の賃借人の間にMが入り，Mが一括して本件建物を賃借して元の賃借人に転貸する形式がとられた。続いて，GがAに6000万円融資し，その翌日に，AのMに対する賃料債権3年分が代物弁済としてGに譲渡され，Mから確定日付のある証書による承諾がなされた。その後，Hは，抵当権に基づく物上代位としてAの将来の賃料債権（譲渡された3年分の賃料債権を含む）を差し押さえ，Mに対して賃料の支払いを請求した。この場合において，Hの請求は認められるか。

【設例Ⅱ-10】のような，抵当建物に関する将来の賃料債権が第三者に譲渡され対抗要件が具備された後に抵当権者が物上代位権を行使した事案について，最高裁は，304条1項ただし書の差押えの趣旨は，二重弁済の危険から第三債務者を保護することにあり，このような差押えの趣旨から，304条1項ただし書の「『払渡又ハ引渡』」には債権譲渡は含まれず，抵当権者は，物上代位の目的債権が譲渡され第三者に対する対抗要件が備えられた後においても，自ら目的債権を差し押さえて物上代位権を行使することができるものと解するのが相当である」とした。そして，抵当権の効力が物上代位の目的債権に及ぶことは，抵当権設定登記によって公示されていることなどをも理由にあげ，「以上の理は，物上代位による差押えの時点において債権譲渡に係る目的債権の弁済期が到来しているかどうかにかかわりなく，当てはまるものというべきである」と判示した（最判平10・1・30民集52巻1号1頁，最判平10・2・10判時1628号9頁）。

これら2つの判決において，最高裁は，差押えの意義について第三債務者保護説をとることを明らかにした上で，債権譲受人に対しては抵当権設定登記が物上代位権の公示の役割を果たすことから，抵当権設定登記と債権譲渡の対抗要件の先後で両者の優劣を判断し，第三債務者による現実の弁済がなされない限り，抵当権者は，目的債権を差し押さえて物上代位権を行使できるという見解を示したのである*。

> ＊私見のような，差押えを物上代位権の対抗要件と解する立場では，目的債権が譲渡されて先に対抗要件が具備された場合には，もはや抵当権者は物上代位権を行使できないことになる。

(イ)　**目的債権が一般債権者によって差し押さえられた場合**　同一の債権について一般債権者による差押えと物上代位権者による差押えが競合した場合には，どちらの差押えが優先するか問題となる。

これについて，最高裁は，動産売買先取特権に基づく転売代金債権への物上代位の事案であるが，債務者の一般債権者が先に転売代金債権を差し押さえたにすぎない場合には，物上代位権の行使は妨げられないとしていた（最判昭60・7・19民集39巻5号1326頁。先取特権の物上代位については→**第4章 2.4.2** 参照）。しかし，賃料債権に対する一般債権者の差押えと抵当権者の物上代位による

*50* 第2章 抵当権

差押えが競合した事案については，最高裁は，「一般債権者による債権の差押えの処分禁止効は差押命令の第三債務者への送達によって生ずるものであり，他方，抵当権者が抵当権を第三者に対抗するには抵当権設定登記を経由することが必要であるから，債権について一般債権者の差押えと抵当権者の物上代位権に基づく差押えが競合した場合には，両者の優劣は一般債権者の申立てによる差押命令の第三債務者への送達と抵当権設定登記の先後によって決せられ，右の差押命令の第三債務者への送達が抵当権者の抵当権設定登記より先であれば，抵当権者は配当を受けることができないと解すべきである」とした（最判平10・3・26民集52巻2号483頁）。

この最高裁判決も，(ｱ)で述べた平成10年の2つの最高裁判決と同様に，抵当権設定登記を物上代位権の対抗要件ととらえ，物上代位による差押えと一般債権者による差押えの優劣は，抵当権設定登記と差押命令の第三債務者への送達（民執145条4項）の時間的先後によって決定されるとした*。

> ＊私見では，物上代位権者による差押えと一般債権者による差押えの優劣は，両者の差押命令の第三債務者への送達の時間的先後によって決定されることになる。

### (ｳ) 目的債権について相殺がなされた場合

> 【設例Ⅱ-11】 H銀行は，S会社に対する債権を担保するために，S所有の本件建物に抵当権の設定を受け登記を経由した。その後，Sは本件建物をM会社に賃貸し，Mは合意に基づいて3000万円の保証金を預託したが，11年後に保証金を300万円とする新契約が結ばれ，残りの保証金は月30万円の賃料と相殺する旨の合意がMS間で成立した。ところが，Hが抵当権に基づく物上代位として賃料債権を差し押さえ，Mに対して賃料の支払いを求めたので，MはSとの相殺の抗弁を主張した。この場合において，Mの相殺の抗弁は認められるか。

【設例Ⅱ-11】のような，抵当建物の賃貸人と賃借人の間で結ばれた賃料債権（受働債権）と保証金返還債権（自働債権）の相殺合意と賃料債権に対する物上代位の優劣が争われた事案について，最高裁は，差押えと相殺（旧511条）に関する判例（最大判昭45・6・24民集24巻6号587頁）とは異なる判断をしている。

すなわち，「抵当権者が物上代位権を行使して賃料債権の差押えをした後

は，抵当不動産の賃借人は，抵当権設定登記の後に賃貸人に対して取得した債権を自働債権とする賃料債権との相殺をもって，抵当権者に対抗することはできない」と判示した（最判平13・3・13民集55巻2号363頁）。その理由として，物上代位による差押えの前では，賃借人による相殺は何ら制限されないが，差押えの後では，抵当権の効力が物上代位の目的となった賃料債権にも及ぶところ，物上代位により抵当権の効力が賃料債権に及ぶことは登記により公示されているから，登記の後に取得した賃貸人に対する債権（自働債権）と賃料債権（受働債権）との相殺に対する賃借人の期待を物上代位に優先させる理由はないことが挙げられている。その結果，相殺の合意がある場合でも，賃借人が賃貸人に対する債権を抵当権設定登記の後に取得したときは，物上代位による差押えの後に発生する賃料債権については，物上代位をした抵当権者に対して相殺合意の効力を対抗できないとしている。

差押えと相殺に関する前掲最大判昭45・6・24によれば，差押前に取得された自働債権であれば，自働債権と受働債権の弁済期の先後を問わず，相殺適状に達すれば相殺が認められる。しかし，本判決では，賃料債権に対する物上代位権が抵当権設定登記によって公示されていることを理由に，登記の後に取得した自動債権による相殺は抵当権者に対抗できないとされた。ただ，差押えの前は賃借人は賃料債権を賃貸人に有効に弁済できることから，差押前になされた相殺は有効ということになる＊。

＊私見のように，差押えによって物上代位権の効力が代位物に及び，さらに差押えは物上代位権の対抗要件であると解すると，前掲最大判昭45・6・24と同様に，差押後に取得された自働債権による相殺が抵当権者に対抗できないということになる。

(エ)　**賃料債権への敷金充当の場合**　　これは，【設例Ⅱ-11】の記号を使うと，Hの物上代位による差押えの後に賃借人Mが賃貸借契約を解除して建物から退去し，Hからの未払い賃料の請求に対して，Mが未払い賃料への敷金充当による賃料債務の消滅を主張した場合に，このMの主張が認められるかという問題である。これについて，前掲最判平13・3・13の考え方，すなわち未払い賃料債権と敷金返還債権との相殺という法律構成をとれば，物上代位権が優先することになる。その結果，賃借人は，未払い賃料を抵当権者に

52　第2章　抵当権

支払わなければならなくなると同時に，抵当権を実行された賃貸人からは実際上敷金の返還を期待することができず，賃借人が一方的に不利益を受ける。

　そこで，最高裁は，「賃貸借契約における敷金契約は，授受された敷金をもって，…賃貸借終了後の目的物の明渡しまでに生ずる……一切の債権を担保することを目的とする賃貸借契約に付随する契約であり」，「目的物の返還時に残存する賃料債権等は敷金が存在する限度において敷金の充当により当然に消滅することになる」が，「このような敷金の充当による未払賃料等の消滅は，敷金契約から発生する効果であって，相殺のように当事者の意思表示を必要とするものではないから，民法511条によって上記当然消滅の効果が妨げられないことは明らかである」としたうえで，抵当権者が賃料債権を差し押さえる前は，「抵当不動産の所有者等は，賃貸借契約に付随する契約として敷金契約を締結するか否かを自由に決定することができ」，したがって，「敷金契約が締結された場合は，賃料債権は敷金の充当を予定した債権になり，このことを抵当権者に主張することができる」ことから，「敷金が授受された賃貸借契約に係る賃料債権につき抵当権者が物上代位権を行使してこれを差し押えた場合においても，当該賃貸借契約が終了し，目的物が明け渡されたときは，賃料債権は，敷金の充当によりその限度で消滅する」と判示した（最判平14・3・28民集56巻3号689頁）。本判決は，物上代位の優先に傾きすぎた判例理論を修正するものと捉えることができる[13]。

　(オ)　**目的債権について差押・転付命令が取得された場合**　　抵当権者による差押前に一般債権者により物上代位権の目的債権が差し押さえられて転付命令（民執159条・160条）が得られた場合について，大審院は，第三債務者が差押債権者にまだ払渡しをしていないときであっても，転付命令の効力が生じた後は目的債権は差押債権者に移転して債務者には帰属していないことを理由に，抵当権者は転付命令の効力が生じる以前に差押えをしなければ物上代位権を行使できないとしていた（前掲大連判大12・4・7）。しかし，特定性維持説の中には，目的債権が差し押さえられて転付命令が得られた後であっても，債権が差押債権者に弁済される前であれば，抵当権者は目的債権を差し

---

13)　内田・410頁，松井宏興「転機に立つ抵当権の物上代位」『三和一博先生退職記念論文集』（法学新報110巻1・2号）（2003年）。

押さえて物上代位権を行使できるとするものがあり，また，第三債務者保護
説もこれと同様の考えを採っている。

ところが，用地買収に伴う土地上の建物の移転補償金債権について差押・
転付命令と物上代位の優劣が争われた事案について，最高裁は，前掲大連判
大12・4・7と同様の結論を採るにいたった。

> 【設例Ⅱ-12】 Ｓは所有する土地についてＥ県と用地買収契約を締結し，こ
> れに伴い地上の建物について移転補償金債権を取得した。その後，Ｓの一般
> 債権者Ｇがこれを差し押さえて転付命令を得，差押命令と転付命令は第三債
> 務者Ｅに送達された。ところが，転付命令が確定する前に，以前より建物に
> 抵当権を有するＨが物上代位によりこの移転補償金債権を差し押さえた。Ｇ
> の得た差押・転付命令とＨの差押えのいずれが優先するか。

最高裁は，「転付命令が第三債務者に送達される時までに抵当権者が被転
付債権の差押えをしなかったときは，転付命令の効力を妨げることはでき
ず，差押命令及び転付命令が確定したときには，転付命令が第三債務者に送
達された時に被転付債権は差押債権者の債権及び執行費用の弁済に充当され
たものとみなされ，抵当権者が被転付債権について抵当権の効力を主張する
ことはできないものと解すべきである」と判示した（最判平14・3・12民集56巻
3号555頁）。最高裁は，物上代位による差押えを民事執行法159条3項にいう
差押えと同視し，転付命令が第三債務者に送達される時までに物上代位によ
る差押えがなされなければ，転付命令が優先するとしたわけである。

【設例Ⅱ-12】は，第三債務者に送達された転付命令が確定する前に物上代
位による差押えがなされた事案であり，第三債務者からの現実の弁済がまだ
なされていないケースである。そうすると，第三債務者保護説では，上記(ア)
の場合と同様に，物上代位権の行使が可能となるはずである。そして，第三
債務者保護説によれば物上代位権については抵当権設定登記が対抗要件であ
るので，物上代位権を対抗できる債権が第三者に転付されても，抵当権者は
物上代位権を行使できると解すべきである（これまでの説明を補充する）。それ
にもかかわらず，民事執行法159条3項に依拠して物上代位権の行使が否定
されたことは，本判決が第三債務者保護説の立場にあるのか疑問といえよ
う。むしろ，賃料債権への物上代位を無条件に肯定した前掲最判平元・10・27

*54*　第2章　抵当権

(→**3.3.2** (2)(イ)参照) や，賃料債権が譲渡され対抗要件が具備された場合にも物
上代位を肯定した前掲最判平10・1・30 (→(ア)参照) などによって推進されて
きた物上代位の優位に一定の歯止めをかけようとしたものと考えられる[14]。

　(カ)　**保険金債権に対する物上代位と質権**　　建物に抵当権を設定する場
合，抵当権者は設定者に火災保険を掛けさせて，その保険金債権 (停止条件付
債権) の上に質権を設定させることが一般に行われている。そうすると，抵当
権者は，物上代位によらなくても，質権者として保険金債権の上に優先権を
もつことになる (債権質)。問題は，抵当権者ではなくて第三者が質権の設定
を受けた場合である。例えば，建物所有者AがBのために抵当権を設定し，
他方では，建物の火災保険金債権につきCのために質権を設定した場合に
は，Bの抵当権による物上代位とCの質権のいずれが優先するか問題となる。

　このBの物上代位とCの質権の優劣の問題に関するこれまでの見解は，大
別すれば，①Bの抵当権登記の時とCの質権の対抗要件 (第三債務者への通知
または第三債務者の承諾〔364条〕) 具備の時の先後によって優劣が決まるとする
説 (鹿児島地判昭32・1・25下民集8巻1号114頁) と，②Bの物上代位による差押
えの時とCの質権の対抗要件具備の時の先後によって優劣が決まるとする説
(福岡高宮崎支判昭32・8・30下民集8巻8号1619頁 (前掲鹿児島地判の控訴審)，福岡地
小倉支判昭55・9・11下民集31巻9〜12合併号890頁) に分かれていた。①説は，差
押えは代位物を特定するものであり (特定性維持説)，抵当権の登記が物上代
位権の公示方法であると解し，②説は，差押えを物上代位による優先権保全
の要件 (優先権保全説)，特に差押えを物上代位権の公示方法ととらえるから
である。しかし，第三債務者保護説を採用した最高裁の立場では，抵当権の
登記が物上代位権の公示方法とされることから，①説になろう (もっとも，現
在のところ，この問題に関する最高裁の判断は示されていない)。

### 3.3.4　物上代位権行使の方法

　物上代位権行使の手続については，民事執行法193条に規定があり，債権
執行の規定が準用される。それによると，抵当権者が物上代位権を行使する

---

14)　内田・415頁，松井・前注13) 論文。

方法は，次の2つの場合に分けられる。

### (1) 抵当権者自身が差し押さえる場合

抵当権者が「担保権の存在を証する文書」を提出し（民執193条1項後段），それにより執行裁判所が差押命令を発することによって物上代位権の行使が開始され，債権執行の手続で行われる（民執193条2項・143条以下）。

### (2) 他の債権者が差し押さえた場合

他の債権者が代位物を差し押さえた場合には，この者のために債権執行の手続が開始される。そこで，この手続の中で抵当権者が配当を受けるためには，配当要求の終期までに差押えをしなければならない（民執193条2項・165条。最判平13・10・25民集55巻6号975頁）。民事執行法193条2項によって準用される同法154条は，物上代位権を行使する抵当権者の配当要求を予定していないからである。

### (3) 担保不動産収益執行との関係

物上代位権の行使による賃料債権差押手続の継続中に，他の担保権者の申立てによって賃料債権につき担保不動産収益執行手続が開始された場合には，物上代位権に基づく差押手続は，担保不動産収益執行手続に吸収され，その中で配当を受けることになる（民執188条・93条の4）。

## 3.4　抵当権侵害に対する効力

### 3.4.1　抵当権の侵害

#### (1) 抵当権侵害の特殊性

例えば，債務者または第三者が抵当目的物を損傷したり損傷するおそれがある場合に，抵当権も物権の一種であるから，抵当権に基づく侵害行為の差止請求や抵当権侵害を理由とする不法行為による損害賠償請求が問題となる。しかし，抵当権は目的物の占有・利用を設定者に委ねるものであるから（非占有担保），目的物が通常の経済的用途に従って利用されているかぎり，設定者が付加物を抵当不動産から分離したり，目的物を第三者に用益させたりしても，抵当権が侵害されたとはいえない。また，損害賠償請求についても，目的物が損傷されたからといって直ちに抵当権者に損害が生じるとは限らな

56 第2章 抵当権

い。なぜなら，抵当権は目的物を換価して優先弁済を受ける権利であるから，目的物が損傷されても被担保債権を弁済できる十分な価値が残っておれば，抵当権者は損害を被らないといえるからである。このように，抵当権に対する侵害の問題には，他の物権に対する侵害とはやや異なった面が存在する。

### (2) 抵当権侵害の意義

それでは，抵当権侵害というものをどのように捉えるべきであろうか。これについて参考になる考え方が，平成11年と平成17年の最高裁判決で示されている。いずれも，抵当不動産の占有者に対する抵当権者の明渡請求に関する事件であるが，前者の平成11年最高裁大法廷判決は，「第三者が抵当不動産を不法占有することにより，……抵当不動産の交換価値の実現が妨げられ抵当権者の優先弁済請求権の行使が困難となるような状態があるときは，これを抵当権に対する侵害と評価すること」ができるとしている（最大判平11・11・24民集53巻8号1899頁）。また，後者の平成17年最高裁判決では，「占有権原の設定に抵当権の実行としての競売手続を妨害する目的が認められ，その占有により抵当不動産の交換価値の実現が妨げられて抵当権者の優先弁済請求権の行使が困難となるような状態があるときは，抵当権者は，当該占有者に対し，抵当権に基づく妨害排除請求として，上記状態の排除を求めることができる」と判示している（最判平17・3・10民集59巻2号356頁。この2つの判決については→**3.4.2**(2)参照）。

これらの最高裁判決については，前者は不法占有者に対する請求，後者は占有権原のある占有者に対する請求という違いはあるが，いずれも第三者の占有による抵当不動産の交換価値の実現の妨害と抵当権者の優先弁済請求権の行使の困難が抵当権の侵害と捉えられている。抵当不動産を売却（競売）にかけてその代金から優先弁済を受けるという抵当権の優先弁済的効力に基づき，抵当不動産の換価権と優先弁済権が抵当権の中心的権能であることから（→**第1章3.2.1**(3)参照），交換価値の実現の妨害（＝換価権の行使の妨害）と優先弁済請求権の行使の困難は，まさにこの中心的権能の侵害ということになるからであると解される。そして，この交換価値実現の妨害と優先弁済請求権行使の困難は，第三者による占有だけによって引き起こされるものではなく，例えば抵当目的物の滅失や損傷によっても生じるものと考えられる。こ

れらによって目的物の交換価値が消失または減少し，その結果目的物の本来有していた価値の実現が妨げられて優先弁済請求権の行使が困難になると言えるからである。このように考えることができるならば，交換価値実現の妨害と優先弁済請求権の行使困難ということが，その原因の如何を問わず，抵当権の侵害に当たると言えるのではなかろうか。

### 3.4.2 抵当権に基づく物権的請求権

#### (1) 付加物の分離・搬出

(ア) **妨害排除請求権・妨害予防請求権**　例えば，抵当山林から樹木が伐採されて搬出されると，抵当目的物の価値が減少する可能性を生じる。このような価値減少の可能性を除去するために，抵当権者は，抵当権に基づく妨害排除請求権や妨害予防請求権を行使して，抵当山林の伐採や樹木の搬出の差止めを請求できる。この場合，伐採・搬出の行為が所有者（抵当権設定者）と第三者のいずれによるかを問わず，また行為者の故意・過失を必要としない。価値の減少によって抵当目的物の価値が被担保債権額を下回ることも要しない（通説）。ただし，所有者は抵当目的物を利用できるので，事業として樹木を伐採・搬出するように，目的物の正当な利用によって付加物を分離・搬出する場合には，抵当権の侵害にはならない。

　判例は，当初，抵当権が実行され抵当山林が差し押さえられた後に樹木が伐採・搬出された場合に，差押えの効力として樹木の伐採・搬出行為の差止めを請求できるとしていた（大判大5・5・31民録22輯1083頁）。しかし，その後態度を改め，差押前の樹木の伐採・搬出についても抵当権の効力としてその差止めを請求できるとした（大判昭7・4・20新聞3407号15頁）。

(イ) **返還請求権**　前例の分離された樹木が抵当山林から搬出された場合，抵当権者はその返還を請求できるかどうかが問題となる。分離物に対する抵当権の実行は抵当不動産と一括して競売する必要があり，また，搬出されて第三者に取得されると分離物に対する抵当権の効力が否定されるおそれがあるので（→ **3.2.3** 参照），返還請求権を認めるべきである。もっとも，抵当権には目的物を占有すべき権能がないので，抵当権者への返還請求ではなく，元の所在場所への返還請求が認められる。最高裁では，工場抵当法2条

58　第2章　抵当権

により工場の建物とともに抵当権の目的とされた動産が工場外に搬出された場合に，抵当権者は搬出された動産をもとの備付工場に戻すことを請求できるとしたものがある（最判昭57・3・12民集36巻3号349頁）。

## (2) 抵当不動産の占有者に対する明渡請求

## (ア) 不法占有者に対する明渡請求

【設例II-13】　Gは，Sに対する貸金債権を担保するために，Sの所有する土地建物に抵当権の設定を受けた。その後，Sが債務を弁済しなかったので，Gは抵当権を実行した。しかし，それ以前にBが建物を無権原で占有しはじめ，そのために買受人が現れず抵当権の実行手続の進行が阻害されるにいたった。この場合において，抵当権の実行手続を進行させるために，Gは，Bに対して建物の明渡しを請求することができるか。

　(a)　問題の所在　　【設例II-13】のように，第三者が抵当不動産を不法に占有している場合に，抵当権者が第三者の占有を排除できるかどうかが問題となる。不法占有者がいる物件を競売で買い受けようとする者は，買受後，居座りを続ける占有者を排除するために改めて裁判を起こすなどの労力と費用を要し，買受人となることをためらうことになる。その結果，買受人が現れないために抵当権の実行ができなくなったり，買受人が現れても，競売価格が押し下げられて抵当権者が債権を十分に回収できない場合が生じる。そして現実には，このような抵当権の実行を妨害するために，抵当権設定者があえて抵当不動産を第三者に不法に占有させるケースが少なくなかった（この目的のためにもっともよく使われたものが，平成15年改正前の旧395条で定められていた短期賃貸借保護の制度であった→ 4.4 参照）。

　そこで，抵当権者としては，あらかじめ不法占有者を排除した上で競売にかけることができれば好都合であるので，不法占有者に対して，抵当権者自らが明渡しを請求できるかどうか議論されてきた。そして，抵当権者が明渡しを求める方法として，①抵当権者が，被担保債権を被保全債権として，抵当不動産の所有者が有する妨害排除請求権（または返還請求権）を債権者代位権に基づき代位行使する方法と，②抵当権者が抵当権に基づく妨害排除請求権を行使する方法の2つが考えられていた。

**(b) 判例の推移**　この問題について，最高裁は当初，抵当権が占有を伴わない担保物権であることから，抵当権者は抵当不動産の占有関係に干渉できる余地がなく，第三者が不法に占有しているというだけでは抵当権の侵害とはいえないことなどを理由に，不法占有者に対する抵当権に基づく明渡請求権（妨害排除請求権）を否定し，さらには，抵当不動産の所有者が有する返還請求権を抵当権者が債権者代位権によって代位行使することも否定した（最判平3・3・22民集45巻3号268頁―抵当権を害する詐害的短期賃貸借を抵当権者が旧395条但書によって解除し，賃借人が不法占有者になった事案）。この判決に対し，多くの学説は，抵当権の非占有担保性を硬直的にとらえ，第三者の不法占有によって抵当権の実行が妨害されている現実を無視するものとして，批判的であった。

　多くの学説の批判を受けて，その後最高裁は，大法廷判決でもって前掲最判平3・3・22を変更し，「第三者が抵当不動産を不法占有することにより，競売手続の進行が害され適正な価額よりも売却価額が下落するおそれがあるなど，抵当不動産の交換価値の実現が妨げられ抵当権者の優先弁済請求権の行使が困難となるような状態があるときは，これを抵当権に対する侵害と評価すること」ができ，このような場合には，抵当権者は，所有者に対する抵当不動産の適切な維持保存の請求権（奥田補足意見は「担保価値維持請求権」と呼んでいる）を保全するために，「民法423条の法意に従い，所有者の不法占有者に対する妨害排除請求権を代位行使することができる」とした＊。そして，債権者代位権の行使方法として，抵当不動産を抵当権者に直接明け渡すよう請求できると判示した＊＊。また，傍論ではあるが，「抵当権に基づく妨害排除請求として，抵当権者が右状態の排除を求めることも許される」とした（前掲最大判平11・11・24）。

---

＊この債権者代位権の利用においては，被保全権利は従来考えられていた被担保債権ではなく，「抵当権侵害状態是正請求権（抵当不動産適切維持保存請求権）」とされている。それは，被担保債権を被保全権利とした場合には，物上保証人に対しては抵当権者は債権を有しないので，また債務者が設定者であるときでも無資力要件との関係で，債権者代位権を行使できないことがありうるからである。さらに，そもそもここでは債務者の一般財産の保全のため

*60*　第2章　抵当権

ではなく，抵当不動産という特定の財産の保全のために，債権者代位権を用いるのであるから，被担保債権（金銭債権）を被保全権利とするわけにはいかないからである。しかし，この「抵当権侵害状態是正請求権（抵当不動産適切維持保存請求権）」はこの大法廷判決で初めて登場した概念であり，その法的性質については，例えば抵当権の設定当事者間に存在する「担保関係」から信義則上設定者に生じる「担保価値維持」義務に対応した抵当権者の権利であると解する説が学説上主張されている15）。私見としては，抵当権が非占有担保であり，目的物の管理は所有者に委ねざるを得ないことから，所有者は，抵当権設定者として，抵当権の侵害が生じないように抵当不動産を適切に維持管理することが義務づけられていると考えているが（なお，目的物の占有を権利者に移転する質権では，このような所有者の義務は出てこないものと考えられる），とにかくこの大法廷判決によって債権者代位権の転用の事例が1つ認められたということができる。

＊＊管理のための占有（管理占有）　　代位債権者が債権者代位権の行使によって物の引渡しを求める権利を代位行使する場合，直接自己に目的物を引き渡すように請求できることから，大法廷判決は，妨害排除請求権の代位行使によって抵当不動産を抵当権者に直接明け渡すよう請求できるとした。しかし，抵当権者には目的物の占有権原がないことから，抵当権者への明渡しを理論的にどのように説明づけるかが問題となる。これについて，大法廷判決は，所有者のために目的物を管理する目的で，抵当権者は直接明渡しを請求できるとし，奥田補足意見は，抵当権者が明渡しによって取得する占有は，所有者のために管理する目的での占有（管理占有）であるとする。この占有概念も未知のものであり，その法的性質は明らかではない。

(イ)　**占有権原を有する占有者に対する明渡請求**　　前掲最大判平11・11・24は，傍論ではあるが，不法占有者に対する抵当権者の明渡請求として抵当権に基づく妨害排除請求権の行使を認めていた。しかし，その後の最高裁は，抵当権設定登記後に抵当不動産の所有者から賃借権の設定を受け占有している者について，抵当権に基づく妨害排除請求権の行使を正面から認めるにいたった。

　すなわち，抵当不動産の所有者は，抵当不動産を適切に維持管理することが予定されており，抵当権の実行を妨害するような占有権原の設定が許されないことを理由に，賃借人の「占有権原の設定に抵当権の実行としての競売

---

15）近江・174頁以下。

手続を妨害する目的が認められ，その占有により抵当不動産の交換価値の実現が妨げられて抵当権者の優先弁済請求権の行使が困難となるような状態があるときは，抵当権者は，当該占有者に対し，抵当権に基づく妨害排除請求として，上記状態の排除を求めることができる」とした。さらに，「抵当不動産の所有者において抵当権に対する侵害が生じないように抵当不動産を適切に維持管理することが期待できない場合には，抵当権者は，占有者に対し，直接自己への抵当不動産の明渡しを求めることができる」として，抵当権に基づく妨害排除請求権の行使によって抵当不動産を抵当権者に直接明け渡すよう請求できることを認めた。そして，これにより抵当権者が取得する占有については，「抵当不動産の所有者に代わり抵当不動産を維持管理することを目的とするものであって，抵当不動産の使用及びその使用による利益の取得を目的とするものではない」と判示した（前掲最判平17・3・10）。

### (3) 無効な登記の抹消請求

法律上は無効な登記であっても，抵当権者に優先するような外観をもつものは，抵当権を実行して優先弁済を受ける場合に事実上の障害となる可能性がある。そこで，抵当権者はそのような無効な登記の抹消を請求することができる。判例は，平成15年改正前の旧395条但書によって解除された短期賃貸借の登記（大判明42・12・10民録15輯933頁），無効な先順位の先取特権の登記（大判大4・12・23民録21輯2173頁），弁済によって消滅した先順位の抵当権の登記（大判大8・10・8民録25輯1859頁，大判昭15・5・14民集19巻840頁）について，抵当権者の抹消請求を認めている。

### 3.4.3 抵当権侵害に対する損害賠償請求権

抵当目的物の滅失・損傷によって抵当権者が損害を受けた場合には，抵当権者は，不法行為による損害賠償を請求できると解されている（709条）。もっとも，目的物の損傷により抵当権者が損害を受けたといえるためには，目的物の価値の減少により，被担保債権の弁済を受けることができなくなったことが必要である。そして，目的物の滅失・損傷によって抵当権者が目的物の売却代金から弁済を受けることができなくなった債権額が損害額ということになる。しかし，損害賠償請求については，次の3つの場合に分けて考える

*62*　第2章　抵当権

ことができる。

　①債務者の行為により目的物が滅失・損傷した場合には，債務者は期限の利益を喪失し（137条2号），抵当権者は被担保債権全額を請求できるので，それとは別に抵当権者に損害賠償請求を認める意味がない。また，②第三者の行為により目的物が滅失・損傷した場合には，目的物の所有者のみが不法行為者に対して損害賠償請求権を取得し，抵当権者はそれに物上代位できるにとどまると解するのが多数説である。物上代位は，第三者の不法行為による担保物の滅失・損傷の場合に備えた抵当権者の保護制度であるからである。したがって，第三者による加害の場合にも，抵当権者に損害賠償請求権を認める必要性は乏しい。これに対し，③物上保証人の行為によって目的物が滅失・損傷した場合には，抵当権侵害による損害賠償を認める必要がある。判例は，抵当権実行前の損害賠償請求を肯定しており（大判昭7・5・27民集11巻1289頁），同様に解するのが通説である。

### 3.4.4　期限の利益喪失と増担保の特約

　債務者の行為によって抵当目的物が滅失・損傷したときは，債務者の故意・過失を問わず，期限の利益が喪失され（137条2号），抵当権者は残存抵当物についてただちに抵当権を実行できる。この場合に，担保物を補充する増担保の特約があれば，債務者が相当の期間内に新しい担保物を提供しないときに，はじめて期限の利益が喪失される（137条3号）。もっとも，増担保の特約がなくても，債務者が自発的に担保物を補充すれば，期限の利益は喪失されない。債務者以外の者の行為によって抵当目的物が滅失・損傷しても，当然には期限の利益は喪失されない。しかし，増担保の特約があるときは，債務者の担保提供義務の不履行によって期限の利益が喪失される（137条3号）。

## 3.5　抵当権の優先弁済的効力

　抵当権者は，被担保債権について目的物から優先弁済を受けることができる（369条1項）。この優先弁済的効力（優先弁済権）が抵当権のもっとも本質的な効力である。ただ，抵当権の目的物について多数の担保物権が競合するこ

第3節　抵当権の効力　*63*

とが多く，そのような場合には，抵当権者はその順位に応じて優先弁済を受けることになる。そこで以下では，まず抵当権の順位について述べ（→**3.5.1**），次に優先弁済を受けるための手続について簡単に説明する（→**3.5.2** 以下）。

### 3.5.1　抵当権の順位

#### (1)　抵当権相互間の順位

同一の不動産について数個の抵当権が設定されたときは，登記の前後によって抵当権の順位が定まる（373条）。そして，先順位の抵当権が先に優先弁済を受け，残余があれば後順位の抵当権が順番に優先弁済を受ける。同順位のときは，被担保債権額に応じて比例配分で優先弁済を受ける*。

> ＊同一不動産について抵当権の設定登記の申請が2つ以上同時になされ，その受付番号が同一のときは，同順位になる（不登19条・20条）。

#### (2)　他の担保物権との順位

(ア)　**租税債権との関係**　　国税および地方税の租税債権は，納税者の総財産に効力を及ぼす一般の先取特権として扱われる（税徴8条，地税14条）。そして，国税・地方税の法定納期限等以前に納税者の財産に設定された抵当権は，これらの租税債権に優先する（税徴16条，地税14条の10）。

(イ)　**先取特権との関係**　　一般の先取特権との関係は，同一不動産について抵当権と一般の先取特権が競合する場合，①抵当権に登記がなければ，先取特権が登記の有無を問わず常に優先し（336条本文），②抵当権に登記があり先取特権に登記がなければ，抵当権が優先し（同条ただし書），③両者ともに登記があれば，登記の先後によって両者の優劣が決定されると解されている。不動産保存・工事の先取特権との関係は，一定の要件の下で登記される限り（337条・338条），先取特権が登記の先後によらず常に優先する（339条）。不動産売買の先取特権との関係は，登記の先後によって順位が決まる（以上のことについては→**第4章 2.3.2，2.4.4** 参照）。

(ウ)　**不動産質との関係**　　登記の先後によって順位が決まる（177条・361条・373条）。

*64*    第2章　抵当権

### 3.5.2　担保不動産競売

　抵当権者が優先弁済を受ける方法（抵当権の実行）には，①**担保不動産競売**と②**担保不動産収益執行**の2つがある（民執180条）。前者は，抵当不動産を競売手続によって換価し，その売却代金から優先弁済を受ける方法である。後者は，抵当不動産が生み出す収益（天然果実・法定果実）から優先弁済を受ける方法である。そして，抵当権者は，そのいずれかまたは双方を選択することができる。ここでは，前者の担保不動産競売について述べ，後者の担保不動産収益執行については，次の**3.5.3**で説明する。

#### (1)　意　義

　担保不動産競売とは，抵当権者の申立てに基づいて執行裁判所が抵当不動産を競売にかけ，抵当権者がその売却代金から順位に応じて配当を受けることである。この抵当権の実行方法は，民事執行法が定める競売手続による。そして，民事執行法は，抵当権の実行としての担保不動産競売については，若干の特則（民執181条以下）を置いたほかは，強制執行の総則規定の一部（民執38条・41条・42条）と不動産強制競売の規定の大部分（民執44条・45条～92条。ただし同81条を除く）を準用している（民執188条・194条）。

#### (2)　抵当権実行の要件

　(ア)　**抵当権の存在**　　抵当権を実行するためには，まず抵当権が存在しなければならない。そして，抵当権の存在を証する文書が執行裁判所に提出されねばならない（民執181条1項）。この抵当権の存在を証する文書とは，①抵当権の存在を証する確定判決もしくは家事事件手続法75条の審判またはこれらと同一の効力を有するものの謄本，②抵当権の存在を証する公証人が作成した公正証書の謄本，③抵当権の登記（仮登記を除く）に関する登記事項証明書である（さらに，民執181条3項参照）。抵当権が存在しないのに不動産競売の開始決定がなされた場合には，債務者または不動産の所有者は，抵当権の不存在または消滅を理由として執行抗告または執行異議の申立てができる（民執182条）。また，抵当権不存在確認の訴えを提起し，抵当権の不存在を証する確定判決を得れば，その謄本を提出して競売手続を停止させることができる（民執183条1項1号）。

　(イ)　**弁済期の到来**　　被担保債権の弁済期が到来していないと，抵当権を

第3節 抵当権の効力 *65*

実行できない。弁済期の到来前に競売の申立てがなされ，競売の開始決定が行われても，手続上の瑕疵として執行異議（民執11条）の申立てが認められる。ただし，開始決定の取消前に弁済期が到来すれば，瑕疵は治癒されるし，また，弁済期到来前に競売手続が完了し，買受人が代金を納付して抵当不動産を取得すれば，もはや異議申立てはできない（民執184条の類推適用）。

> ＊担保不動産競売開始決定前の保全処分　　担保不動産の競売開始決定前であっても，債務者または不動産の所有者もしくは占有者が「価格減少行為」（不動産の価格を減少させ，または減少させるおそれがある行為）をする場合には，抵当権者が競売を申し立てても，その競売が功を奏しないことがある。そこで，このような場合には，執行裁判所は，競売の申立てをしようとする者の申立てにより，買受人が代金を納付するまでの間，①価格減少行為を禁止し，または一定の行為（妨害物の除去など）をすべきこと，②不動産の占有を解いて執行官に引き渡すか，執行官に不動産を保管させること，または，③不動産の占有の移転を禁止し，および当該不動産の使用を許すこと，を内容とする「保全処分」または「公示保全処分」（上記の保全処分の内容を不動産の所在する場所に公示させることを内容とする保全処分）を命ずることができる（民執187条・55条1項）。

### (3)　競売手続

上記の要件を満たすと，抵当権者は目的不動産について競売の申立てをすることができる。この競売手続は，次の順序で行われる（競売手続の詳細は，民事執行法の教科書・体系書に譲り，ここでは概略を述べるにとどめる）。

⑺　**競売の申立て**　　抵当権の実行としての不動産競売の申立ては，目的不動産所在地を管轄する地方裁判所（執行裁判所）に対してなされる（民執2条・188条・44条）。

⑻　**競売開始決定**　　競売の申立てがなされると，執行裁判所は競売開始決定をなし，債権者のために目的不動産を差し押さえる旨を宣言する（民執188条・45条1項）。この開始決定は，所有者に（所有者と債務者が異なるときは債務者にも）送達される（民執188条・45条2項）。そして，競売開始決定がなされると，差押えの登記が行われる（民執188条・48条）。差押えの効力は，競売開始決定の所有者への送達または差押登記のいずれか早い時に生じる（民執188

*66* 第2章 抵当権

条・46条1項)。差押えによって所有者は目的物の処分権を失うが，通常の用法に従って不動産を使用収益する権限は失わない (民執188条・46条2項)。

(ウ) **目的物の換価**　　次に，目的不動産の換価が行われる。その手続は，以下のとおりである。①裁判所書記官により配当要求の終期が決定され，この終期が公告されるとともに，一定の債権者に対する債権届出の催告がなされる (民執188条・49条)。②執行裁判所によって売却基準価額が決定され (民執188条・60条)，裁判所書記官の定める方法によって目的不動産の売却がなされる (民執188条・64条)。③買受人が登場し，売却許可決定がなされると (民執188条・69条)，買受人は執行裁判所に代金を納付し (民執188条・78条)，目的不動産の所有権は買受人に移転する (民執188条・79条・82条)。なお，第三取得者は買受人になれるが (390条)，債務者は買受人にはなれない (民執188条・68条)。

---

＊競売による売却と目的不動産上の担保物権・用益権　　売却の目的不動産上には，通常担保物権や用益物権・賃借権などの用益権が存在する。これらの権利が競売による売却によってどうなるのか問題となるが，売却によって消滅するもの (消滅主義) と買受人に引き受けられるもの (引受主義) とがある。
　(1) 消滅主義がとられる担保物権　　先取特権，抵当権および使用収益をしない定め (359条参照) のある不動産質については，消滅主義がとられる (民執188条・59条1項)。また，使用収益をする不動産質でも，それに優先する先順位抵当権が消滅する場合は，消滅する (民執188条・59条2項)。仮登記担保権も同様に消滅する (仮登記担保16条1項)。これらの担保権者は，その順位に応じて売却代金から配当を受ける (民執188条・87条1項，仮登記担保13条)。
　(2) 引受主義がとられる担保物権　　留置権および最優先順位の使用収益をする不動産質は，売却によって消滅しない。これらの権利は，買受人が被担保債権を弁済しない場合には，存続する (民執188条・59条4項)。なお，担保仮登記権利者は，清算金支払後に競売の申立てがなされた場合には，目的不動産の所有権取得を抵当権者に対抗できる (仮登記担保15条2項)。
　(3) 用益権　　地上権・永小作権・賃借権などの用益権については，売却によって消滅する抵当権に対抗できないものは，売却によって消滅する (民執188条・59条2項)。したがって，最優先順位の用益権だけが買受人に引き受けられて存続する。
＊＊担保不動産の売却に際して，執行妨害などに対処するために，次の2つの保全処分が認められている。

第3節　抵当権の効力　*67*

　(1) 売却のための保全処分等　　債務者（所有者）または不動産の占有者が「価格減少行為」をするときは，執行裁判所は，競売申立人の申立てにより，買受人が代金を納付するまでの間，①価格減少行為を禁止し，または一定の行為をすべきこと，②不動産の占有を解いて執行官に引き渡すか，執行官に不動産を保管させること，または，③不動産の占有の移転を禁止し，および当該不動産の使用を許すこと，を内容とする「保全処分」または「公示保全処分」を命ずることができる（民執188条・55条）。なお，相手方を特定することを困難とする特別の事情（執行妨害のために占有者を次々と入れ替えるなど）があるときは，執行裁判所は，相手方を特定しないでこれらの保全処分を発することができる（民執188条・55条の２）。

　(2) 買受申出人のための保全処分等　　売却を実施しても買受けの申出がなかった場合において，債務者（所有者）または不動産の占有者が不動産の売却を困難にする行為をし，またはその行為をするおそれがあるときは，執行裁判所は，競売申立人の申立てにより，買受人が代金を納付するまでの間，①不動産の占有を解いて執行官または申立人に引き渡すこと，または，②執行官または申立人に不動産を保管させること，を内容とする「保全処分」または「公示保全処分」を命ずることができる。ただし，この申立てをするには，買受可能価額以上の額（申出額）を定めて，次の売却において申出額に達する買受けの申出がないときは自ら申出額で買い受ける旨の申出をし，かつ，申出額に相当する保証を提供しなければならない（民執188条・68条の２）。

**＊＊＊買受人の保護**　　競売が功を奏し，買受人が現れた場合でも，目的不動産の不法占拠などが依然として行われていることがある。この場合に，買受人には次の２つの手段が認められている。

　(1) 保全処分等　　債務者（所有者）または不動産の占有者が「価格減少行為等」（不動産の価格を減少させ，または不動産の引渡しを困難にする行為）をしまたはするおそれがあるときは，執行裁判所は，最高価買受申出人または買受人の申立てにより，引渡命令の執行までの間，買受申出額相当の金銭または代金を納付させて，①価格減少行為等を禁止し，または一定の行為をすべきこと，②不動産の占有を解いて執行官に引き渡すか，執行官に不動産を保管させること，または，③不動産の占有の移転を禁止し，および当該不動産の使用を許すこと，を内容とする「保全処分」または「公示保全処分」を命ずることができる（民執188条・77条）。

　(2) 引渡命令　　執行裁判所は，代金を納付した買受人の申立てにより，債務者（所有者）または不動産の占有者に対し，不動産を買受人に引き渡すべきことを命ずることができる（民執188条・83条）。

*68*　第2章　抵当権

㈜　**売却代金の配当**　　最後に，目的物の売却代金が債権者に配当される。配当を受ける債権者は，①実行手続をとった抵当権者のほかに，②抵当権者の執行に重ねて差押えをした債権者，③配当要求の終期までに配当要求をした他の債権者，④差押えの登記前に登記され，売却により消滅する先取特権，不動産質または抵当権を有する者である（民執188条・87条1項）。配当は，まず手続費用に，ついで第三取得者が有する費用償還請求権（391条）に対して行われ，それに遅れて各債権者に，それぞれの順位に従って行われる。

　この配当手続をもって抵当権実行手続は終了し，抵当権は消滅する。抵当権者が当該手続で債権全額を回収できなかったときは，残債権は無担保債権として存続する。

### 3.5.3　担保不動産収益執行

#### (1)　意　義

　担保不動産収益執行とは，執行裁判所の選任した管理人が，抵当不動産から生じる収益（天然果実・法定果実）を抵当権者に配当することによって，優先弁済を受けさせる方法である。これは，平成15年の民事執行法の改正により，これまで一般債権者の不動産執行方法として認められていた強制管理を不動産担保権の実行方法の1つとして導入したものである。特に，大型で売却が困難な収益用不動産（賃貸マンションや賃貸オフィスビルなど）が目的物の場合に適切な方法であり，また，管理人が選任されて目的物が管理されるため，不法占拠者などによる執行妨害を防ぐことができる。

#### (2)　手続開始の要件

　担保不動産収益執行の開始要件は，担保不動産競売の開始要件と同じであり，抵当権の存在と弁済期の到来を必要とする（→**3.5.2**(2)参照）。

#### (3)　収益執行の手続

　収益執行の手続については，強制管理の規定が全面的に準用される（民執188条）（収益執行手続の詳細についても，民事執行法の教科書や体系書の叙述に譲り，ここでは概略だけを述べるにとどめる）。

　㋐　**収益執行の開始決定**　　手続開始の要件が具備されていると，執行裁判所は，収益執行の開始決定をし，その開始決定において，抵当権者のため

第3節　抵当権の効力　*69*

に不動産を差し押さえる旨を宣言し，かつ，債務者（所有者）に対し収益の処分を禁止し，債務者（所有者）が賃貸料請求権その他の不動産の収益給付請求権を有するときは，給付義務者に対しその給付の目的物を管理人に交付すべき旨を命じなければならない（民執188条・93条1項）。処分が禁止される収益は，履行遅滞時においてまだ収穫されていない天然果実および弁済期の到来・未到来を問わず履行遅滞時においてまだ支払われていない法定果実と解されている（民執188条・93条2項参照）[16]。

　(イ)　**管理人の選任と権限**　　執行裁判所は，収益執行の開始決定と同時に，管理人を選任しなければならない（民執188条・94条1項）。管理人は，収益執行の開始決定がされた不動産について管理を行い，収益の収取と換価をすることができる（民執188条・95条1項）。ただし，管理人は，民法602条の期間を超えて不動産を賃貸するには，債務者の同意を得なければならない（民執188条・95条2項）。さらに管理人は，不動産について，債務者の占有を解いて自らこれを占有することができる（民執188条・96条）。

　(ウ)　**配当手続**　　管理人は，収取した収益またはその換価代金から公租公課・管理人の報酬その他の必要な費用を支払い，その残額を，執行裁判所の定める期間ごとに計算して，配当等を実施しなければならない（民執188条・106条）。

### (4)　担保不動産競売手続との関係

　抵当権者は，担保不動産競売と担保不動産収益執行のいずれかまたは双方を選択することができる（民執180条）[17]。これら双方の手続が選択されて双方の手続が進行した場合には，担保不動産競売の手続において買受人が代金を納付すると，すべての抵当権などが消滅するので（民執188条・59条1項），その時点で担保不動産収益執行の手続も取り消されて終了する（民執188条・111条・53条）。

### (5)　物上代位手続との関係

　抵当不動産の法定果実（賃料債権など）については，これまで抵当権者は，物上代位（372条・304条）によって優先弁済を受けることができるとされてい

---

16)　谷口園恵＝筒井健夫『改正担保・執行法の改正』57頁（注44），61頁（商事法務，2004年）。
17)　谷口＝筒井・前注16）53頁。

*70* 第2章 抵当権

た（→**3.3.2** (2)参照）。そして，平成15年の法改正に際して，この法定果実への物上代位は廃止されず，担保不動産収益執行と併存することになった。もっとも，収益執行手続と物上代位による差押えが競合するときは，収益執行手続が優先し，物上代位による差押えが先行しても，収益執行手続の開始決定の効力が生じると，物上代位による差押えの効力は停止するものとされ（民執188条・93条の4第1項本文），その債権者に対しては，収益執行手続において実体法上の順位に従って配当がなされる。ただし，物上代位による差押えの手続が配当要求の終期まで進行した時点以降に収益執行手続が開始したときは，この限りでない（民執188条・93条の4第1項ただし書）。

### 3.5.4　他の債権者による競売

抵当権の目的不動産について，一般債権者が差し押さえて強制競売をしたり，他の担保権者が担保権の実行としての競売をしたりすることができる。この場合，抵当権は売却によって消滅するので（消滅主義）（民執59条1項・188条），差押えの登記前に抵当権の登記があるときは，抵当権者は，その順位に応じて売却代金から配当を受けることができる（民執87条1項4号・188条）。登記のない抵当権者は，仮差押えをしたうえで配当要求をすれば，一般債権者として配当を受けられる（民執51条・87条1項2号・188条）。なお，抵当権者は競売の申立てをすることができ，その場合には，抵当権者のために二重開始決定がなされるが，それ以後の手続は，先行する一般債権者や他の担保権者のなした競売手続が進行している限り行われず，先の競売手続においてその順位に応じた配当を受けることになる（民執188条・47条・87条1項1号）。

### 3.5.5　一般債権者としての競売権

抵当権者は同時に債権者であるから，一般債権者の資格で債務者の一般財産に対して強制競売をすることもできる。しかし，抵当権者が目的不動産に対して優先弁済権をもちながら，債務者の一般財産に対して強制競売をすることを認めるのは，他の一般債権者との関係で公平を欠くことになる。そこで，民法は，抵当権者が債務者の一般財産に対して強制競売をすることについて，一定の制限を設けている。

まず，抵当権者は，抵当権を実行して弁済を受けられなかった債権額についてのみ，債務者の一般財産に対して強制競売手続をとることができる（394条1項）。抵当権者が抵当権を実行しないで先に一般財産について強制競売をしたときは，一般債権者は異議を述べることができるが，債務者からは異議を述べられない（大判大15・10・26民集5巻741頁）。次に，抵当権の実行前に一般債権者が債務者の一般財産に対して強制競売をした場合には，抵当権者も債権全額について配当を受けられる（同条2項前段）。ただし，一般債権者は，抵当権者に配当すべき金額の供託を請求できる（同項後段）。この場合，抵当権者は，その後抵当権を実行して弁済を受けられなかった額について，一般債権者と平等の立場で供託金から弁済を受ける。

### 3.5.6　抵当直流

債務の弁済がない場合に抵当権者に目的不動産の所有権を取得させて債務の弁済にあてる旨の弁済期前の特約を，抵当直流の契約という。このような契約は，質権については禁止されているが（349条），抵当権については禁止規定がなく，有効と解するのが通説・判例（大判明41・3・20民録14輯313頁）である。ただ，抵当不動産の価額が被担保債権額を大きく上回る場合には，暴利行為として抵当直流の効力が問題となる。しかし，仮登記担保や譲渡担保の場合と同様に，抵当権者に差額の清算義務を課すべきであろう。

# 第4節　抵当権と利用権

## 4.1　序　説

抵当権は非占有担保であるため，抵当権が設定されても抵当不動産の利用は妨げられず，所有者や従来の賃借人が利用することはもちろん，抵当権設定後に所有者が目的不動産を他人に譲渡または賃貸することもできる。しかし，抵当権が実行され目的不動産が競売されると，これらの利用関係は大きな影響を受ける。抵当権設定者や譲受人は以後利用できなくなり，賃借権な

72 第2章 抵当権

どの利用権も，抵当権の設定登記後に存在するにいたったものはもちろん，抵当権の設定登記当時に存在するものであっても，抵当権に対抗できないときはすべて覆される。

　このことは，一方では，抵当権者が抵当権設定登記時の（対抗できる）利用関係を前提として抵当不動産の担保価値を評価することを考えればやむを得ないものといわざるをえない。しかし，他方では，抵当不動産の利用関係が著しく不安定なものとなり，特に抵当権設定登記後の利用権の設定は事実上困難になってしまう。そこで，民法には，抵当権と利用権の調節を図るために，法定地上権（388条）と短期賃貸借の保護（平成15年改正前の旧395条）の制度が設けられていた。しかし，特に短期賃貸借保護の制度については抵当権の実行を妨害する目的で濫用される弊害が指摘され，平成15年の改正でこの制度は廃止されるにいたった。以下では，法定地上権（→ 4.2 参照）と廃止された短期賃貸借保護に代わる制度（→ 4.3 参照）について説明する。

## 4.2 　法定地上権

### 4.2.1 　意　義

#### (1) 　法定地上権とは

---

**【設例Ⅱ-14】**　Ｓは，土地と地上建物を所有していたが，建物について債権者Ｇのために抵当権を設定した。その後，この抵当権が実行されて，Ａが建物を買い受けた。この場合に，Ｓは，Ａが土地の利用権を持っていないことを理由に，建物収去・土地明渡しを請求できるか。

---

　**(ア)　法定地上権の必要性**　　【設例Ⅱ-14】において，土地と地上建物がＳの所有である限り，建物所有のために特に土地利用権は必要とされない。Ｓに土地所有権があれば，それで足りるからである。しかし，建物に抵当権が設定され，その実行による競売でＡが建物を買い受けると，土地と建物の所有者が異なることになり，建物の存続のために土地利用権が必要となる。**【設例Ⅱ-14】**と異なり，Ｓ所有の土地について抵当権が設定され，これが実行

第4節　抵当権と利用権　　*73*

されてBが買受人になった場合も同様である。

　土地と建物の所有者がその一方を第三者に任意に譲渡する場合には，通常当事者は合意によって土地利用権を設定する。しかし，競売の場合には，そのような合意を行うための手続が存在しない。ただ，土地所有者が抵当権の設定前に自己の土地に借地権（自己借地権）を設定することができれば，その後に抵当権が実行されても，建物の存続を図ることができる。何故なら，建物に抵当権が設定された場合には，建物抵当権の効力は自己借地権（建物の従たる権利→**3.2.4**参照）にも及び，土地に抵当権が設定された場合には，自己借地権は登記を備えることによって土地抵当権に対抗できるからである。しかし，混同の原則（179条・520条）との関係で，自己借地権は認められていない（借地借家15条による自己借地権は，土地所有者がマンションを借地権付マンションとして分譲する場合を想定して設けられた制度であり，法定地上権に代わりうるものではない）。したがって，事前に自己借地権の設定ができない以上，Aは，Sからの建物収去・土地明渡しの請求があれば，これに応じざるを得なくなる。

　⑷　**法定地上権の意義と根拠**　　そこで，民法388条は，抵当権の実行によって土地と地上建物の所有者が別人になる場合には，建物の存続のために法律上当然に地上権が設定されるものとした。これを**法定地上権**という。したがって，【設例Ⅱ-14】の場合，建物の買受人Aは，この法定地上権を取得することになるので，Sは建物収去と土地明渡しを請求できないことになる。この法定地上権は，土地と建物を別個独立の不動産としたわが国特有の制度である。

　そして，法定地上権が認められる根拠として，1つには，抵当権の設定時土地上に建物が存在する場合，抵当権設定の当事者は抵当権の実行後も建物が存続することを前提として抵当目的物の担保価値を評価していること，言い換えれば建物存続のために法定地上権を認めても当事者の予測や予期に反しないこと（法定地上権の成立についての抵当権設定当事者の予測または予期），2つには，抵当権が実行されて土地の利用ができなくなり，建物を取り壊すことになれば社会経済的に損失となるので，公益の面から建物の存続を図るべきであること（地上建物の保護という公益）があげられる。したがって，抵当権の設定にあたって当事者間で法定地上権を排除する特約が結ばれても，388条

*74* 第2章 抵当権

が強行規定であることを理由にこの特約を無効とするのが判例 (大判明41・5・11民録14輯677頁)・通説である。

**(2) 類似の制度**

土地と建物の所有者の強制的な分離によって土地利用権が必要となる場合は，抵当権の実行以外にも生じる。まず，債務者の有する抵当権の設定されていない土地・建物に対して強制執行が行われ，土地と建物の所有者が別人になった場合については，判例は388条を類推適用して法定地上権を成立させることを否定していたが (最判昭38・6・25民集17巻5号800頁など)，昭和54 (1979) 年制定の民事執行法によって法定地上権が認められた (民執81条)。同様に，抵当権の設定されていない土地・建物に対する租税滞納による公売処分についても，判例は法定地上権の成立を認めなかったが (最判昭38・10・1民集17巻9号1085頁)，昭和34 (1959) 年制定の国税徴収法によって法定地上権が認められた (税徴127条)。また，同一所有者に属する土地・建物のうち，土地について設定された仮登記担保が実行されたときには，建物のために法定借地権 (賃借権) が成立するものとされている (仮登記担保10条。仮登記担保については→**第5章2.5.2**参照)。

### 4.2.2 法定地上権の成立要件

法定地上権の成立要件は，①抵当権の設定当時土地上に建物が存在していたこと，②抵当権の設定当時土地と建物が同一の所有者に属していたこと，③土地と建物の一方または双方に抵当権が設定されたこと，④抵当権の実行によって土地と建物の所有者が異なるにいたったこと，の4つである。

**(1) 抵当権設定当時の建物の存在**

**(ア) 地上建物の存在 (a) 更地の場合** 法定地上権が成立するためには，抵当権の設定当時建物が存在していなければならない。この要件について特に議論されているのは，建物が存在しない更地に抵当権が設定された後に設定者によって建物が建てられた場合に，その建物のために法定地上権が成立するかという問題である。これについては，更地に抵当権が設定された後に設定者によって建物が建てられても，その建物のために法定地上権は成立しないとするのが判例 (大判大4・7・1民録21輯1313頁，最判昭36・2・10民集15

巻2号219頁，最判昭44・2・27判時552号45頁，最判昭47・11・2判時690号42頁，最判昭51・2・27判時809号42頁など)・通説である。抵当権者は土地の担保価値を更地として高く評価しているので，法定地上権の成立が認められれば土地の売却価額が下がり抵当権者が損害を受けるからである。

**(b) 建物築造の承認**　　問題となるのは，抵当権者が更地について建物の築造を承認していた場合には，抵当権の設定後に建てられた建物のために法定地上権の成立が認められるかどうかである。

---

**【設例Ⅱ-15】**　　Sは，債権者Gのために自己の所有地に抵当権を設定した。設定の当時その土地では建築が着工されていたが，建物はまだ完成しておらず，わずかに建物の基礎コンクリートの上に土台が据え付けられていただけで，建材もほとんど運び込まれていなかった。Gは，建物の建築を承認していたが，抵当権設定当時は建築が着工されていることを知らず，この土地を更地として評価していた。Sは建物を完成したが，後に抵当権が実行されて土地が競売され，Aがこれを買い受けた。AからSに対して建物収去・土地明渡しの請求がなされたので，Sは法定地上権を主張した。このSの主張は認められるか。

---

**【設例Ⅱ-15】**のような事案で，最高裁は，法定地上権が成立するためには，抵当権の設定当時地上に建物が存在することが必要であり，抵当権設定後土地の上に建物を築造した場合は原則として388条の適用がないと述べ，また，抵当権者が「本件建物の築造を予め承認した事実があっても，…本件抵当権は本件土地を更地として評価して設定されたことが明らかであるから」，388条の適用は認められないとした (前掲最判昭36・2・10)。このことは，抵当権者が建物の築造を承認して，土地を更地として評価していない場合，言い換えれば土地の担保価値を底地価値(更地価値から利用権価値を差し引いた価値)として評価していた場合には，抵当権設定後の築造建物のために法定地上権の成立が認められる可能性があることを示唆しているといえよう。

　しかし，抵当権者がこのような承認をしていても，法定地上権の負担のある土地を競落によって取得するのは，買受人であるから，抵当権者の承認によって買受人に法定地上権付きの土地を取得させてよいのかどうかが問題となる。というのは，競落しようとする者は，抵当権の設定当時に建物が存在

76　第2章　抵当権

していたかどうかを調査し，建物建築が抵当権設定後であれば，法定地上権が存在しないものとして，土地を評価して競売に参加するのであり，抵当権者の主観的な評価の仕方によって法定地上権の成立が左右されては困るからである[18]。その後の最高裁は，このような買受人の利益を考慮して，抵当権者による建築の承認という事実があっても，法定地上権の成立を認めるべきではないとしている（前掲最判昭47・11・2，前掲最判昭51・2・27）。ただし，抵当権者が建物の築造を承認したうえ，自ら買受人となった場合には，法定地上権の成立を認めても何ら不都合はないといえる。

(c)　**1番抵当権設定後に建物が築造され，その後に土地に2番抵当権が設定された場合**　判例・通説によれば，更地に1番抵当権が設定された後に建物が築造され，その後土地につき2番抵当権が設定されてこれが実行された場合にも，法定地上権は成立しない（大判昭11・12・15民集15巻2212頁，前掲最判昭47・11・2など）。この場合，1番抵当権設定時には法定地上権の成立要件は満たされていないが，2番抵当権設定時にはこれが満たされている。しかし，2番抵当権の実行によって1番抵当権も消滅し，1番抵当権者はこの手続内で優先弁済を受けるので，1番抵当権設定時を基準として法定地上権の成立要件の具備を考えなければならないからである。

(イ)　**建物の保存登記**　抵当権設定の当時建物が存在しておればよく，建物について保存登記がなくても法定地上権は成立する（大判昭7・10・21民集11巻2177頁，大判昭14・12・19民集18巻1583頁など）。抵当権の設定を受けるにあたっては現地調査をするのが通常であるので，土地の抵当権者は，保存登記がなくても建物の存在を知ることができ，建物が存在すれば，土地の担保価値の評価に際してこれを考慮に入れるからである。ただ，法定地上権の負担を受けるのは競売の買受人であるので，買受人が抵当権設定時に建物が存在していたという事情を知らず，法定地上権の負担のないものとして当該土地を評価した場合には，法定地上権は成立しないことになる[19]。

(ウ)　**建物の再築の場合**

---

18)　山田卓生「法定地上権」『分析と展開　民法Ⅰ〔第3版〕』328頁（弘文堂，2004年），内田・423頁。
19)　道垣内・216頁。

第4節　抵当権と利用権　*77*

【設例Ⅱ-16】　Ｓは，Ａから本件土地と同地上の旧建物（木造建物）を購入し，その資金を融資したＧのために土地に抵当権を設定した。旧建物に抵当権が設定されなかったのは，Ｓが近い将来旧建物を取り壊して新建物（軽量鉄骨造）を建築する予定であったからである。その後，ＳはＺから融資を受けて新建物を建築し，これにＺのために抵当権を設定した。土地と建物の抵当権がそれぞれ実行されて，土地はＧ自らが買い受け，建物はＢが買い受けた。ＧがＢに対し建物収去・土地明渡しを請求したので，Ｂは法定地上権の成立を主張した。Ｂの主張は認められるか。認められる場合，法定地上権の内容は旧建物と新建物のいずれを基準にすることになるか。

(a)　**法定地上権の成否**　【設例Ⅱ-16】のように，土地抵当権の設定時に建物が存在していたが，その後に建物が滅失しまたは取り壊されて再築された場合，再築建物のために法定地上権が成立するか。これについて法定地上権の成立を肯定するのが判例（大判昭10・8・10民集14巻1549頁，大判昭13・5・25民集17巻1100頁，最判昭52・10・11民集31巻6号785頁）・通説である。抵当権の設定当時建物が存在し，抵当権者は法定地上権の成立を予測しており，しかも法定地上権の成立を認めなければ再築建物を収去しなければならなくなるので，再築建物について法定地上権を成立させてもよいと考えられるからである。更に，抵当権設定者が自ら再築したのではなく，第三者に土地利用権を設定し，第三者が建物を再築した場合でも，法定地上権の成立が認められる[20]。

＊なお，近年では，土地と地上建物が共同抵当に取られ，建物が再築された場合については，原則として再築建物について法定地上権の成立を否定する見解が判例・学説では採られている（→(3)(イ)参照）。

(b)　**法定地上権の内容**　これらの場合に旧建物と新建物のいずれを基準として法定地上権の内容を決定するかが問題となる。これにつき，判例は，抵当権者は抵当権設定時の旧建物を基準として法定地上権の成立を予測しているので，原則として旧建物を基準とすべきであるとする（前掲大判昭10・8・10）。しかし，抵当権の設定当時，抵当権者が近い将来旧建物が取り壊され

---

20)　高木・208頁。

78 第2章 抵当権

て新建物が建築されることを予定して，土地の担保価値を算定したという事情がある場合には，例外的に新建物を基準にした法定地上権が成立するとしている（前掲最判昭52・10・11）。このような場合には，新建物を基準とした法定地上権を認めても，抵当権者の予測に反しないからである。

しかし，既に述べたように，法定地上権の負担を受けるのは土地の買受人であり，買受人は，抵当権者が土地の担保価値をどのように評価したかについて知ることができないから，買受人の関知しない抵当権者の担保評価の仕方によって法定地上権の内容が変わることは好ましいことではないといえよう。そうすると，法定地上権の内容を判断するに当っては，抵当権者の主観的な評価の仕方を斟酌すべきでないと考えることができる（なお，前掲最判昭52・10・11は，抵当権者が買受人であったために，このことが問題にならなかった事案であった）。したがって，抵当権者が買受人となった場合を除いて，旧建物を基準とした法定地上権の成立を認めるべきである＊。

＊旧借地法では建物が堅固か非堅固かで借地権の存続期間に違いがあったため（旧借地2条参照），再築によって建物が非堅固から堅固に変わった場合には，法定地上権の内容についていずれを基準にするかは重要な問題であった。しかし，借地借家法では建物の堅固と非堅固の区別をなくして，存続期間を一律30年としたので（借地借家3条），現在では存続期間の違いは問題ではなくなっている。

(エ) **建物が滅失して再築されない場合**　建物が滅失して再築されない間に抵当権が実行された場合，法定地上権が成立するかどうかについては説が分かれている。法定地上権の成立を肯定する説は，抵当権者は法定地上権の成立を予測して担保価値を評価していることを理由とする。これに対し，否定説は，保護の対象である建物が存在しない以上，法定地上権を認める必要がないとする。

(2) **土地と建物の所有者の同一性**

法定地上権が成立するためには，抵当権設定の当時，土地と地上建物が同一の所有者に属していたことが必要である。抵当権設定の当時，土地と建物の所有者が別人である場合には，建物のために土地利用権が設定されている

のが通常である。したがって，建物に抵当権が設定されれば，抵当権の効力はこの約定の土地利用権（建物の従たる権利→**3.2.4**参照）に及び，建物の買受人はこれを取得する。また，土地に抵当権が設定されて実行された場合には，建物所有者は，対抗力を備えた土地利用権を有しておれば，これを土地の買受人に対抗できる（605条，借地借家10条）。それゆえ，これらの場合には法定地上権の成立を問題にする必要がないといえる。

抵当権の設定時には土地と地上建物は別人に帰属していたが，その後土地または建物が譲渡されて同一人に帰属するにいたった場合にも，これと同様に考えられる。すなわち，①建物に抵当権が設定された場合には，抵当権設定時に存在した約定の土地利用権に建物抵当権の効力が及び，混同の例外（179条１項ただし書・520条ただし書）としてこの土地利用権は消滅しないで存続し（最判昭44・２・14民集23巻２号357頁），②土地に抵当権が設定された場合には，この土地抵当権に対抗できる土地利用権は混同の例外（179条１項ただし書の適用または類推適用）として存続する（最判昭46・10・14民集25巻７号933頁→松井・144頁以下参照）。

(ア)　**１番抵当権設定時は別人であったが，２番抵当権設定時には同一人の場合**

【設例Ⅱ−17】　Ａは，所有する本件宅地に債権者Ｇのために１番抵当権を設定したが，その当時本件宅地はＢが賃借して地上に建物を所有していた。その後，ＢがＡから本件宅地を購入し，更にその債権者Ｈのために本件宅地に２番抵当権を設定した。１番抵当権が実行され，Ｃが本件宅地を買い受けた場合，Ｂのために法定地上権が成立するか。

【設例Ⅱ−18】　Ｄから宅地を賃借しているＥに，自己の債権者Ｊのために借地上の建物に抵当権を設定した。その後，ＤにＥから本件建物を購入し，更にその債権者Ｋのために本件建物に２番抵当権を設定した。１番抵当権が実行され，Ｆが本件建物を買い受けた場合，Ｆのために法定地上権が成立するか。

【設例Ⅱ−17】や【設例Ⅱ−18】のように，１番抵当権設定時には土地と建物は別人に帰属していたが，２番抵当権設定時には譲渡によって土地と建物が同一人に帰属していた場合には，法定地上権が成立するかどうかが問題とな

る。1番抵当権設定時には法定地上権の成立要件を欠いていたが，2番抵当権設定時にはその成立要件が備わっているからである。

　これについて，判例は，【設例Ⅱ-17】のような，土地に1番抵当権が設定された後に土地と建物が同一人に帰属し，その後土地に2番抵当権が設定された場合については，法定地上権の成立を否定している。その理由として，「土地について一番抵当権が設定された当時土地と地上建物の所有者が異なり，法定地上権成立の要件が充足されていない場合には，一番抵当権者は，法定地上権の負担のないものとして，土地の担保価値を把握するのであるから，後に土地と地上建物が同一人に帰属し，後順位抵当権が設定されたことによって法定地上権が成立するものとすると，一番抵当権者が把握した担保価値を損なわせることになるからである」とする（最判平2・1・22民集44巻1号314頁）。

　これに対し，【設例Ⅱ-18】のような，建物に1番抵当権が設定された後に土地と建物が同一人に帰属し，その後建物に2番抵当権が設定された場合には，法定地上権の成立を肯定している（大判昭14・7・26民集18巻772頁）。この場合には，法定地上権の成立を認めることが抵当権者の利益になるからである。学説では，いずれの場合にも約定の土地利用権が存続すると解して，法定地上権の成立を否定するのが有力である。

　なお，土地に1番抵当権が設定された当時は土地と建物の所有者は異なっていたが，双方の所有者が同一人となった後に土地に2番抵当権が設定され，1番抵当権が設定契約の解除によって消滅して登記が抹消された後に2番抵当権が実行された場合については，法定地上権の成立が認められている（最判平19・7・6民集61巻5号1940頁）。この場合に法定地上権の成立を認めても2番抵当権者に不測の損害を与えることにはならず，また，競売前に1番抵当権が消滅しているので，法定地上権の成否の判断について1番抵当権者の利益を考慮する必要がないというのが理由である。

　(イ)　**抵当権設定時は同一人であったが，実行時には別人の場合**　　抵当権の設定時土地と建物は同一人の所有であったが，その後に土地または建物が第三者に譲渡されて所有者が異なるにいたった場合には，法定地上権が成立する。すなわち，①土地に抵当権が設定された後に土地または建物が譲渡さ

れた場合には，建物のために約定の土地利用権が設定されるが，抵当権設定後のものであり抵当権に対抗できないので，建物のために法定地上権を認める必要があり，また，抵当権設定時には法定地上権の成立要件が具備しているので，その成立を認めても抵当権者の予測に反しない（大連判大12・12・14民集2巻676頁，大判昭8・10・27民集12巻2656頁，最判昭44・4・18判時556号43頁など）。②建物に抵当権が設定された後に土地または建物が譲渡された場合は，建物抵当権の効力が譲渡時に設定された土地利用権に及び，土地利用権は存続するとも考えられるが，抵当権設定時においては抵当権者は法定地上権の成立を予測していたので，法定地上権の成立を認めるべきである（通説）。

(ウ) **抵当権設定時は同一人に帰属していたが，登記面では別人に帰属していた場合** (a) **土地に抵当権が設定されたが，建物の登記名義は前主になっていた場合**

> 【設例Ⅱ-19】　Bは，Aから本件宅地を賃借し，地上に建物を建てて居住していた。その後この建物はBからAに譲渡されたが，登記名義はBのままであった。そして，AはCのために本件宅地に抵当権を設定したところ，この抵当権が実行され，Dが本件宅地を買い受けた。この場合において，AはDに対して法定地上権の成立を主張できるか。

【設例Ⅱ-19】の場合，土地につき抵当権を取得しようとするCは，登記簿上では借地権を対抗されることになるので（借地借家10条），現実に土地を調べるのが通例である。そして，この調査によって土地と建物の真実の権利関係を知ることができるので，法定地上権の成立を認めてもよいと解される。判例も法定地上権の成立を肯定する（最判昭48・9・18民集27巻8号1066頁）。

(b) **建物に抵当権が設定されたが，土地の登記名義は前主になっていた場合**

> 【設例Ⅱ-20】　Eは，Fから宅地を賃借し，地上に本件建物を建てて居住していた。その後宅地はFからEに譲渡されたが，移転登記はされないままであった。そして，EはGのために本件建物に抵当権を設定したところ，この抵当権が実行され，Hが本件建物を買い受けた。この場合において，HはEに対して法定地上権の成立を主張できるか。

*82* 第2章 抵当権

【設例Ⅱ-20】の場合にも，建物抵当権を取得しようとするGは，土地の所有関係や利用関係を調べるのが通常であろう。そして，この調査によって真実の権利関係を知り，法定地上権の成立を予期または予測しているものということができる。したがって，この場合にも法定地上権の成立を肯定すべきと解される。判例も，法定地上権を認めている（最判昭53・9・29民集32巻6号1210頁）。

(エ) **土地または建物が共有の場合** (a) **土地が共有の場合** ①土地共有者の1人が地上に建物を有し，土地共有持分権に抵当権を設定した場合

---

**【設例Ⅱ-21】** AとBが共有する土地の上に，AがBの承諾を得て建物を所有していた。Aは土地に対する自己の持分権にGのために抵当権を設定し，これが実行されてCが買受人となった。この場合において，Aは，B・Cに対して法定地上権の成立を主張することができるか。

---

【設例Ⅱ-21】の場合について，最高裁は，共有地全体に対する地上権は共有者全員の負担となるので，共有地全体に対する地上権の設定には共有者全員の同意が必要であり，したがって，「共有者中一部の者だけがその共有地につき地上権設定行為をしたとしても，これに同意しなかつた他の共有者の持分は，これによりその処分に服すべきいわれはな」く，「他の共有者の同意を欠く場合には，当該共有地についてはなんら地上権を発生するに由なきものといわざるを得ない」。そして，「この理は民法388条のいわゆる法定地上権についても同様であり…，右法条により地上権を設定したものと看做すべき事由が単に土地共有者の一人だけについて発生したとしても，これがため他の共有者の意思如何に拘わらずそのものの持分までが無視さるべきいわれはないのであつて，当該共有土地については地上権を設定したと看做すべきでない」として，法定地上権の成立を否定した（最判昭29・12・23民集8巻12号2235頁）。

学説では，ⓐ持分権に地上権や賃借権を設定できないので，建物所有のために，Aが自己を含めた共有者間で土地利用権を設定したものとみなし，その利用権の抵当権に対する対抗問題と解する見解，ⓑAは，Cとの関係では法定地上権の要件を具備し，Bとの関係では約定利用権（有償であれば賃借権，無償であれば使用貸借権）を有するが，法律関係の複雑化を回避するために，C

に対する法定地上権はＡ・Ｂ間の約定利用権に同化・変質し，ＡはＢ・Ｃに対して一体的な約定利用権を取得するという見解などがある。

> ＊例えば，土地がＡ・Ｂの共有で，地上建物はＡ・Ｃが共有している場合において，Ａ・Ｂ双方の土地共有持分権に抵当権が設定されて実行されたときにも，最高裁は，同様に建物のために法定地上権が成立することを否定する。その理由として，他の土地共有者Ｂが建物所有者Ａ・Ｃの土地利用を容認していたとしても，その事実のみからＢが法定地上権の発生を容認していたとみるならば，「右建物のために許容していた土地利用関係がにわかに地上権という強力な権利に転化することになり，ひいては，右土地の売却価格を著しく低下させることになる」ことを挙げている（最判平6・12・20民集48巻8号1470頁）。

②土地共有者1人が地上に建物を有し，建物に抵当権を設定した場合

【設例Ⅱ-21】とは逆に，Ａが単独所有している地上の建物に抵当権が設定されてＣがこの建物を買い受けた場合である。この場合について，学説には，ⓐＡが建物所有のために共有地に持っている約定利用権が存続すると解する見解，ⓑ法律関係の複雑化を回避するために，ＣのＡに対する法定地上権がＣ・Ｂ間の約定利用権に同化・変質し，ＣはＡ・Ｂに対して一体的な約定利用権を取得するという見解などがある。

(b) **建物が共有の場合**　①土地の所有者が地上に他人と建物を共有し，土地に抵当権を設定した場合

> 【設例Ⅱ-22】　Ａの所有する土地にＡ・Ｂ共有の建物が存在していた。Ａは土地にＧのために抵当権を設定し，これが実行されてＣが買受人となった。この場合において，Ａ・Ｂは，Ｃに対して法定地上権の成立を主張できるか。

【設例Ⅱ-22】のような場合について，最高裁は，「建物の共有者の一人がその建物の敷地たる土地を単独で所有する場合においては，同人は，自己のみならず他の建物共有者のためにも右土地の利用を認めているものというべきであるから，同人が右土地に抵当権を設定し，この抵当権の実行により，第三者が右土地を競落したときは，……右土地に法定地上権が成立するものと解するのが相当である」と判示した（最判昭46・12・21民集25巻9号1610頁）。学説の多くも，この場合には法定地上権を認めても共有者Ｂを害することには

ならないことや，もともとＡの所有地は建物所有のための利用権が予定されていることなどを理由に，法定地上権の成立を肯定する*。

②土地の所有者が地上に他人と建物を共有し，建物共有持分権に抵当権を設定した場合

【設例Ⅱ-22】とは逆に，Ａ・Ｂ共有の地上建物について，Ａの共有持分権に抵当権が設定されてＣがこの持分権を買い受けた場合である。学説の多くは，Ａはもともと所有地上での建物利用を予定していたことや，ＢのＡに対する約定利用権が法定地上権に転化することはＡ自らの抵当権設定によるものであってやむを得ないことなどを理由に，法定地上権の成立（ＢとＣによる法定地上権の準共有）を肯定する*。

> *①と②の場合には，Ａは自己借地権の設定が可能であるので（借地借家15条1項），これが設定されているときには法定地上権は成立しない[21]。すなわち，①の場合には，Ａ・ＢはＣに対してこの借地権を対抗でき（借地借家10条），また，②の場合には，Ｃはこの借地権をＡから取得することができる。

### (3) 土地と建物の一方または双方に対する抵当権の設定

(ア) **土地と建物の共同抵当の場合**　民法典が現代語化される前の旧388条は，「土地又ハ建物ノミ」に抵当権が設定されたときに法定地上権が成立すると規定していた。しかし，土地と建物双方に抵当権が設定され（共同抵当→**第7節**参照），その実行によって土地と建物がそれぞれ異なる者に買い受けられた場合や，土地と建物の一方だけについて抵当権が実行された場合にも，法定地上権の成立が肯定されていた（判例・学説）。このような場合にも建物存続のために法定地上権が必要であることは，土地と建物の一方だけに抵当権が設定された場合と変わりがないからである。そして，平成16（2004）年改正後の388条は，「土地又は建物につき抵当権が設定され」と文言を改め，土地と建物双方に抵当権が設定された場合にも，法定地上権が認められることを明らかにした[22]。

(イ) **土地建物の共同抵当と建物の再築**　これは，同一所有者に属する土

---

21) 高木・199頁。
22) 道垣内・222頁，高木・209頁。

地と建物双方に共同抵当が設定された後に建物が再築された場合に，再築建物ついて法定地上権が成立するかという問題である。

---

**【設例Ⅱ-23】**　Aは，自己の所有する土地と地上建物（旧建物）にBのために共同抵当を設定した。ところが，その後旧建物は火事で焼失したために，Aは新建物を建築したが，Bのために抵当権の設定をしなかった。土地上の抵当権が実行されてCが土地を買い受けた場合，新建物の所有者Aは，法定地上権の成立を主張できるか。

---

　(a)　**旧来の考え方**　　前述したように，土地と地上建物の双方に共同抵当が設定され，抵当権の実行により土地と建物の所有者が異なるにいたった場合には，法定地上権の成立が認められる（→(ア)参照）。また，土地に抵当権が設定された後に抵当権設定者によって建物が再築された場合にも，原則として旧建物を基準とした法定地上権が成立する（→(1)(ウ)参照）。このような解釈を前提にすれば，**【設例Ⅱ-23】**のような土地と建物の共同抵当において建物が再築された場合にも，再築建物のために法定地上権の成立が肯定されることになる。いずれの場合にも，再築建物のために法定地上権が必要であり，また抵当権の設定当時建物が存在していた以上，抵当権者は法定地上権の成立を予測していたといえるからである。

　従来の判例（大判昭13・5・25民集17巻1100頁）・学説はこのように解しており，理論的には，土地と建物を共同抵当に取った場合，土地抵当権は，土地の価値から法定地上権の価値を差し引いた底地価値を把握しており，建物抵当権は，法定地上権の価値が付いた建物価値を把握しているので（図1参照），再築建物のために法定地上権の成立を認めても，抵当権者は不利益を受けることがないと説明されている（このような考え方を**個別価値考慮説**という）＊。

（図1）

> 土地抵当権→土地価値−法定地上権価値
>
> 建物抵当権→建物価値＋法定地上権価値

*86* 第2章 抵当権

＊バブル経済の崩壊の中で，融資金の返済ができず，そうかといって抵当権の
実行に応じたくない債務者が，法定地上権に関する従来の判例・学説の考え
方を利用して，抵当権の実行を妨害する事態が増えてきた。例えば，債務者S
が債権者Gのために土地とともに共同抵当に入れていた甲建物を取り壊して
乙建物を建築し，それを土地との共同抵当に入れずに，第三者Dに譲渡した
り他の債権者Hのために抵当に入れたりするという場合である。この場合，
従来の判例・学説によれば乙建物のために法定地上権が成立するので，Sは
乙建物を高い価格でDに売却したり，高い担保評価でHのために抵当に入れ
たりできるが，共同抵当権者Gは当初把握していた建物の担保価値を失うだ
けでなく，土地についても法定地上権を除いた低い価値しか把握できず，土
地抵当権を実行しても満足に債権を回収できないことになる。このような抵
当権実行の実質的な妨害に対処するために，前述の個別価値考慮説に代わる
新しい考え方が提唱されるようになった。

　**(b)　新しい考え方**　　この新しい考え方が**全体価値考慮説**と呼ばれるもの
である。すなわち，共同抵当権者は，土地の価値のうち法定地上権に相当す
るものは建物抵当権で把握し，底地の価値は土地抵当権で把握することに
よって，土地と建物の全体価値を把握していたが（図2参照），再築建物を共
同抵当に入れないままで法定地上権が認められると，抵当権者は法定地上権
の価値を除いた底地価値しか把握できなくなり，土地と建物を共同抵当に
とった抵当権者の利益が損なわれることになる。そこで，土地と建物双方を
共同抵当にとった後に建物が再築された場合には，原則として再築建物のた
めの法定地上権の成立を否定するという考え方である。ただし，この説にお
いても，再築建物の所有者が土地所有者と同一であり，抵当権者が再築建物
につき土地抵当権と同順位の共同抵当権の設定を受けた場合には，例外的に
法定地上権の成立が認められる。

　このような全体価値考慮説は，平成4（1992）年に東京地裁執行部（東京地
裁執行処分平4・6・8金法1324号36頁）によって採用された後極めて有力になり，
その後，最高裁はこの説を採用するにいたった（最判平9・2・14民集51巻2号
375頁，最判平9・6・5民集51巻5号2116頁，最判平10・7・3判時1652号68頁）。そし
て，学説も，この全体価値考慮説を支持するのが多数説である。

第4節　抵当権と利用権　*87*

```
            ┌─────────────────────────────────┐
            │  土地抵当権→土地価値－法定地上権価値    │
            │              ＋                   │
  （図2）    │  建物抵当権→建物価値＋法定地上権価値    │
            │              ↓                   │
            │    土地と建物の全体価値の把握          │
            └─────────────────────────────────┘
```

## (4)　抵当権実行による土地と建物の所有者の分離

　平成16年改正前の旧388条は、「競売ノ場合ニ付キ」法定地上権が成立する
と定めていた。そして、そこでいう競売は、抵当権の実行としての競売のほ
かに、抵当権が設定されておれば強制競売でもよく、ただ、土地と建物のい
ずれにも抵当権が設定されておらず、強制競売によって土地と建物の所有者
が異なるにいたったときは、民事執行法81条によって法定地上権が成立する
と解されていた。しかし、改正388条は、「その（抵当権の―筆者注）実行により
所有者を異にするに至ったとき」に法定地上権が成立すると規定しているの
で、本条による法定地上権の成立は抵当権の実行の場合に限られることにな
ろう。

### 4.2.3　法定地上権の内容

　法定地上権の成立時期は、抵当不動産の所有権が買受人に移転した時、す
なわち、買受人が代金を執行裁判所に納付した時である（民執188条・78条・79
条）。法定地上権の存続期間は、まず当事者の協議によって定まるが、協議が
ととのわないときは、借地借家法3条により30年になる（通説）。法定地上権
の及ぶ土地の範囲は、厳密に建物の敷地に限定されず、建物の利用に必要な
範囲を含む（大判大9・5・5民録26輯1005頁）。しかし、明確な基準があるわけで
はなく、一律に決まるものではない。地代は、当事者の協議によって決める
ことができるが、協議がととのわないときは、当事者の請求によって裁判所
が定める（388条後段）。土地の買受人と建物所有者との間（土地抵当権の実行の場
合）および土地所有者と建物買受人との間（建物抵当権の実行の場合）では、法定
地上権について対抗要件は問題とならない。これらの者は地上権設定の当事
者と見られるからである。これに対し、法定地上権の成立後に土地について

*88* 第2章 抵当権

権利を取得した第三者に建物所有者が法定地上権を対抗するためには，地上権の登記（177条）または地上建物の登記（借地借家10条）が必要である。

## 4.3 土地と建物の一括競売

既に述べたように，判例・通説によれば，更地に抵当権が設定された後に建物が築造された場合には，法定地上権は成立しない（→**4.2.2**(1)(ア)参照）。この場合に，建物の存続を図るためには，土地と建物を一括して競売することが望ましい。そこで，平成15年改正前の旧389条は，抵当権が設定された更地に設定者が建物を築造したときは，抵当権者は土地と建物を一括して競売できるとしていた。したがって，設定者以外の者が建物を築造した場合には，本条の適用はなく，抵当権者は土地のみを競売できるだけであった。そのため，買受人が建物所有者に対する建物収去・土地明渡しの請求を負担しなければならないことから，土地の売却価格が低下しまたは買受人が現れにくくなって，売却自体が困難になるという問題点が指摘されていた。

そこで，平成15年の改正によって，だれが建物を築造したかに関わらず一括競売を認める規定に改められた。すなわち，改正後の389条は，抵当権の設定後に抵当地に建物が築造された場合は，建物所有者が抵当地を占有できる権利を抵当権者に対抗できるときを除いて，土地抵当権者が土地と建物を一括競売することができると定めた。建物所有者が抵当権者に対抗できる土地占有権原を有する場合とは，具体的には，①抵当権設定登記前に借地権が対抗力を備えた場合と，②抵当権者の同意により対抗力を与えられた賃貸借の場合（387条→**4.4.2**参照）が考えられる[23]。

土地と建物が一括競売された場合，建物は抵当に入っていないので，抵当権者は土地の売却代金だけから優先弁済を受けるにとどまる（389条1項ただし書）。したがって，売却価額は土地と建物について別個に定めなければならない（民執188条・86条2項）。なお，判例（大判大15・2・5民集5巻82頁）・通説は，土地と建物を一括競売するかどうかは抵当権者の権利であり義務ではないと

---

23) 谷口＝筒井・前注16）31頁。

する。これに対し，土地と建物の一括競売権は抵当権者の特権であり，抵当権者がこの一括競売権を行使しないときは，建物のために法定地上権が成立すると解する説がある。しかし，本条が抵当権設定者（土地所有者）以外の者が建物を築造した場合にも適用されることに改められた以上，この解釈をとることは難しいであろう。

## 4.4 抵当権設定登記後の賃貸借

### 4.4.1 短期賃貸借保護の旧制度

#### (1) 旧制度の意義

抵当権設定者は，抵当権が実行されるまでは抵当不動産を使用・収益することができるから，抵当権の設定後も抵当不動産に地上権や賃借権を設定して第三者に利用させ，地代や賃料を得ることができる。しかし，これらの利用権と抵当権の優劣は，対抗要件の先後によって決まるので，抵当権設定登記後の利用権は抵当権に劣後し，抵当権に対抗できない。そうすると，このような利用権はすべて，抵当権の実行によって消滅してしまうので（民執188条・59条2項），抵当不動産を借り受けて利用するような者はあまり出てこなくなり，設定者も抵当不動産を他人に利用させて収益を得ることが困難になる。

そこで，平成15年改正前の旧395条は，602条の定める一定期間を超えない短期賃貸借に限って，抵当権設定登記後のものであっても，抵当権者，したがって競売の買受人にも対抗できるとして，抵当権の実行後も賃借人が一定期間不動産を利用できるようにした。602条の定める短期賃貸借に限ったのは，短期賃貸借の設定行為は不動産の管理行為にあたり，抵当不動産の価値に大きな影響を与えないと法案起草者が考えたからであると解されている。

#### (2) 旧制度に対する批判と新制度の創設

(ア) 旧制度の批判　　この制度に対して，一方では，602条の定める短期賃貸借の保護だけでは利用権の安定には不十分であるという批判がくわえられ，他方では，賃借人による立退料名義の金銭の取得や高額な敷金の返還請求を目的とした抵当権の実行妨害の手段にもっぱら利用されていることが指

90　第2章　抵当権

摘されてきた。そして，抵当権者側に立つ金融機関などから，立法論として短期賃貸借保護の制度の廃止が要望されていた。

　(ｲ)　**新制度の創設**　　しかし，賃貸借の保護を全く考えなくてもよいというのも問題とされた。すなわち，賃貸アパート・賃貸マンションや賃貸ビルなどの経営のために金融機関から融資を受けて建物を建てる場合，金融機関はその建物に抵当権の設定を受けるが通常である。そうすると，そのような建物の賃借人は，抵当権が実行されると賃借権を否定されてしまうので，安心して賃借することができなくなる。また，賃貸アパートや賃貸マンションなどのような収益物件では，賃料収入がその担保価値を支えていることから，抵当権の実行後には一切賃借権を存続させないとすると，抵当不動産の価値の下落を招き，かえって抵当権者も不利益を受けることになる。

　そこで，平成15年の改正により，短期賃貸借保護の制度が廃止されるとともに，保護すべき賃貸借については一定の保護を与えるという観点から，新たに抵当権者の同意による賃借権の存続（387条）と競売後の一定期間の建物引渡猶予（395条）の制度が設けられた（なお，平成15年改正法の付則5条により，平成16年4月1日時点で存在する短期賃貸借であって〔改正法施行後に更新されたものを含む〕，抵当権登記後に対抗要件を備えたものは，旧395条の短期賃貸借保護の適用を受ける）。

### 4.4.2　新制度の概要

　平成15年の改正によって，抵当権設定登記後の賃貸借は，期間の長短を問わず，すべて抵当権に対抗できないことになった。その結果，抵当権の実行に際しては，そのような賃貸借は競売により消滅するものとして扱われ，抵当不動産の買受人は，賃借人に対して明渡しを求めることができる（民執188条・83条）。その代わりに，次に述べる2つの制度が創設された。

### (1)　抵当権者の同意による賃貸借の存続

　賃貸借に優先する抵当権者の全員が，その賃貸借の存続に同意して，それを登記したときは，賃借人は，その同意をした抵当権者に賃借権を対抗することができる（387条1項）。これは，抵当権者にとって不利益とならない賃貸借を，抵当権の実行後も抵当権者の同意によって存続させるための制度であ

る。なお，この同意による存続の制度は，土地と建物の賃貸借を問わず適用される。

(ア) **要　件**　(a) **賃貸借の登記があること**　　賃貸借の登記が要求されるのは，同意の対象となり，抵当権に優先する賃貸借の内容を公示する必要があるからである。したがって，借地借家法上の対抗要件（土地賃貸借における建物登記〔同法10条〕，建物賃貸借における引渡し〔同法31条〕）は，この要件を満たさない。登記事項は，賃料・存続期間・賃料の支払時期などである（不登81条）。そして，敷金があるときはその旨も登記しなければならない。賃貸人の変更がある場合には敷金返還義務は新賃貸人に承継されるので，その内容を明らかにする必要があるからである。

(b) **賃貸借の登記前に登記されたすべての抵当権者が同意すること**　　同意を与えた一部の抵当権者に対してだけ対抗できるといった相対的効力を認めても，いたずらに法律関係が複雑になることから，すべての抵当権者の同意が必要とされている。ただし，抵当権を目的とする権利を有する者その他抵当権者の同意によって不利益を受ける者（転抵当権者など）がいる場合には，抵当権者はそれらの者の承諾を得なければならない（387条2項）。もっとも，この同意を与えるかどうかは抵当権者の自由であり，抵当権の設定当初はともかく，将来において賃借人が抵当権の実行を妨害しないとも限らないので，このような同意がすんなりと与えられるかどうかは疑問である。

(c) **抵当権者の同意について登記がなされること**　　この登記は，効力発生要件とされている。

(イ) **効　果**　　抵当権が実行され，競売による売却がなされても，賃貸借は消滅せず，買受人との間で従前の賃貸借が継続する。問題となるのは，抵当権者の同意後に賃貸人と賃借人との間で賃貸借の内容が変更された場合である。この場合，賃料の増額など買受人に有利な変更以外は，賃借人は，変更内容を買受人に対抗できないと解されている[24]。

(2) **競売後の建物引渡猶予**

(ア) **意　義**　　抵当権者に対抗できない賃貸借によって抵当建物を使用収

---

24) 詳細は，道垣内・182頁以下参照。

*92* 第2章 抵当権

益する者で，一定の要件を満たすものは，建物競売における買受人の買受けの時から6ヶ月間は建物の引渡しを猶予される。その一定の要件を満たす者とは，①競売手続の開始前から建物を使用または収益する者，または，②強制管理または担保不動産収益執行の管理人が競売手続の開始後に行った賃貸借により建物を使用または収益する者である（395条1項）。抵当権者に対抗できない賃貸借は，抵当権の実行によって消滅するから，建物賃借人は賃借建物を買受人に引き渡さなければならなくなる。このように，賃借人が抵当権実行による建物売却によって突然に生活・営業の本拠から退去を求められる不利益を避けるために，この建物引渡猶予制度が設けられた[25]。したがって，この引渡猶予期間は，引越しのための期間に過ぎないといえよう。なお，土地の賃貸借については，この制度は適用されない。

　(イ)　**猶予期間中の法律関係**　　引渡猶予期間中の建物使用者は，引き続き従前の賃借権に基づいて建物を占有するものではなく，猶予期間の満了まで引渡しをしないことが許されるにすぎない[26]。したがって，建物使用者は，建物を使用する利益を占有権原なしに得ているのであるから，それを使用の対価として買受人に支払わねばならない（賃料相当額の不当利得の返還）。そして，買受人から相当の期間を定めて1ヵ月分以上の対価の支払いの催告があったにもかかわらず，建物使用者がその期間内に対価を支払わないときは，その期間経過後は引渡猶予を受けることができない（395条2項）。なお，賃借人が敷金を入れていても，敷金返還債務は買受人によって引き受けられない。

# 第5節　抵当不動産の第三取得者の保護

　一般に担保物権が設定されている不動産について所有権を取得した者を**第三取得者**という。抵当不動産がこの第三取得者の所有になっても，登記を備えた抵当権は消滅せず，第三取得者に帰属した不動産の上にそのまま存続する（抵当権の追及力）。そうすると，もし債務者が債務を弁済せず抵当権が実行されると，第三取得者は取得した不動産を失うことになる。このことは，第

---

25) 谷口＝筒井・前注16) 35頁。
26) 谷口＝筒井・前注16) 37頁。

三取得者の地位は債務者の弁済によって左右され，不安定であることを意味し，抵当不動産の流通を阻害するおそれを生じる。そこで民法は，抵当権の負担から第三取得者を解放するための制度をいくつか設けている。それらは，より一般的な制度である第三者弁済のほかに，抵当権固有の制度としての**代価弁済**と**抵当権消滅請求**である。

## 5.1 第三者弁済

　第三取得者は，利害関係を有する第三者として被担保債権を弁済し（474条），それにより発生する売主（債務者）に対する求償権（570条）と売買代金債権とを相殺する（もし残額があればそれを支払う）ことによって，抵当権の負担のない不動産を取得することができる。しかし，この方法は，不動産価額が被担保債権額を超えている場合（例えば，不動産価額が2000万円で被担保債権額が1500万円の場合）には可能であるが，逆の場合には第三取得者にとって経済的に合理性がなく可能性が少ない。

## 5.2 代価弁済

　代価弁済とは，抵当不動産につき所有権または地上権を買い受けた第三者が，抵当権者の請求に応じて抵当権者に代価を支払ったときは，抵当権はその第三者のために消滅するという制度である（378条）*。これは，不動産価額が被担保債権額に満たない場合に有益な方法である。代価弁済は抵当権者と第三者との合意によるものであり，第三者には代価弁済の請求に応じる義務はない。また，第三者の側から代価弁済を要求できない。第三者が所有権の取得者であれば，代価弁済によって抵当権は消滅する。そして，代価弁済によって債権全額が弁済されなかったときは，残余債権は無担保債権として存続する。これに対し，第三者が地上権の取得者であれば，抵当権は消滅しないで地上権に対抗できないものとなる。その結果，抵当権が実行されても地上権は存続する**。なお，抵当権者からの請求がなければ代価弁済できないので，この制度は第三取得者の保護にはあまり役立たない。

*94* 第2章 抵当権

＊地上権を買い受けるとは，全存続期間中の地代を一括して対価として支払っ
　て地上権を取得する場合である。したがって，地代を定期的に支払う場合には，
　代価弁済は認められない。永小作権は定期の小作料を支払うことが要件とさ
　れているので（270条），378条は言及していないのである。
＊＊例えば，GのAに対する1000万円の債権を担保するために，抵当権が設定さ
　れているAの土地について，Bが500万円で地上権を買い受けた場合に，Gの
　請求に応じてBが500万円をGに支払うと，Gは地上権の負担を伴う土地の上
　に500万円の抵当権を有することになり，競売が行なわれても，Bの地上権は
　買受人に対抗できることになる。


## 5.3　抵当権消滅請求

### 5.3.1　抵当権消滅請求の意義

　抵当権消滅請求とは，第三取得者が一定の金額を抵当権者に提供すること
を申し出て，抵当権者がこれを承諾した場合に，申出額を払い渡しまたは供
託することによって抵当権を消滅させる制度をいう。前述の代価弁済は，抵
当権者のイニシアティブで第三取得者のために抵当権を消滅させるものであ
るのに対し，この抵当権消滅請求は，第三取得者のイニシアティブで抵当権
を消滅させるものである。この制度も，被担保債権額が不動産価額を超えて
いる場合に有益であり，ことに多くの抵当権が設定されている場合に，抵当
権者の承諾を取って抵当権を消滅させることができるので，抵当不動産の流
通を促進することにつながる[27]。


＊平成15年の改正前にも抵当権消滅請求と類似の制度が存在し，滌除と呼ばれ
　ていた。これは，抵当不動産につき所有権，地上権または永小作権を取得した
　第三取得者が，抵当不動産を自ら適当に評価した額を抵当権者に提供し，その
　承諾を得た金額を払い渡しまたは供託して抵当権を消滅させる制度である（改
　正前旧378条）。滌除の申し出があった場合，抵当権者はそれに応じる義務はな
　いが，拒否するときには，増価競売により申出額の1割以上の増価額で競売し
　なければならず，1割以上の増価額で売却できないときは，抵当権者自らが1

---

27）道垣内・170頁。

割の増価額で買い受けなければならず，そのために増価金額相当の保証金をあらかじめ執行裁判所に提供しなければならなかった（改正前旧384条2項，改正前民執旧186条1項）。

このように，滌除の申出額は第三取得者の任意の評価額であるので，不当に低く評価されるおそれがあり，また1割増の増価競売も抵当権者にとって負担となっていた。このため，滌除は抵当権を圧迫するおそれがあるとして従来から批判されていた。特に，一般債権者が抵当権の付いた不動産を取得し，低い評価額で滌除を申し出て抵当権を消すことを強要するという弊害が出てきており，立法論として滌除制度の廃止を唱える向きもあった。そこで，増価競売制度の廃止などいくつかの修正がなされて，現行の抵当権消滅請求制度に改められた[28]。

### 5.3.2　抵当権消滅請求権者

抵当権消滅請求をなしうる者は，抵当不動産につき所有権を取得した第三取得者である（379条）。滌除について認められていた地上権と永小作権を取得した者は含まれないことになった。代価弁済と異なり，無償で所有権を取得した者でもよい。これに対し，債務者，保証人およびこれらの承継人は，抵当不動産を取得しても，抵当権消滅請求をすることができない（380条）。これらの者は債務全額を弁済すべき者であるからである。また，停止条件付第三取得者は，条件の成否未定の間は抵当権消滅請求をすることができない（381条）。この者は，条件の成就までは所有権取得の期待権を有するにとどまるからである。

### 5.3.3　抵当権消滅請求の時期

第三取得者は，抵当権の実行としての競売による差押えの効力が発生する前に，抵当権消滅請求をしなければならない（382条）。したがって，差押えの効力発生後に第三取得者から抵当権消滅請求がなされても，その請求は有効ではない。それゆえ，その後抵当権者が競売の申立てを取り下げても，それによって抵当権消滅請求の申出額を承諾したことにはならない（384条2号

---

28）平成15年の主な改正点については，谷口＝筒井・前注16) 22頁以下参照。

*96* 第2章 抵当権

参照)。なお，改正前の滌除制度のもとでは，第三取得者に滌除の機会を与えるために，抵当権者は抵当権実行の通知をしなければならなかったが (改正前旧381条)，この抵当権消滅請求制度では，このような通知をする必要がなくなった。

### 5.3.4 抵当権消滅請求の手続

第三取得者が抵当権を消滅させるには，登記をした各債権者 (抵当権者・不動産先取特権者〔341条〕・不動産質権者〔361条〕) に，次の書面を送付しなければならない (383条)。①取得の原因・年月日，譲渡人および取得者の氏名・住所，抵当不動産の性質・所在・代価，その他取得者の負担を記載した書面 (同条1号)。②抵当不動産に関する登記事項証明書 (現に効力を有する登記事項のすべてを証明したものに限る) (同条2号)。③債権者が2ヶ月以内に抵当権を実行して競売の申立てをしないときは，第三取得者が①に規定する代価または特に指定した金額を，債権の順位に従って弁済または供託すべき旨を記載した書面 (同条3号)。以上の書面の送付が登記をした数人の債権者のうちの1人にでも欠けておれば，送付を受けた債権者との関係でも抵当権消滅請求は効力を生じない。

### 5.3.5 抵当権消滅請求の効果

#### (1) 承諾による抵当権の消滅

登記をしたすべての債権者が第三取得者の提供した代価または金額を承諾し，かつ，第三取得者がその承諾を得た代価または金額を払い渡しまたは供託したときは，抵当権を含む不動産上のすべての担保物権が消滅する (386条)。

#### (2) 承諾の擬制

次の場合には，383条各号の書面の送付を受けた債権者は，第三取得者が提供した代価または金額を承諾したものとみなされる (384条)。①その債権者が書面の送付を受けた後2ヶ月以内に抵当権を実行して競売の申立てをしないとき (同条1号)。②その債権者が①の競売申立てを取り下げたとき (同条2号)。③①の競売申立てを却下する旨の決定が確定したとき (同条3号)。④①の申立てに基づく競売の手続を取り消す旨の決定が確定したとき (同条

4号)。

### (3) 債権者の競売申立て

書面の送付を受けたすべての債権者（抵当権者・不動産先取特権者・不動産質権者）は，第三取得者からの抵当権消滅請求に対する対抗手段として，競売の申立てをすることができる（384条1号）。この競売は，滌除の場合と異なり，通常の競売として行なわれる。競売の申立てをするときは，債権者は，2ヶ月の期間内に，債務者および抵当不動産の譲渡人にその旨を通知しなければならない（385条）。

＊なお，第三取得者は競売の買受人になることができる（390条）。また，第三取得者が抵当不動産について必要費または有益費を支出したときは，196条の区別に従って，競売代金から最優先で償還を受けることができる（391条）。

## 第6節 抵当権の処分

民法は，抵当権の処分の方法として，①転抵当（376条1項前段），②抵当権の譲渡・放棄および抵当権の順位の譲渡・放棄（同項後段），③抵当権の順位の変更（374条）を定めている。以下では，これらについて説明する。

### 6.1 転抵当

#### 6.1.1 転抵当の意義と法的構成

#### (1) 転抵当の意義

【設例Ⅱ-24】 金融業を営むGは，Sに対し1500万円の貸金債権を有し，S所有の不動産に抵当権を取得しているが，貸付金を調達するために，この抵当権を担保にしてAから金員を借りたいと考えている。そのための方法として，どのようなものがあるか。

【設例Ⅱ-24】の場合，Gは，Sに対する貸金債権を抵当権と共にAに譲渡または質入することによって，Aから金員を借り受けることができる。しかし，民法は，抵当権を直接担保に提供することを認めている。すなわち，【設

【例Ⅱ-24】において，Sに対し被担保債権額1500万円（甲債権）の抵当権を有するGが，新たにAから1000万円（乙債権）借り入れようとするときに，Sに対する抵当権を担保としてAに提供するという方法である（図1参照）。

このように，抵当権者が自己の有する抵当権を他の債権の担保とすることを**転抵当**という（376条1項前段）。そして，**【設例Ⅱ-24】**のGを原抵当権者，Aを転抵当権者という。転抵当は，抵当権者が被担保債権の弁済期前に金銭を必要とする場合に，他から金融を得る手段として利用されるものである。この転抵当によって，Sの設定した原抵当権の被担保債権額の範囲内でAの債権が担保される。すなわち，転抵当権が実行されると，Aがまず1000万円について優先弁済を受け，残余からGが500万円の優先弁済を受けることになる。

（図1）

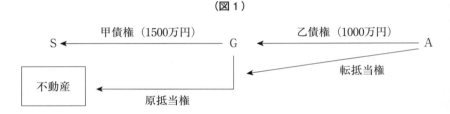

### (2) 転抵当の法的構成

転抵当の法的構成については，転質と同様に議論が分かれている（転質については→第3章 **3.5** 参照）。まず，抵当権のほかに被担保債権も担保に提供されるかどうかで見解が分かれ，①抵当権を被担保債権と共に質入れすると解する債権・抵当権共同質入説[29]と，被担保債権から切り離して抵当権だけを担保に提供すると解する抵当権単独処分説とが対立している。そして，後者も，②抵当目的物を再度抵当に入れると解する抵当権再度設定説（通説）[30]，③抵当権に質権（一種の権利質）を設定すると解する抵当権質入説[31]，④端的に抵当権に担保権を設定することと解する抵当権担保設定説（近時の有力説）[32]とに分かれる。しかし，いずれの説を採っても，実際問題の処理につ

---

[29] 柚木＝高木・294頁，近江・212頁。
[30] 我妻・390頁。
[31] 鈴木・272頁。
[32] 道垣内・192頁，内田・453頁。

いてはほとんど違いを生じない*。

> *唯一の相違点は，債権・抵当権共同質入説では，被担保債権も質権の対象となっているので，転抵当権者は原抵当権者の債務者に対し債権の直接取立て（366条1項）が可能であるが，抵当権単独処分説ではこれができないことであるといわれている。

### 6.1.2 転抵当の設定

#### (1) 設定契約

転抵当権は，原抵当権者と転抵当権者との転抵当権設定契約によって設定される。原抵当権設定者の承諾は必要でない。かつては，転抵当権を設定するためには，①転抵当権の被担保債権（乙債権）額が原抵当権の被担保債権（甲債権）額より少額であり，②乙債権の弁済期が甲債権の弁済期よりも早く到来しなければならないと解されていた。

しかし，今日では，①については，乙債権額が甲債権額を超える場合でも，転抵当権者は甲債権額の範囲内で優先弁済を受けるにとどまるので，この要件は不要と解されている。また，②についても，甲債権の弁済期が早く到来した場合には，原抵当権設定者は転抵当権者への第三者弁済あるいは供託によって原抵当権を消滅させることができ，原抵当権設定者は不利益を受けないので，この要件も不要と解されている。なお，供託の場合は，一種の物上代位として供託金の上に転抵当権の効力が及ぶことになる。

#### (2) 対抗要件

**(ア) 登 記** 転抵当権の設定は不動産物権の設定であるので，登記を対抗要件とする。この登記は，原抵当権設定登記の付記登記（不登4条2項）によってなされる（なお，不登90条・83条・88条をも参照）。そして，原抵当権者が数人のために転抵当権を設定したときは，これらの転抵当権の順位は付記登記の前後による（376条2項）。

**(イ) 通知・承諾** 債務者・保証人・抵当権設定者（物上保証人）が転抵当の設定を知らずに原抵当権者に弁済すると，原抵当権が消滅し，その結果転抵当権も消滅することになる。これを防ぐために，債務者・保証人・抵当権設定者（物上保証人）およびこれらの承継人との関係では，転抵当権設定につ

いての原抵当権者から債務者への通知または債務者の承諾が対抗要件とされている（377条1項）*。したがって，これらの者との関係では付記登記の有無は問題にならない。そして，通知または承諾の後は，転抵当権者の承諾なしに弁済がなされても転抵当権者に対抗できない（同条2項）。しかし，前述したように，原抵当権の被担保債権が転抵当権の被担保債権よりも先に弁済期に達したときは，抵当債務者または物上保証人は，転抵当権者への第三者弁済または供託をすることができると解されている。なお，通知または承諾は確定日付のある証書でなされる必要はない。

＊保証人や物上保証人に対しても債務者への通知または債務者の承諾が対抗要件とされたのは，これらの者が弁済するときには，債務者に債権の存在を確かめるのが通常であるので，債務者が転抵当権の設定を知っておれば，彼らもこれを知ることができると考えられたからである。

### 6.1.3　転抵当の効果

#### (1)　原抵当権者に対する拘束

転抵当権は原抵当権の上に成立するものであるので，原抵当権者は原抵当権を消滅させてはならない義務を負う。したがって，抵当権の（絶対的）放棄のほか，被担保債権の取立て，相殺，免除などをすることができない。

#### (2)　転抵当権の実行

転抵当権を実行するためには，転抵当権と原抵当権の被担保債権が共に弁済期に達していることが必要である。原抵当権の被担保債権の弁済期前に転抵当権を実行できるとすると，原抵当権設定者に不利益を与えるからである。転抵当権が実行された場合，抵当不動産の売却代金から転抵当権者がまず原抵当権の被担保債権額を限度して優先弁済を受ける。これによって残余があるときは，原抵当権者も優先弁済を受ける。なお，原抵当権者も抵当権を実行できるかについては，判例は，転抵当権の被担保債権額が原抵当権の被担保債権額より少なく，競落代金に残余金が出る場合には抵当権を実行できるとする（大決昭7・8・29民集11巻1729頁）。学説は肯定説と否定説に分かれている。

第6節　抵当権の処分　*101*

## 6.2　抵当権の譲渡・放棄と抵当権の順位の譲渡・放棄

> 【設例II-25】　債務者Sの所有不動産上にAが1番抵当権（被担保債権額1000万円），Bが2番抵当権（被担保債権額2000万円）を有していたところ，Sは，更にCから金員を借り受けたいと考えている。Cは，1番抵当権を得られるならば融資をするという。そのための方法として，どのようなものがあるか。

同一の債務者に対する他の債権者の利益のために，1人の債権者が被担保債権と切り離して自己の抵当権またはその順位を譲渡または放棄することができる（376条1項後段）。その形態には，①抵当権の譲渡，②抵当権の放棄，③抵当権の順位の譲渡，④抵当権の順位の放棄の4つがある。これらはいずれも，債務者が他の融資者から新たに金銭の貸付けを受けようとする場合に，既に抵当権を有する債権者がその融資者に自己の優先順位を譲ることによって，債務者の金銭調達を容易にするためのものである。

### 6.2.1　抵当権の譲渡・放棄

#### (1)　抵当権の譲渡

(ア)　**意　義**　　**抵当権の譲渡**とは，同一の債務者に対する抵当権を有しない他の債権者に，抵当権を有する債権者が自己の抵当権を譲渡することをいう。【設例II-25】でいえば，Sに金員を貸し付けた無担保の債権者Cに対してAが自己の1番抵当権を譲渡する場合である。この譲渡は，譲渡人Aと譲受人Cとの契約によって行われ，債務者・抵当権設定者（物上保証人）・中間の抵当権者の同意を必要としない。

(イ)　**効　果**　　譲渡人は譲受人の有する債権額の限度で無担保債権者となり，譲受人は譲渡人の抵当権をその被担保債権額の限度で取得する。【設例II-25】でいえば，AとCとの契約でAからCへ1番抵当権が譲渡されると，AはCの債権額の限度で無担保債権者になり，CはAの被担保債権額の限度で1番抵当権を取得する。したがって，①Cの債権額が1200万円であれば，Cは1000万円の限度で1番抵当権を取得するにとどまり，残りの200万円については無担保債権になる（Aの1000万円の債権も無担保債権にな

*102* 第2章 抵当権

る）。これに対し，②Ｃの債権額が600万円であれば，Ｃはこの600万円について1番抵当権を取得するが，Ａも残余の400万円について1番抵当権を有し，この抵当権はＡとＣの準共有になる（Ａの残り600万円の債権は無担保債権になる）。そして，①と②のいずれの場合でも，2番抵当権者Ｂに影響を与えない（処分の相対性—以下同じ）。

### (2) 抵当権の放棄

　抵当権を有しない他の債権者のために，抵当権者が自己の抵当権を放棄することを**抵当権の放棄**という（抵当権の相対的放棄ともいわれる）。この抵当権の放棄も，抵当権の放棄者と受益者の間の契約によってのみ行われる。【設例Ⅱ-25】で1番抵当権者Ａが無担保債権者Ｃのために抵当権を放棄すると，その被担保債権額1000万円についてＡとＣが同順位でそれぞれの債権額に応じて優先弁済額を分け合うことになる。したがって，ＡとＣの債権額がともに1000万円であれば，ＡとＣはそれぞれ第1順位で500万円の優先弁済を受ける（ＡとＣの残り500万円の債権は，ともに無担保債権になる）。そして，2番抵当権者Ｂには影響を与えない。

### 6.2.2　抵当権の順位の譲渡・放棄

#### (1) 抵当権の順位の譲渡

　**(ア) 意 義**　　**抵当権の順位の譲渡**とは，先順位抵当権者が後順位抵当権者に自己の優先弁済権を譲渡することをいう。【設例Ⅱ-25】において，まずＣは3番抵当権を取得し，その後にＡからＣに1番抵当権の順位が譲渡される場合である。この抵当権の順位の譲渡も，当事者である譲渡人Ａと譲受人Ｃの契約によってのみ行われ，債務者・物上保証人・中間の抵当権者の同意を必要としない。

　**(イ) 効 果**　　順位の譲渡を受けた後順位抵当権者は，自己の有する優先弁済権に加えて，譲渡人たる先順位抵当権者の優先弁済権をも取得する。【設例Ⅱ-25】において，①Ｃが被担保債権額1500万円の3番抵当権を有していて，ＡがＣに1番抵当権（被担保債権額1000万円）の順位を譲渡し，Ｓの抵当不動産が抵当権の実行によって3500万円で売却されたとすると，Ｃは，Ａの配当額1000万円とＣの配当額500万円（3500万円−1000万円−2000万円）の合計

第6節　抵当権の処分　*103*

額1500万円から，自己の債権額について優先弁済を受けることになる（Aの債権は無担保債権になる）。②もしCの3番抵当権の被担保債権額が1200万円であれば，Aの配当額とCの配当額の合計額1500万円から，Cは，自己の債権額1200万円について優先弁済を受け，残り300万円についてはAが優先弁済を受けることになる（Aの残り700万円の債権は無担保債権になる）。①と②のいずれの場合にも，2番抵当権者Bは影響を受けない。

**(2)　抵当権の順位の放棄**

**抵当権の順位の放棄**とは，先順位抵当権者が後順位抵当権者のために自己の優先弁済権を放棄することをいう。この抵当権の順位の放棄も，放棄をする抵当権者と利益を受ける抵当権者の契約によってのみ行われる。順位の放棄によって，両者は同順位になり，債権額に応じた比例配分による配当を受ける。【設例Ⅱ-25】で1番抵当権者Aが3番抵当権者Cのために自己の抵当権の順位を放棄すると，AとCの受ける配当額の合計1500万円について，AとCは同順位の抵当権者の立場に立ち，AとCの債権額に応じて比例配分される。その結果，Cの債権額が1500万円であるとすると，Aは600万円（1500万円×2／5），Cは900万円（1500万円×3／5）の配当を受けることになる（AとCの残りの債権は無担保債権となる）。そして，2番抵当権者Bは影響を受けない。

### 6.2.3　対抗要件

以上に述べてきた抵当権およびその順位の譲渡・放棄の対抗要件は，転抵当と同様に，付記登記と債務者への通知またはその承諾である（376条2項・377条）。

## 6.3　抵当権の順位の変更

**抵当権の順位の変更**とは，抵当権を被担保債権とセットでその順位を変更することをいう。例えば，Aが1番抵当権（被担保債権額1000万円），Bが2番抵当権（被担保債権額800万円），Cが3番抵当権（被担保債権額1200万円）を有し，Cが1番，Bが2番，Aが3番と順位を変更すると，Cは1200万円の債権について1番抵当権，Bは800万円の債権について2番抵当権，A

*104*　第2章　抵当権

は1000万円の債権について3番抵当権を有することになる。前述の抵当権の順位の譲渡・放棄は，中間の抵当権者には影響を及ぼすものではなかった。しかし，この抵当権の順位の変更は，中間の抵当権者にも影響を及ぼすため，影響を受ける抵当権者全員の合意を必要とする（374条1項本文）*。そして，登記が順位変更の効力発生要件とされている（374条2項）。また，転抵当権者・被担保債権の差押債権者など，順位の変更によって利益を害される者がおれば，その者の承諾が必要である（374条1項ただし書）。

> ＊ただし，BとCまたはAとBだけが順位を変更する場合には，1番抵当権者Aまたは3番抵当権者Cは順位の変更によって影響を受けないので，BとCまたはAとBだけの合意だけで順位を変更することができる。
> ＊＊法定地上権と順位の変更　1番抵当権設定当時の更地に2番抵当権設定時までに建物が建築された場合，1番抵当権と2番抵当権の順位が変更されても法定地上権は成立しない（最判平4・4・7金法1339号36頁）。「抵当権の順位の変更は，同一不動産に設定された複数の抵当権相互間において優先弁済の順位を変更するものであり，抵当権の設定された時点を変更するものではないから」である。

# 第7節　共同抵当

## 7.1　共同抵当の意義

### 7.1.1　共同抵当の意義

> 【設例Ⅱ-26】　債権者Gは，Sに対する3000万円の貸金債権を担保するために，S所有の甲地と乙地に抵当権の設定を受けた。Sが債務を弁済しないので，Gは自己の抵当権を実行したいと考えている。この場合，Gの抵当権の実行はどのようになされるか。

### (1)　共同抵当とは何か

**共同抵当**とは，同一の債権を担保するために，数個の不動産に設定された抵当権をいう（392条）。例えば，【設例Ⅱ-26】のように，債権者GがSに対する貸金債権の担保のために，甲地と乙地に抵当権の設定を受けた場合であ

(図1)

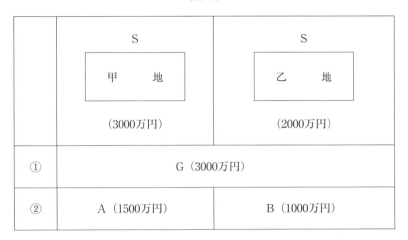

る。この場合，甲地と乙地に抵当権が同時に共同抵当として設定される必要はなく，後から追加的に，例えば当初は甲地だけに抵当権を設定していたが，その後乙地にも抵当権を設定して，共同抵当にすることもできる。また，甲地の所有者は債務者，乙地の所有者は物上保証人というように，目的物の所有者が異なっていても差し支えがない。共同抵当においては，複数の目的不動産全体に1つの抵当権が存在するのではなく，それぞれの不動産に1つずつ抵当権が存在し，それらの抵当権の1つ1つによって債権全体が担保されることになる。そして，これらの抵当権は被担保債権を共通にすることから，相互に一定の制約を受けると考えられている。

(2) 共同抵当の用いられる理由

共同抵当は，①担保目的物が増えれば，それだけ担保価値全体が大きくなり，被担保債権の回収が容易になること，②担保目的物の一部の滅失・損傷や価額の下落などがあっても，他の目的物によって被担保債権を回収できること(危険の分散)，③わが国では土地とその上の建物は別個独立の不動産とされていることから，両者をともに抵当に取るためには共同抵当を利用しなければならないことなどの理由から，実際上かなり利用されている。

*106* 第2章 抵当権

### 7.1.2 共同抵当の公示

　共同抵当については，共同担保である旨の登記が各目的不動産についてなされ，共同担保目録が登記所に備え付けられて，共同抵当の目的不動産すべてが公示される（不登83条1項4号・2項）。しかし，この登記は，後順位抵当権者などに対する対抗要件としての意味をもつものではなく，単に権利関係を明らかにするものにすぎないと解されている。というのは，本来登記は，その対抗要件としての利益を受ける権利者のために行われることになっているが，共同抵当権者は共同抵当の登記によって格別利益を受けることにはならないからである（逆に後順位抵当権者が利益を受ける→ 7.2 参照）。

　したがって，この登記がなくても，後順位抵当権者は先順位抵当権が共同抵当であることを主張できるとされている。ただ，後述する異時配当の場合に，後順位抵当権者が取得する代位権については代位の付記登記ができるが（393条→7.2.2参照），この代位の付記登記をするためには共同抵当の登記を必要とする。したがって，共同抵当の登記がないときは，後順位抵当権者は共同抵当権者に対して共同抵当の登記を請求できると解されている。

## 7.2 　共同抵当における配当

　前述したように，共同抵当においては，複数の目的不動産全体に1つの抵当権があるのではなく，各不動産ごとに1つの抵当権が存在し，それぞれの抵当権によって被担保債権全額が担保されている。したがって，抵当権者は特定の不動産から債権全額について優先弁済を受けることができるといえよう。しかし，そのために不都合な結果が生じることになる。例えば，【設例Ⅱ-26】において，債務者S所有の甲地（価額3000万円）および乙地（価額2000万円）の上にGが順位1番の共同抵当（被担保債権額3000万円）を有し，さらに甲地についてはAが2番抵当権（被担保債権額1500万円），乙地についてはBが2番抵当権（被担保債権額1000万円）を有している場合に（図1参照），Gが甲地についてのみ抵当権を実行したとすると，Gの債権は全部弁済されるので，乙地上のGの抵当権は消滅する。その結果，乙地上のBの2番抵当権は1番抵当権に昇進して（順位昇進の原則），Bは完全に優先弁済を受けられるが，甲地

上の2番抵当権者Aは全く優先弁済を受けられないことになる。このような後順位抵当権者の不公平な結果を避けるために，共同抵当における配当について，民法は特別な規定をおいている。

### 7.2.1　同時配当の場合

　共同抵当権者が目的不動産全部を同時に競売にかけて売却代金から配当を受ける場合（同時配当）には，共同抵当権者の被担保債権は，各不動産の価額に応じて各不動産に割り付けられることになる（392条1項）。そして，共同抵当権者は，この割付額に従って各不動産から配当を受ける。したがって，前例の場合でいえば，共同抵当権者Gは甲地から1800万円（3000万円×3／5），乙地から1200万円（3000万円×2／5）の弁済を受け，2番抵当権者Aは甲地から残り1200万円，Bは乙地から残り800万円を弁済として受けることができる（**表1**参照）＊。そして，判例は，目的不動産について後順位抵当権者がいなくても，このような割付けが行われるとしている（大判昭10・4・23民集14巻601頁）。なお，割付けの基準となる不動産の価額とは，鑑定による評価額ではなく，抵当権の実行によって売却された代価と解されている。

＊本文の例では，共同抵当権者Gは甲地のみを競売するだけで債権全額の弁済を受けることができるので，このような場合に目的不動産全部を同時に競売するのは，超過売却となり許されない（民執188条・73条）[33]。したがって，本文の例は適切ではないが，計算例としてこのようにした。

（表1）

|   | 甲地 | 乙地 |
|---|---|---|
| G | 1800万円 | 1200万円 |
| A | 1200万円 |  |
| B |  | 800万円 |

---

33) 高木・240頁注＊＊。

*108*　第2章　抵当権

### 7.2.2　異時配当の場合

#### (1)　後順位抵当権者の代位

　共同抵当権者が目的不動産の一部を競売にかけて配当を受ける場合（異時配当）には，その競売による売却代金から被担保債権全額について弁済を受けることができる（392条2項前段）。したがって，前例のGが甲地だけを競売にかけた場合には，Gはその売却代金3000万円によって自己の債権全額の弁済を受けることができる。この場合，甲地の2番抵当権者Aは，Gが同時配当の場合に乙地から弁済を受ける金額（乙地への割付額）を限度として，Gに代位して抵当権を実行することができる（同項後段）。AがGに代位するというのは，Gの有していた乙地上の1番抵当権がAに移転することをいう。したがって，Aは乙地上のGの1番抵当権を取得し，それを実行して乙地から1200万円の弁済を受けることができる。そして，残りの800万円は，乙地の2番抵当権者Bの弁済に充てられる（**表2**参照）。このAによる代位は，乙地上のGの1番抵当権がAに移転した旨の付記登記によって公示される（393条）。なお，392条2項後段は，「次順位の抵当権者」が代位権者であると表現しているが，次順位に限らず，後順位抵当権者であればよいと解されている（通説）。また，不動産先取特権や不動産質には抵当権の規定が準用されるので（341条・361条），これらの権利者も代位できる。

**（表2）**

|   | 甲地 | 乙地 |
|---|---|---|
| G | 3000万円 | |
| A | | 1200万円 |
| B | | 800万円 |

#### (2)　一部弁済と代位

　前例でGが乙地だけを競売にかけて，債権の一部（2000万円）しか弁済を受けなかった場合でも，乙地の2番抵当権者BはGに代位して甲地上の1番抵当権を行使できるかということが問題となる。判例は，後順位抵当権者が実際に代位して抵当権を行使できるのは共同抵当権者が完済を受けた時であり，それまでは将来において代位して抵当権を行使できる地位（停止条件付抵

当権）を有するだけであるとする（大連判大15・4・8民集5巻575頁）。判例によれ
ば，この場合，Gは2000万円しか弁済を受けなかったので1000万円の債権が
残っている。そこで，次にGが甲地を競売にかけて同時配当の場合の甲地の
割付額（1800万円）の限度で残りの1000万円の弁済を受けると，BはGに代位
して甲地から800万円（1800万円 − 1000万円）を弁済として受けることができ
る。そして，残り1200万円はAの弁済に充てられることになる（**表3**参照）。学
説は，①判例を支持するものと，②一部弁済でも直ちに代位の効果が生じ，
後順位抵当権者は代位抵当権の行使ができるとするものとに分かれている。

**（表3）**

|   | 甲地 | 乙地 |
|---|---|---|
| G | 1000万円 | 2000万円 |
| A | 1200万円 |  |
| B | 800万円 |  |

### (3) 共同抵当権の放棄と代位

> **【設例II-27】** 図1において，Gは，甲地上の抵当権だけでSに対する債権
> を回収できると考えて，乙地上の抵当権を放棄し（絶対的放棄），甲地を競売
> にかけた。この場合，乙地上のGの1番抵当権に代位できると期待していた
> 甲地上の後順位抵当権者Aはどのように保護されるか。

判例は，Gが乙地上の抵当権を放棄しなかったならば，Aが乙地上の抵当
権に代位できる限度（1200万円）で，Gは甲地からの配当においてAに優先で
きないとし（大判昭11・7・14民集15巻1409頁），仮にGが甲地からAの優先額に
ついてまで配当を受けたときは，Gは，これを不当利得としてAに返還する
義務を負うとする（最判平4・11・6民集46巻8号2625頁—ただし，共同抵当の目的不
動産が同一物上保証人に属しているケース）。したがって，判例によれば，甲地か
らの配当はGに1800万円，Aに1200万円となる（なお，乙地については，Bが被
担保債権額1000万円について全額配当を受け，残余金1000万円は所有者SまたはSの一般
債権者に配当される）。

学説の多くは判例を支持している。しかし，Gの抵当権を甲地と乙地に割

*110*　第2章　抵当権

り付け，乙地上の抵当権の放棄は乙地に割り付けられた抵当権（債権額1200万円）の放棄とみなし，その結果，Gが甲地上の抵当権を実行しても乙地に割り付けられた抵当債権額については後順位抵当権者Aに対抗できないとする見解も有力である。もっとも，【設例Ⅱ-27】の場合には，この有力説によっても，甲地からの配当はGに1800万円，Aに1200万円となって，判例の結論と変わらない*。

> ＊これに対し，**図1**の甲地上の後順位抵当権者Aの債権額が1000万円であった場合には，判例の見解では，甲地からの配当はGに2000万円，Aに1000万円となるが，有力説では，甲地からの配当はGに1800万円，Aに1000万円となり，残金200万円はSまたはその一般債権者に配当されることになって，判例とは結果が違うことになる。

## 7.3　物上保証人または第三取得者との関係

　共同抵当の目的不動産の一部または全部が物上保証人や第三取得者に帰属している場合にも，392条に従って配当がなされるかどうか問題となる。

### 7.3.1　共同抵当の目的不動産の一部が物上保証人に帰属している場合

　例えば，前例において乙地が物上保証人Cの所有である場合に（図2参照），共同抵当権者Gが甲地と乙地を同時に競売にかけたとき，または甲地と乙地の一方だけを競売にかけたときにも，392条に従って配当がなされるかどうかが問題となる。この問題を処理する上で前提となる考え方として，判例および近時の学説は，物上保証人は他人の債務の弁済を強制される立場にあるので，なるべくその負担を軽減すべきであり，それゆえ，まず債務者の不動産を弁済に充てるべきであり，物上保証人の不動産が弁済に充てられたときは，その法定代位（500条）の期待を十分保護すべきであるという立場に立っている。そのため，共同抵当の目的不動産が債務者と物上保証人に帰属する場合には，392条は適用されないと解している。以上に述べたことについて，同時配当の場合と異時配当の場合に分けて具体的にみていくことにする。

（図２）

| | S（債務者）<br><br>甲　　地<br><br>（3000万円） | C（物上保証人）<br><br>乙　　地<br><br>（2000万円） |
|---|---|---|
| ① | G（3000万円） | |
| ② | A（1500万円） | B（1000万円） |

### (1) 同時配当の場合

　前例において甲地と乙地が同時に競売にかけられた場合には，392条1項による割付けは行われず，まず債務者S所有の甲地の売却代金がGの債権への弁済に充てられる。その結果，次に述べる甲地が先に競売される異時配当の場合と同じことになる。

### (2) 異時配当の場合

**(ア) 債務者所有の不動産が先に競売された場合**　　前例の甲地が先に競売にかけられた場合は，甲地の第2抵当権者Aは，392条2項による乙地への代位をすることができない。その結果，Gは甲地から3000万円の弁済を受け，乙地上のGの抵当権は消滅してBの抵当権は第1順位に昇進する。その後乙地がBによって競売にかけられると，Bは競売による売却代金2000万円から1000万円の弁済を受け，残余金は所有者C（または一般債権者）に帰属する（表4参照）。

**(イ) 物上保証人所有の不動産が先に競売された場合**　　前例の乙地が先に競売にかけられた場合，Cは代位によって甲地上のGの抵当権を取得する（501条1項・2項・502条1項）*。その結果，甲地が競売にかけられると，甲地の売却代金からGに債権残額1000万円，Cに求償債権額2000万円が配当されることになり，甲地の2番抵当権者Aには1円も配当されないことになる。

　ところで，乙地上に存するBの抵当権は，C自身が負担した抵当権であるから，Cの代位を認めるとしても，それによってCがBに優先して弁済を受

*112　第2章　抵当権*

**（表4）**

|  | 甲　地<br>（債務者S所有） | 乙　地<br>（物上保証人C所有） |
|---|---|---|
| G | 3000万円 |  |
| A |  |  |
| B |  | 1000万円 |
| C |  | 1000万円 |

**（表5）**

|  | 甲地 | 乙地 |
|---|---|---|
| G | 1000万円 | 2000万円 |
| A |  |  |
| B | 1000万円 |  |
| C | 1000万円 |  |

Cの法定代位分

けるのは不当である。そこで，判例は，「民法392条2項後段が後順位抵当権者の保護を図っている趣旨にかんがみ，物上保証人に移転した1番抵当権は後順位抵当権者の被担保債権を担保するものとなり，後順位抵当権者は，あたかも，右1番抵当権の上に民法372条，304条1項本文の規定により物上代位をするのと同様に，その順位に従い，物上保証人の取得した1番抵当権から優先して弁済を受けることができる」とした（大判昭11・12・9民集15巻2172頁，最判昭53・7・4民集32巻5号785頁，最判昭60・5・23民集39巻4号940頁）。その結果，前例における配当額は，**表5**のようになる。

＊この場合，Cによる債権の一部の代位弁済がなされたことになるので，弁済したCは，Gの同意を得てGとともに甲地上の1番抵当権を行使することができる（502条1項）。Gは単独で抵当権を行使することができるが，Cは単独では行使できない（同条2項—大決昭和6・4・7民集10巻535頁を変更）。そして，Gは，残債権額1000万円についてCに優先して配当を受けることができる（同条3項。前掲最判昭60・5・23）。

### 7.3.2 共同抵当の目的不動産全部が同一の物上保証人に帰属している場合

　前例で甲地と乙地が共に物上保証人Cの所有である場合において，仮に甲地が先に競売にかけられると，Cは債務者Sに対する求償権を取得する。しかし，この場合には，Cは求償権の確保のために乙地上のGの1番抵当権を代位によって取得することはできない。なぜなら，乙地はCの所有であるため，自己の所有不動産に抵当権を取得することができないからである。したがって，この場合には，Cの代位は問題とならない。

　そこで，判例は，392条を適用して，甲地と乙地が共に債務者に属する場合と同じ処理の仕方をしている（最判平4・11・6民集46巻8号2625頁）。その結果，甲地上の2番抵当権者Aは，同時配当における割付額に従って乙地上のGの1番抵当権に代位することができる。このように，392条は，共同抵当の目的不動産全部が債務者に属するか，または同一の物上保証人に属する場合に適用される。

### 7.3.3 共同抵当の目的不動産全部が異なる物上保証人に帰属している場合

　前例で甲地が物上保証人Dの所有，乙地が物上保証人Cの所有である場合において，先に甲地が競売にかけられると，Dは501条3項3号によって，甲・乙両地の価格に応じてGの債権を割り付けた額の限度で，C所有の乙地に代位することができる。その結果，乙地へのGの抵当権の割付額1200万円（3000万円×2／5）の限度で，Dは乙地上のGの抵当権を代位取得する。そして，甲地上の後順位抵当権者Aは，物上代位と同様に，Dが代位取得した抵当権から1200万円の優先弁済を受けることができる。

　次に甲・乙両地が同時に競売にかけられた場合も，Gの債権を各不動産の価格に応じて甲・乙両地に割り付けることになる。その結果，甲地の売却代金から，Gは1800万円，Aは1200万円の配当を受け，乙地の売却代金から，Gは1200万円，Bは800万円の配当を受け，同時配当の場合と同じになる。なお，Gの債権が各不動産の価格に応じて甲・乙両地に割り付けられる根拠は，392条ではなくて，501条3項3号に求められる[34]。

---

34）道垣内・213頁。

### 7.3.4 共同抵当の目的不動産の一部が第三取得者に属する場合

例えば，債務者所有の甲地と乙地にGのために1番抵当権（共同抵当）が設定され，さらに乙地についてBのために2番抵当権が設定されたが，甲地が第三者Eに譲渡されて共同抵当権者Gによって競売にかけられた場合の問題である（図3参照）。この場合，第三取得者Eも債務者に対する求償権の確保のために乙地上のGの抵当権に代位できる権利を有している（499条・501条1項・2項）。

そこで，このEの代位と乙地上の2番抵当権者Bとの関係が問題となるが，次の2つの場合に分けて考えられている。すなわち，①第三取得者Eが甲地を取得する前に乙地についてBの2番抵当権の設定がなされた場合には，Bは乙地上のGの抵当権に代位できる者が存在しないものとして2番抵当権を取得しており，このBの期待を保護すべきであるから，Eによる乙地上のGの抵当権への代位は認められない。これに対し，②Eが甲地を取得した後にBの2番抵当権が乙地に設定された場合には，Eは代位の期待を持って甲地を取得したのであり，この期待はBの2番抵当権の設定によって奪われるべきではないので，Eの代位が認められる。

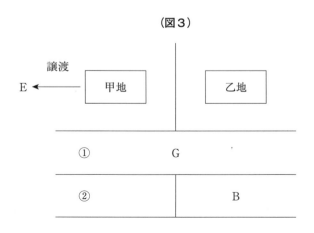

（図3）

第8節　抵当権の消滅　*115*

# 第8節　抵当権の消滅

　抵当権は，物権共通の消滅原因である目的物の滅失・放棄・混同（179条）および担保物権共通の消滅原因である被担保債権の消滅によって消滅する。また，代価弁済（→ 5.2 参照）・抵当権消滅請求（→ 5.3 参照）・競売（→ 3.5 参照）によっても消滅する。このほかに，民法は次のような抵当権の消滅に関する特則を定めている。

## 8.1　抵当権の消滅時効

　抵当権は所有権以外の財産権であるから，抵当権を実行できる状態になって20年が経過すると，消滅時効にかかるといえそうである（166条2項）。しかし，抵当権は，債務者および抵当権設定者（物上保証人）に対しては，被担保債権が消滅時効にかからない限り，時効によって消滅しない（396条）。抵当権は債権の担保を目的とする権利であるから，債務を弁済しない債務者や自己の意思で抵当権を設定した物上保証人は，被担保債権が時効で消滅しない限り，抵当権の時効消滅を主張できないという趣旨である。したがって，抵当不動産の第三取得者との関係では，抵当権は，被担保債権とは別に20年の消滅時効（166条2項）にかかると解するのが判例（大判昭15・11・26民集19巻2100頁）・多数説である。しかし，このように解すると，抵当権者としては，被担保債権について時効を完成猶予する以外に，抵当権についても時効を完成猶予する必要があることになる。しかも，完成猶予の方法としては「承認」（152条—抵当権存在確認の判決）くらいしかなく，債権者にとって酷であり，立法論として疑問が出されている。

## 8.2　抵当不動産の時効取得による消滅

### 8.2.1　民法397条の趣旨

民法397条は，債務者または抵当権設定者（物上保証人）以外の者が，抵当

*116 第2章 抵当権*

不動産について取得時効に必要な条件を具備した占有をしたときは、抵当権は消滅すると規定する。抵当不動産について取得時効が完成すると、取得者は原始的に所有権を取得し、その結果従来の所有権およびそれに付着した抵当権も消滅する。しかし、債務者や物上保証人のようにもともと債務や責任を負っている者についても、このような目的物の時効取得（例えば、物上保証人の提供した不動産を債務者が時効取得する場合）による抵当権の消滅を認めるのは不合理であるから、取得時効の効果を債務者や物上保証人については制限したというのが本条の趣旨である。

### 8.2.2　抵当不動産の第三取得者

抵当不動産の第三取得者について、その取得時効による抵当権の消滅が認められるかどうか問題となる。第三取得者が抵当不動産の取得について登記を備えているときは、取得時効は問題にならないので、397条は適用されない（多数説）。これに対し、第三取得者が未登記であるときは、未登記のため対抗力のない所有者について取得時効が認められるので（最判昭42・7・21民集21巻6号1643頁）、第三取得者の時効取得による抵当権の消滅が肯定される。この場合について、判例は、抵当権の存在につき悪意または有過失であっても、所有権の存在につき善意無過失であれば、10年の占有でよいとする（最判昭43・12・24民集22巻13号3366頁）。学説では、抵当権の存在につき悪意または有過失の第三取得者が10年の占有で抵当権の負担の付かない所有権を取得できるのは不合理であるとして、抵当権の負担を免れるためには20年の占有が必要であるとする有力説がある。

＊未登記譲受人の再度の取得時効完成と抵当権の消滅　　A所有の甲不動産の未登記譲受人Bが時効取得による所有権移転登記を経由しないうちに、Aが第三者Cのために甲に抵当権を設定して登記を経由し、その後抵当権者Cの申立てにより抵当権の実行としての競売手続が開始されたので、BがCの抵当権設定登記時を起点とする甲の再度の時効完成による抵当権消滅を主張した事案につき、判例（最判平24・3・16民集66巻5号2321頁［百選I8版-58]）は、「不動産の取得時効の完成後、所有権移転登記がされることのないまま、第三者が原所有者から抵当権の設定を受けて抵当権設定登記を了した場合におい

て，上記不動産の時効取得者である占有者がその後引き続き時効取得に必要な期間占有を継続したときは，上記占有者が上記抵当権の存在を容認していたなど抵当権の消滅を妨げる特段の事情がない限り，上記占有者は，上記不動産を時効取得し，その結果，上記抵当権は消滅する」と判示した。

不動産物権変動に関する「時効と登記」の問題において，占有者Bの時効完成後に原所有者Aから第三者Cに甲不動産が譲渡されて登記が行われ，Bが時効取得をCに対抗できない場合でも，BがCの登記の時から計算して時効完成に必要な期間占有を継続すれば，Bはまた登記がなくても時効取得を対抗できるとするのが判例（最判昭36・7・20民集15巻7号1903頁）・通説である（→松井・87頁参照）。本判決は，抵当権が設定されていない不動産の時効取得者の再度の取得時効の完成による抵当権の消滅が問題となった事案について，上記の判例・通説に従ったものであり，抵当不動産の第三取得者の取得時効の完成による抵当権の消滅の問題を判断したものではない。

## 8.3 抵当権の目的たる用益物権の放棄

地上権または永小作権を抵当権の目的とした場合には，地上権者または永小作権者がその権利を放棄しても抵当権者に対抗することができない（398条）。権利の放棄によって他人の権利を害することは許されないからである。したがって，抵当権者は，地上権または永小作権が存在するものとしてこれらを競売することができる。なお，判例は，借地人が借地上の建物を抵当に入れた後に借地権を放棄しても，抵当権者に対抗できないとして，398条の類推適用を認めている（大判大11・11・24民集1巻738頁）。さらに，借地契約の合意解除についても同様に解している（大判大14・7・18新聞2463号14頁）。

# 第9節　根抵当権

## 9.1 根抵当権の意義

### 9.1.1　根抵当権の意義と必要性

**根抵当権**とは，一定の範囲に属する不特定の債権を極度額の限度で担保する抵当権をいう（398条の2第1項）。例えば，家電販売店Bが家電メーカーA

*118* 第2章 抵当権

社から継続的に家電製品の供給を受けて販売しようとする場合，家電製品の代金は，例えば月末に債権額を確定して翌月末までに支払うというように，一定期間ごとに一括して支払うことにするのが通常である。そこで，このような継続的取引から生じる代金債権を担保するために，Bが店舗の土地と建物に抵当権を設定する場合，これまで述べてきた抵当権（これを**普通抵当権**ともいう）では非常に不便なことになる。というのは，普通抵当権では，それによって担保される債権は特定されており，付従性によって，その債権が成立しないと抵当権は成立せず，また，その債権が消滅すれば抵当権も消滅する。そうすると，前例の場合に普通抵当権を利用すると，代金債権が発生するごとに抵当権を設定し，これが弁済されると抵当権が消滅するので，新たな代金債権について改めて抵当権を設定することになり，手続が非常に煩雑になって不便であるからである。

### 9.1.2　根抵当権の特質

そこで，この成立と消滅における付従性を否定して，抵当権と特定の債権との結びつきがない根抵当権が必要とされることになる。前例においてこの根抵当権が設定されると，A・B間の継続的な商品供給契約から生じる多数の代金債権が一定限度額（例えば1000万円）まで担保され，しかも個々の代金債権との結びつきがないので，個々の債権が弁済されても根抵当権が消滅することはない。以上のような継続的取引から生じ，発生と消滅を繰り返す不特定な債権群を一定の限度額（極度額）の範囲内で担保する特殊な抵当権を根抵当権という。そして，この不特定の債権とは，個々の被担保債権そのものが特定されていないということではなく，根抵当権の確定（→ 9.7 参照）まで取引から生じる多数の債権のうちのどの債権が担保されるのかが特定されていないことを意味している。このような意味で被担保債権が不特定であるという点においても，根抵当権は普通抵当権と区別される。そして，被担保債権となりうる債権は，取引により生じた債権その他一定の債権に限られるため（398条の2第2項・第3項），債務者が債権者に対して負担する一切の債権を担保する，いわゆる包括根抵当権は認められない。これは，根抵当権は本来債権者と債務者間の取引から生じる債権を担保すべきものであるという理

由によるものである。

## 9.2 根抵当権の設定と変更

### 9.2.1 根抵当権の設定

根抵当権は，根抵当権者と根抵当権設定者との間の根抵当権設定契約によって設定される。根抵当権者は債権者であるが，設定者は債務者以外の者（物上保証人）の場合もある。数人の債権者が一方の当事者になって１つの根抵当権を準共有する関係を成立させる根抵当権設定契約を結ぶことも可能であり，これを**共有根抵当権**（→9.5.3参照）という。根抵当権の設定登記が対抗要件（177条）となることは，普通抵当権と同様である。しかし，根抵当権の規定の中には登記を効力発生要件としているものがいくつかあり（398条の4第3項・398条の6第4項・398条の8第4項・398条の16・398条の17第1項），全体として根抵当権に関する登記は，単に対抗要件として捉えられない性格のものとなっている。設定契約で定めるべき事項は，次のものである。

#### (1) 被担保債権の範囲

被担保債権は，原則として，①債務者との特定の継続的取引契約（当座貸越契約・継続的手形割引契約・電器商品供給契約などの具体的な契約）や，②債務者との一定の種類の取引（銀行取引・手形取引・売買取引などの種類が限定された抽象的な取引）から生じる債権である（398条の2第2項）。②について，被担保債権の範囲を「信用金庫取引による債権」とした場合，根抵当権者である信用金庫の債務者に対する保証債権も被担保債権に含まれる（最判平5・1・19民集47巻1号41頁）。さらに例外的に，③特定の原因に基づき債務者との間に継続して生じる債権（特定の工場からの排水によって継続的に生じる損害の賠償債権など）や，④手形・小切手上の請求権（債務者の振り出した手形・小切手が第三者の手を経て根抵当権者に取得された，いわゆる回り手形・小切手上の債権），⑤電子記録債権（債務者との取引によらないで根抵当権者に取得された，いわゆる回り電子記録債権）を，被担保債権に含めることができる（398条の2第3項）。ただし，④と⑤については，信用状態の悪化した債務者の手形・小切手や電子記録債権を根抵当権者が安く買い集め，根抵当権の実行によって不当に債権を回収するという弊害

*120* 第2章 抵当権

を防ぐために，制限が設けられている（398条の3第2項）。

### (2) 極度額

**極度額**とは，根抵当権者が抵当不動産から優先弁済を受けることができる限度額をいう。根抵当権には375条が適用されず，元本のほかすべての利息その他の定期金および債務不履行による損害賠償金（遅延損害金）が極度額の範囲内で担保される（398条の3第1項）。

### (3) 元本確定期日

根抵当権によって担保される元本債権が確定される期日を**元本確定期日**といい，これ以後に発生する元本債権は担保されない。この元本確定期日を定めるかどうかは当事者の自由であるが，定める場合には，その期日は約定の日から5年以内でなければならない（398条の6第1項・第3項）。なお，この元本確定期日は，根抵当権者と債務者間の取引契約における契約期間とは無関係に，根抵当権者と設定者との間で自由に決めることができる。

### 9.2.2 根抵当権の変更

根抵当権者と設定者は，確定前の根抵当権について，双方の合意によって被担保債権の範囲・債務者・極度額・元本確定期日を変更することができる。この変更については，いずれの場合でも債務者の承諾は必要とされない。①被担保債権の範囲と債務者の変更については，後順位抵当権者その他の第三者（転抵当権者など）の承諾は必要でないが，変更の登記が変更の効力の発生要件とされている（398条の4）。②極度額の変更については，その増額の場合には後順位抵当権者や差押債権者などの，減額の場合には転抵当権者などの利害関係者の承諾が必要である（398条の5）。極度額変更の登記は，規定はないが，効力発生要件と解されている。③元本確定期日の変更については，後順位抵当権者その他の第三者の承諾はいらないが，変更した期日は変更した日から5年以内でなければならず，さらに変更前の期日（旧確定期日）より前に変更の登記をしなければ，旧確定期日に根抵当権は確定する（398条の6。根抵当権の確定については→参照）。

第9節　根抵当権　　*121*

## 9.3　被担保債権の処分

　確定前の根抵当権においては，個々の被担保債権は根抵当権と固定した結合関係になく，債権の処分により債権者や債務者を異にするようになれば，その債権は当然に被担保債権の範囲から離れることになるので，確定前の根抵当権については随伴性が否定されている。したがって，元本の確定前に根抵当権者から債権を譲り受けた者は，その債権について根抵当権を行使できない（398条の7第1項前段）。また，元本の確定前に第三者が弁済して債権者に代位するときも，根抵当権に代位することができない（同項後段）。元本の確定前に債務引受があったときは，根抵当権者は引受人の債務について根抵当権を行使できない（398条の7第2項）。もっとも，併存的債務引受の場合には，債務者の負う債務について根抵当権を行使できることは当然である。改正民法は，免責的債務引受について，債権者は債務者が免れる債務の担保として設定された担保権を引受人が負担する債務に移転することができるとしている（472条の4第1項）。しかし，根抵当権については，債権者は引受人が負担する債務に移転することができない（398条の7第3項。債務引受について，詳細は債権総論の教科書・参考書参照）。さらに，元本の確定前に債権者または債務者の交替による更改があっても，当事者は根抵当権を新しい債務に移すことができない（398の7第4項。更改についても，詳細は債権総論の教科書・参考書参照）。

## 9.4　根抵当権者または債務者の相続・合併・分割

### 9.4.1　相　続

　元本の確定前に根抵当権者の死亡により相続が開始した場合，根抵当権は，相続開始当時の債権を担保するが，さらに相続人と根抵当権設定者との合意があれば，相続人が相続開始後に取得する債権をも担保する（398条の8第1項）。元本の確定前に債務者について相続が開始した場合も，根抵当権は，相続開始当時の債務だけでなく，根抵当権者と設定者との合意があれば，相続人が相続開始後に負担する債務をも担保する（同条2項）。この場

*122*　第2章　抵当権

合，債務者が設定者であれば，その相続人が合意の当事者となる。これらの合意については，後順位抵当権者その他の第三者の承諾を必要としない（同条3項）。しかし，合意について相続開始後6ヶ月以内に登記がなされないと，元本は相続開始の時に確定したものとみなされる（同条4項）。

### 9.4.2　合　併

　元本の確定前に法人である根抵当権者や債務者に合併が生じた場合には，前述の相続の場合と異なり，根抵当関係は原則として合併後の法人に承継される。そして，根抵当権は，合併当時の債権や債務のほかに，根抵当権者合併の場合は合併後存続する法人または合併によって設立された法人が合併後に取得する債権を，債務者合併の場合は合併後存続する法人または合併によって設立された法人が合併後に負担する債務を担保する（398条の9第1項・2項）。この場合，根抵当権設定者は，合併を知った日から2週間以内または合併の日から1ヶ月以内に元本の確定を請求することができ（同条3項本文・5項），この請求がなされると，合併の時に元本が確定したものとみなされる（同条4項）。ただし，債務者合併の場合において，債務者が設定者であるときは，自らの意思で合併した以上，確定請求ができない（同条3項ただし書）。

### 9.4.3　分　割

　これは，元来，平成12（2000）年の商法改正において株式会社の分割の規定が新設され，これに伴って根抵当権者または債務者である会社が分割されたときの手当が必要になり，追加されたものである。会社の分割には，A社を分割してその営業の全部または一部を新設のB社に承継させる新設分割（会社762条以下）と，A社の営業の全部または一部を既存のC社に承継させる吸収分割（会社757条以下）とがある。これらの場合のA社を「分割をした会社」，B社を「分割により設立された会社」，C社を「承継した会社」と呼ぶ（398条の10参照）。

　まず，根抵当権者であるA会社が分割された場合，A社が有した根抵当権は，分割時に存するA社の債権のほかに，A社およびB社が分割後に取得する債権（新設分割の場合），またはA社およびC社が分割後に取得する債権（吸

第9節 根抵当権 **123**

収合併の場合）を担保する（同条1項）。次に，債務者であるA社が分割された場合，従来A社の債務を担保していた根抵当権は，分割時に存するA社の債務のほかに，A社およびB社（新設分割の場合）またはA社およびC社（吸収分割の場合）が分割後に負担する債務を担保する（同条2項）。そして，いずれの場合にも，債務者でない根抵当権設定者には元本の確定請求権が認められている（同条3項・398条の9第3項〜5項）。

## 9.5 根抵当権の処分

民法376条の定める抵当権の処分（→**第6節**参照）は，被担保債権が弁済されずに存在することを前提にしたものであるため，被担保債権が発生と消滅を繰り返す確定前の根抵当権には適していない。そこで，同条が定める転抵当以外の処分は適用されないものとされ（398条の11第1項），その代わりに，確定前の根抵当権に適合した次のような処分方法が設けられている。ただし，確定後の根抵当権については376条が全面的に適用されることになる。

### 9.5.1 全部譲渡

根抵当権の全部譲渡とは，根抵当権者が設定者の承諾を得て，確定前の根抵当権を被担保債権から完全に切り離して，その全部を譲渡することである（398条の12第1項）。これによって，譲渡人の債権は無担保債権となる。譲受人の債権については，被担保債権の範囲内のものであれば，譲受時だけでなくその後の債権も担保される。譲受人の債権が範囲外のものであれば，398条の4による被担保債権の範囲の変更をしなければ担保されない。なお，登記が譲渡の対抗要件である（177条。これについては，次の分割譲渡や一部譲渡においても同じ）。

### 9.5.2 分割譲渡

根抵当権の分割譲渡とは，根抵当権者が設定者の承諾を得て，確定前の根抵当権を2個の根抵当権に分割して，その一方を譲渡することである（398条の12第2項前段）。これによって，両者は別々の同順位の根抵当権になる。こ

*124* 第2章 抵当権

の分割譲渡においては，分割される根抵当権を目的とする権利（転抵当権など）は，譲渡された根抵当権について消滅するので，その権利を有する者の承諾が必要である（同条2項後段・3項）。

### 9.5.3 一部譲渡

根抵当権の一部譲渡とは，根抵当権者が設定者の承諾を得て，確定前の根抵当権の一部を譲渡し，譲渡人と譲受人が根抵当権を共有することである（398条の13）。「一部譲渡」といわれるが，1つの根抵当権が準共有されることになる。この準共有関係においては，準共有者は，その債権額の割合に応じて同順位で弁済を受けるが，確定前に債権額の割合と異なる割合を定めたり，一方が他方に優先して弁済を受けることを定めたりすることができる（398条の14第1項）。また，準共有者は，根抵当権設定者の承諾と他の準共有者の同意を得て，持分権を全部譲渡できる（同条2項）。

## 9.6 共同根抵当

共通の債権を担保するために複数の不動産に設定された根抵当権を，共同根抵当というが，これには次の2つのものがある。

### 9.6.1 狭義の共同根抵当

民法392条と393条の適用を受ける共同根抵当を狭義の共同根抵当（**純粋共同根抵当**）という。例えば，AがBに対する債務を担保するために，自己所有の甲地と乙地に極度額1000万円の狭義の共同根抵当を設定すると，392条によりこの1000万円は甲地と乙地に割り付けられることになる。したがって，Bは甲地と乙地からそれぞれ1000万円（合計2000万円）を限度として優先弁済を受けることにはならない。共同根抵当がこの狭義の共同根抵当であるためには，被担保債権の範囲・債務者・極度額が甲地と乙地について同一であり，かつ，共同担保である旨の登記がなされることが必要である（398条の16）。また，被担保債権の範囲・債務者・極度額の変更や根抵当権の全部譲渡・一部譲渡も，甲地と乙地について同一に行い，登記をしなければ効力を

第9節　根抵当権　*125*

生じない（398条の17第1項）。さらに，1つの不動産上の根抵当権について確定
事由が生じると，すべての不動産上の根抵当権が確定する（同条2項）。

### 9.6.2　累積根抵当

**累積根抵当**とは，複数の不動産上の根抵当権がそれぞれ互いに独立し，そ
れぞれの極度額まで債権を担保し，根抵当権の確定についてもそれぞれが別
個に決定されるものをいう。この場合には，前例のA所有の甲地と乙地に極
度額1000万円の根抵当権を有するBは，甲地と乙地からそれぞれの極度額
1000万円（合計2000万円）までの優先弁済を受けることができる（398条の18参
照）。この累積根抵当は，**9.6.1**で述べた特別の要件を満たさないすべての場
合に生じるため，民法はこの方式を原則としている。

## 9.7　根抵当権の確定

### 9.7.1　確定の意義と確定事由

#### (1)　確定の意義

**根抵当権の確定**とは，担保されるべき元本債権が特定されることであり，
これによって確定時に存在する元本債権と根抵当権の結びつきが生じ，これ
以後に生じる元本債権は根抵当権によって担保されないことになる。民法の
規定はこの状態を「元本の確定」と表現しているが，学説は一般に「根抵当
権の確定」と呼んでいる。

#### (2)　確定事由

民法が定める根抵当権の確定が生じる事由は，次のとおりである。

(a)　元本確定期日の到来（398条の6）

(b)　相続の場合における合意または登記の不達成（398条の8第4項）

(c)　合併または分割の場合における確定請求（398条の9第4項・398条の10第
3項）

(d)　元本確定期日の定めがない場合において，根抵当権設定者（第三取得者
を含む）が設定の時から3年を経過した後に確定請求権を行使した場合（398
条の19第1項・第3項）　この場合，請求の後2週間を経過して根抵当権は確

*126* 第2章 抵当権

定する。

(e) 元本確定期日の定めがない場合において，根抵当権者が確定請求権を行使した場合 (398条の19第2項・第3項)　これは平成15 (2003) 年の民法一部改正で追加されたものであり，元本確定期日の定めがない場合，根抵当権者はいつでも確定請求ができる。

(f) 根抵当権者が抵当不動産について競売，担保不動産収益執行または物上代位による差押えを申し立てた場合 (398条の20第1項1号)　この場合，競売手続や担保不動産収益執行手続の開始または差押えなどが行われるにいたらなかったときは，確定の効力は生じない。

(g) 国や地方公共団体などの根抵当権者が抵当不動産に対し滞納処分による差押えをした場合 (398条の20第1項2号)

(h) 根抵当権者が抵当不動産に対する第三者による競売手続の開始または滞納処分による差押えがあったことを知った時から2週間を経過した場合 (398条の20第1項3号)

(i) 債務者または根抵当権設定者が破産手続開始の決定を受けた場合 (398条の20第1項4号)　(h)と(i)の場合，それぞれの手続が効力を失えば，確定の効力も生じなかったことになる。ただし，確定を前提として根抵当権またはこれを目的とする権利を取得した者があるときは，確定の効力はそのまま存続する (398条の20第2項)。

> ＊平成15年の改正以前では，被担保債権の範囲の変更や取引の終了などにより担保すべき元本が発生しなくなったことも確定事由とされていた (改正前旧398条ノ20第1項1号)。しかし，特に取引の終了という事由が曖昧であったことから，平成15年の改正によってこの確定事由は削除された。

### 9.7.2　確定の効果

#### (1)　確定の効果

根抵当権の確定によって，担保されるべき元本債権は確定時に存在したものに限られ，これ以後に生じる元本債権は担保されなくなる。しかし，利息や遅延損害金などは，2年分の制限 (375条参照) がないため，確定後に発生するものも極度額の範囲内で担保される (398条の3第1項)。このほか，確定前

では可能であった根抵当権の変更，相続・合併・分割における包括承継，根抵当権の全部譲渡・分割譲渡・一部譲渡などが不可能となり，代わって根抵当権の譲渡・放棄やその順位の譲渡・放棄（376条参照）などが可能となる。また，確定前では否定されていた随伴性を根抵当権は取得するので，債権譲渡・更改・弁済による代位などの被担保債権の処分に根抵当権も従うことになる。さらに，民法は，確定後の根抵当権について，次の2つの特別な請求権を設けている。

### (2) 極度額減額請求権

元本の確定後被担保債権額が極度額を下回っている場合には，根抵当権設定者（第三取得者を含む）は，その根抵当権の極度額を，現に存する債務額と以後2年間に生ずべき利息その他の定期金および債務不履行による損害賠償額を加えた額に減額することを請求できる（398条の21）。この請求権は形成権であり，設定者の一方的請求によって減額の効果が生じる。この制度は，抵当不動産の処分や後順位担保権の設定を容易にするためのものである。

### (3) 根抵当権消滅請求権

元本の確定後現に存する債務額が根抵当権の極度額を超えている場合には，物上保証人や抵当不動産につき所有権・地上権・永小作権・対抗要件を具備した賃借権を取得した者は，極度額に相当する金額を支払いまたは供託して，その根抵当権の消滅を請求できる（398条の22）。この請求権も形成権である。そして，極度額を超える債権は無担保債権になる。この制度は，379条以下に定める抵当権消滅請求（→第5節 **5.3** 参照）に近い役割を果たすものである。

## **9.8** 根抵当権の消滅

根抵当権は，その確定前では，被担保債権が存在しない状態になっても消滅することはない。確定した根抵当権に特有の消滅事由は，①根抵当権の確定時に被担保債権が全く存在しない場合，②確定時に存在した被担保債権が弁済などによってすべて消滅した場合，③根抵当権の実行が終了した場合，④前述の根抵当権消滅請求権が行使された場合である。

# 第3章　質　権

## 第1節　質権の意義

　例えば，AがBからお金を借りようとする場合に，時計や宝石などの価値のある物を担保として貸主Bに引き渡し，BはAからの返済があるまでこれらの物を占有し，期日に返済がないときは，Bがこれを競売するなどして貸金を優先的に回収するという方法をとる担保物権が質権である。質権は，抵当権と同様に当事者間の契約によって成立する約定担保物権であるが，目的物の占有を質権者に移転する点で抵当権と異なる。そして，質権が成立する対象として，動産・不動産・財産権の3つがあり，対象の違いに応じて，それぞれ成立する質権にも色々な相違が見られる。本章では，このような質権について，その特色，成立要件，効力などを説明する。

### 1.1　質権の特色

　質権は，債権者が債権の担保として債務者または第三者から受け取った物を占有し，間接的に債務者に弁済を強制するとともに，弁済がなされないときは，その物を売却にかけてその代金から優先的に債権の弁済を受けることができる担保物権である (342条)。したがって，質権にはまず，目的物を債権者 (質権者) が留置することによって間接的に債務者に弁済を促すという**留置的効力**がある (347条)。前例でいえば，債務者Aは，借りたお金をBに返済しないと時計や宝石などを返してもらえないので，なんとか借金を弁済しようとすることになる。さらに，質権には，質権者が目的物を競売にかけて換価し，売却代金から優先弁済を受けるという**優先弁済的効力**も備わっている。前例の債務者Aが期日に借金を弁済しなかったときには，質権者BはAから受け取った時計や宝石などを競売にかけて換価し，その代金からAへ

の貸金額を回収することができる。このように，質権には留置的効力と優先弁済的効力があるのが原則である。ただし，後述するように，一般的に債権質には留置的効力がない。

## 1.2 質権の種類

民法は，質権が成立する対象に応じて動産質・不動産質・権利質の3種類を規定している。しかし，これらの質権には，その対象の特性によって種々の相違が見られるし，現実に果たしている機能も違いがある。

### 1.2.1 動産質

動産質は，比較的低額の動産を対象とするところから少額の債務を担保するのに適しており，長い間小口の消費者金融（庶民金融）の中心を占めてきた。しかし，クレジット・カードやサラリーマン金融（サラ金）などの発展によって，近年その利用は減少し続けてきたが，過剰貸付のおそれが少ない消費者金融の方法としてまた見直されつつある。ただ，債務者が利用している機械器具に質権を設定すると生産活動ができなくなるため，生産手段などについては質権を利用できない。そのため，これに代わる担保方法として譲渡担保（→**第5章第3節**参照）が用いられている。

### 1.2.2 不動産質

不動産質では，質権者は目的不動産を使用収益できる（356条）。不動産質は，江戸時代において農村で多く利用された担保方法である。しかし，今日では，銀行などの金融機関が不動産を質にとって使用収益することはかえって煩雑であり，不動産の担保方法として抵当権を利用する方が便利であることから，不動産質はほとんど使われていない。ただ，賃貸ビルや賃貸マンションなどの賃貸用不動産については，賃料収益による債権の回収が考えられ，そのために不動産質制度を改正すべきことが提唱されている。

*130*　第3章　質　権

### 1.2.3　権利質

　権利質においては，債権のほかに，株式・不動産物権（地上権や永小作権）・無体財産権（特許権や著作権など）が対象となる。権利質の効力については，権利が対象であるために留置的効力は働かず，抵当権と同様に優先弁済的効力が中心となる。権利質ではとりわけ債権質がよく利用されており，質権の中で今日最も大きな機能を果たしている。例えば，銀行が自行の預金を担保にして貸付をする預金担保貸付の際に預金債権を質に取ったり，建物に抵当権を設定する際に火災保険の保険金債権を質に取ったりすることが多く行われている。以下では，権利質については債権質を取り上げる。

# 第2節　質権の設定

## 2.1　質権設定契約

### 2.1.1　要物契約

#### (1)　目的物の引渡し

　質権は，債権者（質権者）と設定者（債務者または第三者〔物上保証人〕）との間の質権設定契約によって設定される。そして，質権の設定は，目的物が債権者に引き渡されることによって効力を生じるため（344条），質権設定契約を要物契約と解するのが通説である。しかし，近時では，質権設定契約は合意だけで成立し，目的物が引き渡されたときに質権の効力が発生するとする説も有力である[1]。

　引渡しには，現実の引渡し（182条1項）のほかに，簡易の引渡し（182条2項）と指図による占有移転（184条）も含まれるが，占有改定による引渡し（183条）は含まれない。すなわち，設定者が質権者に代わって目的物を直接占有し，質権者に間接占有を取得させるという引渡方法は禁止されている（345条）。その理由については，質権の公示の目的を徹底するためであるとする見解と質権の留置的効力を完全に実現するためであるとする見解とがある。

---

1 ）内田・489頁，道垣内・86頁以下，松岡・214頁。

第2節　質権の設定　　*131*

後述するように不動産質では登記が公示方法（対抗要件）であり，動産では質権よりも効力の強い所有権でさえ占有改定が公示方法であることを考慮すれば，前者の見解はそれほど説得的でない。むしろ，質権の留置的効力という特質に根拠を求める後者の見解が妥当というべきであろう。

**(2)　債権質の特殊性**

動産質や不動産質と異なり，債権質では債権の引渡し（占有移転）ということは考えられない。ところが，平成15（2003）年改正前の民法は，債権証書（金銭の借用証書や預金通帳など債権の存在を証明する文書）があれば，その引渡しによって質権設定の効力が生じるとして（旧363条），債権質の設定契約についてもできるだけ要物性を貫こうとしていた。しかし，指名債権（債権者の特定された普通一般の債権）については，債権証書がなければ質権設定の合意だけで指名債権質が成立すると解されており，また，債権証書があっても，それは債権の存在を証明する証拠文書にすぎず，証書がなくても債権者（質権設定者）は権利を行使できるので，証書の引渡しにはあまり意味がなかった。

そこで，平成15年の改正によって，債権譲渡に証書の交付を要するものを質権の目的とするときは，質権の設定は，その証書の交付によって効力を生ずると改め（363条），通常の指名債権質の設定については，債権証書の交付を要件とせず，当事者の合意だけで効力が生じることとした。

これに対し，指図債権（手形・小切手・倉庫証券・船荷証券などの証券に記載された債権者またはその者によって指図された者に弁済しなければならない証券化された債権）では，証券の引渡しによって設定者である債権者は権利を行使できなくなるので，363条の適用には意味があり，指図債権質は留置的効力を発揮することができる。そして，平成29年の改正民法によって指図証券（債権）を目的とする質権の設定には指図証券の譲渡に関する規定が準用され，質入の裏書と証券の交付によって質入れの効力が生じることになった（520条の7・520条の2）。そのため，上記363条は削除された。また，無記名債権は証券的債権の一種であるが，これまで動産とみなされ（86条3項），無記名債権質は動産質に準じて扱われた。しかし，86条3項も平成29年の改正民法によって削除され，無記名証券（債権）の質権設定は，記名式所持人払証券の質権設定と同様に，証券の交付によって効力を生じるとされるが（520条の20・520条

*132* 第3章 質 権

の17・520条の13），結果的にはこれまでの扱いと変わりがない。

### 2.1.2 質権の対象

質権の対象は，動産，不動産または財産権（債権）である。これらについて，民法は，譲渡できない物または権利を質権の対象とすることができないことを定めている（343条・362条2項）。質権には優先弁済的効力があり，質権者が優先弁済を受けるためには質権の対象を換価できることが必要であり，そのためには質権の対象が譲渡可能でなければならないからである。

譲渡できない動産として，例えば拳銃・麻薬・模造の通貨などの禁制品があげられる。譲渡できない不動産の例はほとんどない。譲渡できない債権として，①性質上譲渡性のない債権（自分の肖像画を描いてもらう債権など）（466条1項ただし書），②法律上譲渡または担保設定が禁止されている債権（扶養を受ける権利〔881条〕や恩給を受ける権利〔恩給11条1項本文。なお，同項但書参照〕など）があげられる。なお，動産であっても登記船舶および製造中の船舶，登録済み自動車や航空機，既登記の建設機械などは商法その他の特別法で抵当権の設定が認められているので，質権の設定はできない（商850条・851条，自抵20条，航抵23条，建抵25条）。

### 2.1.3 存続期間

不動産質については，最長10年の存続期間が定められており，これより長い期間を定めても10年に短縮される（360条1項）。不動産質に存続期間を設けたのは，所有者以外の者に長期間土地の利用を任せておくと，土地の管理や改良を怠り価値を減少させるおそれがあるからであるといわれている。存続期間を定めなかったときでも，10年の存続期間が認められる（通説）。そして，存続期間の経過によって質権そのものが消滅する。その場合，不動産質によって担保されていた債権は無担保の債権となる。なお，最初に定めた存続期間の満了前に期間を更新できるが，更新の時より10年を超えることができない（360条2項）。

## 2.2 対抗要件

### 2.2.1 動産質と不動産質

#### (1) 動産質

動産質の対抗要件は占有の継続である（352条）。ここでいう対抗要件は，物権変動における対抗要件（178条）ではなく，債務者や設定者以外のすべての第三者に対して権利を主張するための要件を意味する。というのは，353条は，質権者が第三者に質物の占有を奪われたときは，占有回収の訴え（200条）によってのみ質物の返還を請求できることを定めているが，これは，質物の占有を奪われたときは質権を対抗できず，質権に基づいて返還請求できないからであり，侵奪者との関係でも占有の継続が対抗要件とされるというのは，通常の物権変動における対抗要件とは異なるからである。したがって，占有の継続は，競合する取引関係に立つ者（二重に質権の設定を受けた者や第三取得者など）だけでなく，侵奪者を含めたすべての第三者に対して，質権を主張するための要件ということができる[2]。

質権者が詐欺によって第三者に質物を引き渡した場合や質物を遺失した場合には，占有を奪われたわけではないので353条の適用はなく，質物を回復する手段がない。質権者の保護にかけるとして，立法論的に批判が出されている。

#### (2) 不動産質

不動産質については，361条によって抵当権の規定が準用されるので，不動産物権変動の一般原則に従って登記が対抗要件となる（177条）。

#### (3) 質権者による質物の返還

質権者が質物を任意に設定者に返還した場合，質権が消滅することになるのかどうか問題となる。この問題は，占有改定による引渡しを禁止する345条の趣旨をどのように解するのか，そして，質権の留置的効力をどの程度重視するのかという問題と理論的にかかわっている。

判例（大判大5・12・25民録22輯2509頁）は，不動産質権者が引渡しを受けて質

---

2）内田・492頁。

*134* 第3章 質 権

権を取得し登記をした後に質物を設定者に返還した場合につき，いったん有効に質権が取得された後に質物が返還されても，代理占有の効果が生じないだけで質権は消滅しないとする。この考え方によれば，動産質では質権を第三者に対抗できないことになるが，登記を対抗要件とする不動産質では何らの影響も生じない。

　学説は，質権の消滅を否定する見解と肯定する見解とに分かれている。前者の見解は，占有改定による引渡しの禁止はもっぱら質権の公示目的を徹底するためであるという立場から，質物の返還の場合には，質権は対抗力を失うにすぎず（動産質に限られる），消滅するものではないとする（対抗力喪失説）。これに対し，後者の見解は，占有改定による引渡しを禁止したのは質権の留置的効力を確保するためであり，留置的効力が質権の中心的効力の1つである以上，この効力を失わせる質物の返還によって質権は消滅すると解する（質権消滅説）。

　質権には，留置的効力と並んで優先弁済的効力というもう1つの中心的効力があり，留置的効力が失われたからといって質権そのものが消滅すると解するのは行き過ぎのように思われる。占有改定による引渡しの禁止は質権の留置的効力を確保するためであると考えるが，質権者による質物の任意返還の場合には動産質について対抗力が失われるにすぎないと解するのが妥当であろう。

### 2.2.2　債権質

　債権質の対抗要件は，債権譲渡と同様に，①第三債務者に対する対抗要件は，設定者が質権設定を第三債務者に通知するか第三債務者が質権設定を承諾することである（364条・467条1項）が，②第三債務者以外の第三者（第二質権者や差押債権者など）に対する対抗要件は，①の通知または承諾が確定日付ある証書によってなされることである（364条・467条2項）*。なお，平成29年の改正民法によって指図債権質の対抗要件に関する365条が削除され，指図証券質については，証券の質入裏書と交付が質権設定の成立要件であるとともに対抗要件とされる（520条の7・520条の2）。また，無記名証券質の設定については，証券の交付が成立要件であるとともに対抗要件であるとされる

（520条の20・520条の17・520条の13）。

> ＊法人が行う金銭の支払いを目的とする債権の質権設定については，動産債権
> 譲渡特例法の適用があり，債権譲渡登記ファイルへの質権設定登記が第三債
> 務者以外の第三者に対する対抗要件になることができる（同法14条・4条1項。
> 詳細は，債権総論の教科書・参考書参照）。

# 第3節　質権の効力

## 3.1　被担保債権の範囲

　質権によって担保される債権の範囲については，346条に定めがある。それによれば，元本，利息，違約金，質権実行の費用，質物保存の費用および債務不履行または質物の隠れた瑕疵によって生じた損害の賠償が担保される。ただし，設定契約にこれと異なる定めがあれば，それに従う。このように，質権の被担保債権の範囲は抵当権（375条参照）と比べて相当に広い。それは，質権者が質物を占有するために，後順位質権者が現れる可能性が少ないからである。

　なお，不動産質では，登記が対抗要件であるために，担保される元本債権額は登記しなければ第三者に対抗できない（不登83条1項1号）。利息も，特約がある場合には請求できるので（359条），この特約を登記しておくことが必要である（不登95条1項2号）。さらに，抵当権に関する375条が準用されるので（361条），損害金とあわせて2年分という制限を受ける。

## 3.2　質権の効力が及ぶ目的物の範囲

### 3.2.1　従　物

　質権の効力が及ぶ目的物の範囲についてまず問題となるのは従物である。従物は主物の処分に従うので（87条2項），主物とともに引き渡された場合に，従物について動産質の効力が及ぶ。不動産質では抵当権に関する370条

*136* 第3章 質 権

が準用されるので (361条), 不動産の付加物として従物に不動産質の効力が
及ぶ (付加物をめぐる議論については→**第2章 3.2** 参照)。

### 3.2.2 果 実
　果実についても, 質権の種類によって違いがある。動産質には使用収益権
はないが, 質権者は質物より生じる天然果実を収取して他の債権者に優先し
て債権の弁済に充当できるので (350条・297条), 天然果実に動産質の効力が
及ぶことに問題はない。賃料などの法定果実は, 質権者が所有者の承諾を得
て質物を賃貸した場合であれば (350条・298条2項), 天然果実と同様に質権の
効力が及ぶ (350条・297条)。これに対し, 不動産質では, 原則として使用収
益権があるので (356条), 天然果実と法定果実に不動産質の効力が当然に及
び, 抵当権に関する371条は準用されない。債権質では, 質入れされた債権
が利息付きのときには, 質権の効力は利息債権にも及ぶ (87条2項の類推適
用)。そして, 質権者はこの利息を取り立てて債権の優先弁済に充てること
ができる (362条2項・350条・297条)。

### 3.2.3 物上代位
　質権についても物上代位権が認められている (350条・304条)。しかし, 売
却代金や賃料に対する物上代位権の行使が問題となることはあまりない。

## 3.3 留置的効力

### 3.3.1 留置的効力の意味
#### (1) 債務者に対する効力
　質権者は, 被担保債権の弁済を受けるまで質物を留置することができる
(347条本文)。動産質と不動産質では, この留置的効力によって債務者に心理
的な圧迫を加え弁済を促すことになる。指図証券質や無記名証券質について
も, この意味での留置的効力を認めることができる。なお, 被担保債権が消
滅する前に債務者から質物の返還を求める訴訟が提起された場合, 弁済が先
になされるべきであるから, 請求棄却の判決が下されて原告敗訴となる (大

判大9・3・29民録26輯411頁）。留置権では被担保債権の弁済と引換えに返還を命じる引換給付判決になるのと異なる（→**第4章1.3.1**(4)参照）。

### (2) 競売における効力

留置的効力は，他の債権者が質物の競売を試みる場合にも発揮される。

(ア) **動産質**　動産質では，留置的効力によって質権者は執行官への提出を拒むことができるので，他の債権者は質物を差し押さえることができない（民執124条）。その結果，他の債権者は被担保債権を弁済して質権を消滅させなければ競売手続をとれないので，質権者は事実上優先弁済を受けることになる。ただし，自己に対して優先権を有する債権者には留置的効力を主張できないので（347条ただし書），先順位担保権の実行のときは，執行官への引渡しを拒むことができず，順位に応じた配当を受けるだけである。

(イ) **不動産質**　不動産上の担保物権は競売による売却によって消滅するのが原則であるが（消除主義），最先順位の不動産質は，他の債権者の申し立てた競売では消滅せず（使用収益しない特約のある場合は消滅する），買受人の負担として引き受けられる（民執59条4項）。

### 3.3.2 留置の態様

#### (1) 動産質

質権者は，質物を留置している間，善良な管理者の注意をはらって質物を管理しなければならない（350条・298条1項）。また，質権者は，保存に必要な使用を除いて，設定者の承諾なしに質物を使用・賃貸したり，担保に供することができない（350条・298条2項）。これらの義務に違反すると，質権設定者は質権の消滅を請求することができる（形成権。350条・298条3項）。

#### (2) 不動産質

質権者は，質物を使用収益する権利を有するので（356条），設定者の承諾なしに目的不動産を使用したり，他人に賃貸して賃料を収取できる。その反面，管理費用や不動産に対する租税などを負担し（357条），被担保債権の利息を請求することができない（358条）。もっとも，これらと異なる特約が結ばれたとき，または，平成15年の民事執行法改正で創設された担保不動産収益執行（→**第2章3.5.3**参照）が開始されたときは，質権者は，目的不動産を使

*138* 第3章 質 権

用収益できない反面，管理費用などの負担を免れ，被担保債権の利息を請求することができる（359条）。

## 3.4 優先弁済権

### 3.4.1 動産質

#### (1) 競売による換価

質権者は，抵当権者と同様に，自ら質物の競売を申し立て，売却代金から優先的に弁済を受けることができる（342条）。競売手続は，動産執行の手続に準じる（民執190条〜192条）。同一の動産について数個の質権が設定された場合には，質権の順位は設定の前後による（355条）。設定者が質物を占有していないため，同一の動産について数個の質権が設定されることはあまり多くないであろうが，例えばBの保管中の動産を所有者AがCのために質権を設定して指図による占有移転を行い，ついでDのために質権を設定して同じく指図による占有移転を行った場合が考えられる。そして，質権は質物の引渡しがなければ効力を生じないので，355条の「設定の前後」とは，質物の引渡しの前後を意味する。したがって，前例の場合にはBに対するAの指図の意思表示の前後によってCの質権とDの質権の順位が決まる。

#### (2) 簡易な弁済充当

前述の質物を競売によって換価して優先弁済を受けるという方法が質権の実行の原則であるが，動産質については特別な方法が認められている。すなわち，質物を直接弁済にあてる簡易な弁済充当といわれる方法である（354条）。これが可能なのは，質物の価格が低くて競売しても費用倒れになるとか，質物に公定相場があるので競売しなくても公正な価格が分かるというような正当の理由がある場合に限られる。しかも，鑑定人の評価に従うこと，裁判所に請求すること，あらかじめ債務者にその請求を通知することが必要である。そして，裁判所の許可があれば，質権者は，評価額と債権額の差額を設定者に返済（清算）して質物の所有権を取得することができる[3]。

---

3）高木・67頁。

### (3) 流質契約の禁止

例えば，弁済期になって借りたお金を返さなかったら質権者がただちに質物の所有権を取得することを約束するように，法律に定めた方法によらずに質物を処分することを約束する契約を流質契約という。この流質契約は禁止されている（349条）。流質契約を許すと，さしせまった事情にある債務者が債権者に強制されて債務額に比べて不相当に高額な物を質物に提供し，弁済できないときに債権者によって取り上げられてしまう可能性があるからである。

しかし，弁済期後は，債務者がさしせまった事情から不利な契約を強制されるおそれが少ないので，流質契約は有効と解されている（349条の反対解釈）。また，商行為による債権を担保する質権については，自己の利益を守る経験と知識のある商人が当事者であるので，流質契約は有効とされる（商515条）。さらに，都道府県公安委員会の監督下にある営業質屋の質権についても，同様に流質契約が認められている（質屋19条）。

### 3.4.2　不動産質

動産質と同様に，目的不動産を競売にかけて売却代金から優先弁済を受ける（342条）。さらに，担保不動産収益執行の方法をとることもできる（359条，民執180条）。実行手続は，不動産執行の手続に準じる（民執181条以下）。なお，動産質で認められた簡易な弁済充当は認められない。また，流質契約も禁止される。

### 3.4.3　債権質

債権質も，民事執行法の定める債権執行の手続に従って被担保債権を回収することができる（民執193条）。しかし，民法は，債権質の実行方法として，質権者自らが目的債権を第三債務者から直接取り立てることを認めた（366条1項）。質権の目的債権が金銭債権であるときは，質権者は被担保債権額の範囲内で第三債務者から取り立てて，その金銭を被担保債権に充当できる（同条2項）。しかし，目的債権の弁済期が質権の被担保債権より早いときには，質権を実行するわけにはいかないので，第三債務者に対して供託を請求で

*140* 第3章 質 権

き，供託金（還付請求権）の上に質権が存続する（同条3項）。目的債権が金銭債権以外のものであるときは，質権者が弁済として受け取った物の上に質権が存続する（同条4項）。なお，債権質についても流質契約は禁止される。

### 3.5 転 質

#### 3.5.1 転質の意義

転質とは，質権者A（原質権者）が質物として設定者Bから受け取った物を，再びC（転質権者）に対する自己の債務の担保のために質入れすることをいう。質権者の貸付資金調達を可能にするための手段として利用されるものである。転質の種類として，**責任転質**と**承諾転質**の2つがある。前者は，原質権の設定者Bの承諾なしに行うことができる転質であり，348条が定めるものである。後者は，設定者Bの承諾を得て行われる転質であり，350条によって留置権に関する298条2項が質権に準用されるところから認められるものである。実務では承諾転質の利用がほとんどであるといわれているが，以下では責任転質を中心に述べ，承諾転質については簡単に触れるにとどめたい。

#### 3.5.2 責任転質

##### (1) 責任転質の法的構成

責任転質の法的構成については，大きく2つの考え方がある。すなわち，1つは，質権者が質物をさらに質入れすることが転質であると解する説（質物質入説）であり[4]，他の1つは，転質とは質権者が被担保債権と質権を共同で質入れすることだと解する説（共同質入説）である[5]。質物質入説が通説であるが，両者いずれの説をとっても，転質をめぐる問題について具体的な結論にそれほど違いは生じない。

##### (2) 責任転質の要件

責任転質が成立するためには，質物の引渡しなどの質権設定契約の一般的

---

4）我妻・講義Ⅲ149頁以下。
5）柚木＝高木・114頁。

要件を備えなければならないことはいうまでもない。このほかに，責任転質に特有の要件として，まず転質権の被担保債権額が原質権の被担保債権額を超えないことが主張されたことがあった。しかし，このことは成立要件の問題ではなく，転質権者が原質権の被担保債権額の範囲内でのみ優先弁済を受けられるという効力の問題として取り扱えば十分であると考えられてきている。次に，348条は転質権の存続期間が原質権の存続期間内であることを要求している。しかし，存続期間が定められるのは不動産質のみであることから，この要件は不動産質に特有のものであり，動産質では問題にならないと解されている。

### (3) 責任転質の効果

**(ア) 原質権者の責任**　責任転質では，原質権者は自己の責任で転質を行うので，転質をしなければ生じなかったであろう損害は，不可抗力によるものであっても，賠償の責任を負わねばならない（348条後段）。

**(イ) 原質権関係に対する拘束**　責任転質がなされた場合，原質権関係を転質権者に無断で消滅させてはならないという拘束が，原質権設定者と原質権者に課せられる。したがって，原質権設定者（債務者）は，弁済などによって被担保債権を消滅させることができないし，原質権者も，被担保債権の弁済期が到来しても原質権を実行することができない。そして，このような拘束を転質権者が債務者に対抗するために，転質権の設定を原質権者から債務者に通知するか，または債務者がこれを承諾することが必要と解されている（364条または377条の類推適用）。

**(ウ) 転質権の実行**　転質権を実行するためには，原質権と転質権の被担保債権がともに弁済期に達していることが必要である。原質権の被担保債権が先に弁済期に達している場合には，転質権者は原質権設定者に弁済金額の供託を請求でき，転質権はこの供託金（還付請求権）の上に存続する（366条3項の類推適用）。転質権が実行された場合，転質権者が売却代金から優先弁済を受け，残余があれば原質権者が弁済を受ける。

### 3.5.3 承諾転質

原質権設定者の承諾に基づいてなされる承諾転質は，原質権とは別個の新

142　第3章　質　権

たな質権の設定と考えられている。したがって，原質権設定者が債務を弁済して原質権が消滅しても，転質権は消滅することはないし，原質権の被担保債権が弁済期に達していなくても，転質権の被担保債権が弁済期にあれば，転質権を実行できる。

# 第4章　法定担保物権

　ある種の債権が成立すると，これを担保するために法律上当然に，すなわち抵当権や質権のように当事者間の契約によらないで，一定の担保物権が成立する。これを**法定担保物権**という。民法は，この法定担保物権として，**留置権**と**先取特権**の2種類を定めている。そこでまず，本章第1節では前者の留置権を取り扱い，次いで，第2節において後者の先取特権を取り扱う。

## 第1節　留置権

### 1.1　留置権の意義

#### 1.1.1　留置権とは

> 【設例Ⅳ-1】　時計店を営むAは，Bから依頼されてその所有の時計を修理したが，まだ修理代金の支払いを受けていない。この場合，Aが修理代金の支払いを受けるための手段として，どのようなものがあるか。

　【設例Ⅳ-1】では，Bの時計を修理した時計店Aは，Bから修理代金の支払いを受けるまで時計の引渡しを拒絶することができる。そうすると，修理を依頼したBは，修理代金を支払うまで時計を返してもらえないので，間接的に修理代金の支払いを強制されることになる。このような時計店Aが持っている時計の引渡しを拒絶できる権利が留置権と呼ばれるものである。すなわち，留置権とは，他人の物（Bの時計）の占有者（時計店A）がその物に関して生じた債権（修理代金債権）を有する場合に，その債権の弁済を受けるまでその物を留置できる権利をいう（295条1項本文）。つまり，留置権は，物の引渡しを拒むことによってその物に関して生じた債権の弁済を確保することを目的とした担保物権であり，債権者が占有している物に関して債権を取得すると，この債権を担保するために法律上当然に成立する。

*144* 第4章 法定担保物権

民法がこの留置権を認めたのは，当事者間の公平を図るためである。というのは，【設例Ⅳ-1】でいえば，Aは，修理代金の支払いを受けなくても時計をBに返さなければならないとすると，修理代金の取立てが困難となり，Aにとって不公平な結果となる。それよりも，修理代金の支払いと時計の引渡しとが同時に行われるように，Bが修理代金を支払うまでAに時計の引渡しを拒絶できる権利を認めた方がAB間の公平にかなうといえるからである。

### 1.1.2 同時履行の抗弁権との関係

留置権と同じく公平の観点から認められ，それと同じような機能を果たすものとして，同時履行の抗弁権（533条）がある。しかし，留置権と同時履行の抗弁権との間には，次のような違いがある。①同時履行の抗弁権は，双務契約から生じた対価的な関係に立つ債務間で生じるが，留置権は物に関して生じた債権の弁済を確保するものであるので，留置権の発生原因については同時履行の抗弁権のような制約がない。②留置権の内容は，物の引渡しの拒絶だけであるが，同時履行の抗弁権によって拒絶できる債務の内容は，物の引渡しに限定されず多様である。③留置権は，物権として構成されているので，誰に対しても行使できるが，同時履行の抗弁権は，双務契約の当事者間で行使されるにすぎない。

もっとも，留置権と同時履行の抗弁権とが競合することがある。例えば，【設例Ⅳ-1】の時計の修理という例は双務契約である請負契約の事例であり，依頼人Bの修理代金債務と時計店Aの時計引渡債務は同時履行の関係に立つので，Aは同時履行の抗弁権を行使して，修理代金の支払いがあるまで時計の引渡しを拒絶することも考えられる。この場合，Aは留置権と同時履行の抗弁権のいずれをも行使できるとするのが通説である。

第1節 留置権 **145**

## 1.2 留置権の成立要件

　留置権の成立要件は，①他人の物を占有していること，②その物に関して生じた債権を有していること（以上295条1項本文），③債権が弁済期にあること（同条1項ただし書），④占有が不法行為によって始まったのではないこと（同条2項）の4つである。このうち，①〜③の要件は，留置権の成立を主張する者が立証しなければならず，④の要件については，留置権の不成立を主張する者に立証責任があり，占有が不法行為によって始まったことを立証できないときには留置権の成立が認められる。

### 1.2.1　他人の物の占有

「他人」とは，債務者に限られず，第三者でもよい。例えば，所有者Cから借りた時計をBが時計店Aに修理に出した場合でも，その時計についてAの留置権が成立する。他人の「物」は，動産でも不動産でもよい。留置権者の占有は，留置権の成立要件であると同時に存続要件でもあるので（302条参照），不動産上の留置権は登記を対抗要件としない（不登3条参照）。なお，留置権者の占有は現実の占有である必要はなく，代理占有でもよい。ただし，占有代理人（直接占有者）が債務者である場合に除かれる。

### 1.2.2　債権と物との牽連関係

　留置権が成立するためには，占有者がその物に関して生じた債権を有していることが必要である。すなわち，留置権によって担保される債権は，留置される物に関して生じたものでなければならない。これを**債権と物との牽連関係**という。そして，この牽連関係が認められる場合として，①債権が物自体から生じた場合と，②債権が物の引渡請求権と同一の法律関係または事実関係（生活関係）から生じた場合，の2つがあげられる。

**(1)　債権が物自体から生じた場合**

**(ア)　具体例**　　例えば，受寄者が保管する物の瑕疵によって受けた損害の賠償請求権（661条）や，占有者または賃借人が占有物または賃借物に支出した必要費や有益費の償還請求権（196条・608条）などがこれに当たる。

*146* 第 4 章 法定担保物権

## （イ） 物自体を目的とする債権

> **【設例Ⅳ-2】** ＡがＢに宅地を賃貸して引き渡したが，Ｂが賃借権の対抗要件を備えないうちに，Ａはその宅地をＣに売却し，Ｃは登記を経由した。ＣからＢに対して宅地の引渡請求がなされた場合に，ＢはＣに対し，賃借権を被担保債権とする留置権を主張して宅地の引渡しを拒むことができるか。

> **【設例Ⅳ-3】** Ａは，所有不動産をＢに売却して引渡しをした後，同一不動産をＣに売却して移転登記を行なった。ＣがＢに対して不動産の引渡しを求めてきた場合，Ｂは，Ａの債務不履行に基づく損害賠償請求権を被担保債権とする留置権をＣに対して主張することができるか。

　**【設例Ⅳ-2】** の場合において，判例は，賃借権は「賃借物を目的として成立するもの」であり，このような「物自体を目的とする債権」は，権利の実行によって弁済を受けるべきものであるから，物に関して生じた債権に当らないとして，留置権の成立を否定した（大判大11・8・21民集１巻498頁）。また，判例は，**【設例Ⅳ-3】** の場合についても，Ｂの損害賠償請求権は，目的不動産の引渡しを目的とする債権，すなわち「物自体を目的とする債権がその態様を変じたものであり，このような債権はその物に関し生じた債権とはいえない」として，Ｂの留置権の主張を否認した（最判昭43・11・21民集22巻12号2765頁）。学説も，いずれの場合にも留置権を否定するのが通説である。
　しかし，「物自体を目的とする債権」あるいは「それが変容した債権」は「物に関して生じた債権」ではないという曖昧な論理を用いるのではなく，次のように考えるべきであろう。すなわち，留置権は，債権者が債務者に目的物を引き渡さないことによって債務の履行を促す機能を有するものであるから，双方の間において債権者が債権を，債務者が物の引渡請求権を有することが前提となる[1]。そうすると，債権者債務者間であるＢＡ間では，債権者である賃借人または第１買主ＢはＡに対し賃借権（**【設例Ⅳ-2】** の場合）または損害賠償債権（**【設例Ⅳ-3】** の場合）を有するが，債務者である賃貸人または売主ＡはＢに対し宅地の引渡請求権を有さないので，ＢＡ間には宅地の

---

1） 道垣内・31頁参照。

引渡しを拒むことによって債務の履行を促すという関係が存在しない。したがって，ＢＡ間に留置権は成立せず，Ｂは第三者であるＣに対しても留置権を主張できないと考えられる。

**(2)　債権が物の引渡請求権と同一の法律関係または事実関係から生じた場合**

**(ア)　具体例**　　例えば，売主の売買代金債権と買主の目的物引渡請求権，時計店の時計修理代金債権と依頼主の時計引渡請求権などが同一の法律関係から生じた例であり（それぞれ売買契約や請負契約という同一の法律関係から発生），ＡとＢが互いに傘をまちがえて持ち帰った場合における双方の傘の返還請求権が同一の事実（生活）関係から生じた例としてあげられる。

さらに，代金未払いの買主Ｂが第三者Ｃに目的物を転売し，Ｃが売主Ａに目的物の引渡しを請求した場合，Ａは，Ｂに対する代金債権に基づいてＣに留置権を主張できる（最判昭47・11・16民集26巻9号1619頁）。この場合，ＡのＢに対する代金債権とＢのＡに対する引渡請求権は，ＡＢ間の売買契約によって生じたものであり，Ａの代金債権の担保のために留置権が成立しており，Ｃはこの留置権の付着した物をＢから買い受けたのであり，ＡはＣからの引渡請求に対して留置権を主張（対抗）できるからである。

同様に，担保仮登記権利者Ｂが設定者である債務者Ａに清算金を支払わないまま，目的不動産を第三者Ｃに売却し，ＣがＡに目的不動産の明渡しを請求した場合にも，ＡはＣに留置権を行使できる（最判昭58・3・31民集37巻2号152頁）。この場合も，Ａは清算金支払請求権を被担保債権とする留置権を目的不動産上に取得し，この留置権の付いた不動産をＣが取得したと考えられるからである（仮登記担保における清算金支払いについては→**第5章2.3.2**(4)参照）。

**(イ)　造作買取請求権に基づく建物の留置**　　問題となるのは，建物賃貸借における造作買取請求権に関してである。建物賃借人が賃貸人の同意を得て建物に畳・建具などの造作を付加した場合には，建物賃貸借が終了するとき，賃借人は，賃貸人に対して造作を時価で買い取るべきことを請求することができる（借地借家33条）。この造作買取請求権は形成権と解されているので，これが行使されると賃借人と賃貸人の間で当然に造作の売買契約が成立する。そのため，賃借人は，造作代金の支払いを受けるまで，留置権に基づい

*148* 第4章 法定担保物権

て造作の引渡しを拒絶できることについては，なんら異論はない。

　問題となるのは，この売買契約から生じた造作代金債権に基づき，賃借人が建物を留置できるかどうかである。判例は，この代金債権は造作に関して生じた債権であり，建物に関して生じた債権ではないとして，建物について留置権の成立を否定する（大判昭6・1・17民集10巻6頁，最判昭29・1・14民集8巻1号16頁，最判昭29・7・22民集8巻7号1425頁）。しかし，判例の立場は造作によって増加した建物の価値を維持しようとする買取請求権の趣旨に反し，また，有益費償還請求権（608条2項）の場合には建物について留置権が認められることと均衡を欠くことを理由に，通説は，造作と建物の間には経済的・法的一体性があるとして，建物について留置権の成立を認める。

　(ウ)　**建物買取請求権に基づく建物・敷地の留置**　　これに対し，借地人や借地上建物の取得者が建物買取請求権（借地借家13条・14条）を行使した場合，これによって生じる建物売買契約からの代金債権に基づいて，借地人や借地上建物の取得者が建物を留置することができることについては，異論がない。そして，判例は，建物留置の効力として敷地をも留置できるとしている（大判昭18・2・18民集22巻91頁）。学説も，建物と敷地が物理的に一体となっていることを理由に，判例を支持する。ただし，借地人は，敷地の占有権原がないので，占有による利得（地代相当額）を不当利得として地主に返還しなければならない。

### 1.2.3　弁済期の到来

　債権の弁済期が到来しない間は，留置権は成立しない（295条1項ただし書）。この場合に留置権を認めると，弁済期前の債権の履行を強制することになるからである。したがって，有益費の償還請求権のように，裁判所が債務者のために相当の期限を許与した場合には（196条2項ただし書・608条2項ただし書），留置権は成立しない。弁済期の定めのない債権については，弁済を請求することにより（412条3項），留置権の主張が可能となる（大判明37・3・25民録10輯330頁）。

### 1.2.4　不法行為による占有開始ではないこと

#### (1)　不法行為による占有

占有が不法行為によって始まった場合には，留置権は成立しない（295条2項）。例えば，他人の物を盗んだ者がそれを修理しても，修理費について留置権を取得しない。このような者に留置権を認めて，その者の債権を保護する必要がないからである。なお，不法行為による占有開始とは，709条の不法行為ではなく，無権原で占有を開始したことと解する説がある[2]。

#### (2)　占有権原消滅の場合と留置権の成否

占有開始時に占有権原がなければ留置権は成立しないが，占有開始時の占有権原がその後に消滅した場合に留置権が認められるかが問題となる。

> **【設例Ⅳ-4】**　Bは，Aの所有する建物を賃借して居住していたが，その後，賃料不払いを理由にAによって賃貸借を解除された。解除後もBはこの建物に居住し続け，その間に建物の一部を修繕した。AからBに対して建物の明渡請求がなされた場合，Bは建物の修繕費に基づく留置権を主張できるか。

判例は，【設例Ⅳ-4】のような場合（最判昭46・7・16民集25巻5号749頁）や，建物売買契約が代金不払いのために解除された後に，買主が建物について必要費や有益費を支出した場合（最判昭41・3・3民集20巻3号386頁）などについて，占有者が費用支出の時に無権原について悪意または善意有過失であれば，民法295条2項を類推適用して留置権の成立を否定する。学説では，判例を支持するのが多数説である。しかし，これに批判的な見解も有力であり，後に占有権原が消滅した場合には196条2項ただし書を適用して，悪意の占有者については裁判所の期限許与により留置権の成立を否定するが，善意有過失の占有者には留置権を認めるべきことを主張する説もある。

> **＊商人間の留置権**　商法521条による商人間の留置権は，商行為によって生じた債権を担保するために，商行為によって債権者の占有に属した債務者の所有する物または有価証券の上に成立する。民法上の留置権と異なり，債権と物との牽連関係は必要とされず，債権者と債務者双方のために商行為となる取

---

2）高木・28頁。

150 第4章 法定担保物権

引行為によって債権が成立し，目的物の占有が取得されればよい。継続的な取引関係にある商人間では，自己の占有する相手方の物を債権の担保として期待するのが常であり，この期待を保護することが迅速で円滑な商取引を促進することになるからである。

留置の目的物は，債務者の所有する物または有価証券であるが，ここでいう物に不動産が含まれるかどうかが問題となっている。近年特に議論されているのは，例えば，抵当権の設定されている土地の所有者（商人）の注文により，建築請負業者が建物を建築したが，土地所有者が建築請負代金を支払えなくなったので，建築請負業者は建物の引渡しを拒絶していたところ，土地（敷地）上の抵当権が実行されたので，建築請負業者は敷地について商人間の留置権を主張して，その引渡しを拒絶するというような場合である。不動産競売上，留置権は買受人に引き受けられるものとされているので（民執59条4項・188条→1.3.1(3)参照），敷地についてこの商人間の留置権が認められると，建築請負業者が未払いの請負代金債権につき事実上の最優先順位で弁済を受けることになり，抵当権者としては，十分な債権の回収ができなくなる。そのため，敷地について商人間の留置権が認められるかどうかが問題となるのであるが，これについては判例・学説上肯定説と否定説とに見解が分かれている[3]。

## 1.3 留置権の効力

### 1.3.1 留置的効力

留置権の中心的効力は，留置権者が目的物を留置して引渡しを拒絶することにより，間接的に債権の弁済を強制することである。この効力を**留置的効力**という。

### (1) 留 置

留置とは，引渡しを拒絶して占有を継続することである。留置の内容として，留置権者が従来どおりに目的物を使用（継続使用）できるかが問題となる。これについては，留置物の保存に必要な場合には留置権者の継続使用を認め（298条2項ただし書），そうでない場合には債務者の承諾のない限り継続

---

3）詳細は，生熊長幸「建築請負代金債権による敷地への留置権と抵当権（上・下）」金法1446号6頁以下，1447号29頁以下（1996年），浅生重機「判批」金法1452号16頁以下（1996年）。

使用は認められない（同条2項本文）と解されている（大判昭10・5・13民集14巻876頁，最判昭30・3・4民集9巻3号229頁など）。したがって，必要費の償還が得られない建物賃借人は，留置権の行使として，賃貸人の承諾がなくても賃貸借契約の解除後も従来どおり建物に居住することができる。もっとも，建物の使用によって得られた利益（家賃相当額）は，不当利得になる。

### (2) 不可分性

留置権には不可分性があり，債権全額の弁済を受けるまで目的物の全部を留置することができる（296条）。また，目的物の一部を債務者に引き渡し，その部分について留置権者が占有を喪失した場合でも，残部が債権全額を担保し，残部に応じて被担保債権額が縮減されるわけではない（最判平3・7・16民集45巻6号1101頁）。

### (3) 事実上の優先弁済権

留置権には目的物を換価して優先弁済を受ける権利はない[*]。しかし，留置権者は，留置的効力によって事実上優先弁済を受けることができる。すなわち，①不動産については，他の債権者が競売しても留置権は消滅せず，買受人は留置権の被担保債権を弁済しなければ引渡しを受けられないので（民執59条4項・188条），不動産の留置権者は，事実上優先弁済権を認められている。②動産については，他の債権者が競売しようとしても，留置権者が留置権を行使して当該動産の引渡しを拒めば競売手続は進行しない（民執124条・190条・192条）。つまり，他の債権者は留置権の被担保債権を弁済して，留置権を消滅させなければ競売手続をとることができないので，やはり事実上優先弁済権があるのと等しい。

---

[*]留置権に基づく競売権[4]　　民事執行法は，留置権者に競売権を認めている（民執195条）。この留置権による競売は，債権の弁済を受けるまで目的物を留置しなければならない負担から留置権者を解放するために認められた，留置物の換価のための競売（形式的競売）である。そして，目的物が換価されると，換価金は留置権者に交付されるが，留置権者はこの換価金から直接に弁済を受けることにはならない。留置権者は，交付された換価金を所有者に返還する債

---

4）中野貞一郎『民事執行法〔増補新訂5版〕』738頁以下（青林書院，2006年），道垣内・40頁以下。

務を負担するが，所有者と債務者とが同一人のときには，この返還債務を被担保債権と相殺することができ，事実上優先弁済を受けることになる。これに対し，所有者と債務者が同一人でないときは，1説によれば，換価金が分別管理されて物権の対象として特定されていれば留置権が認められ，被担保債権が弁済されると留置権者から所有者に換価金が返還されると解されている。

### ⑷　留置権行使の効果

**㋐　留置権の行使と債権の消滅時効**　　留置権の行使は，被担保債権の消滅時効の進行を妨げない（300条）。留置権の行使は，債権の行使それ自体ではなく，時効完成猶予の効力をもたないからである。その結果，債権が時効消滅すれば，当然に留置権も消滅する。しかし，債務者からの物の引渡請求訴訟において，債権者が留置権をもって抗弁するにあたり，被担保債権の存在を主張した場合には，この留置権の抗弁は，催告（150条）と同様の時効の完成猶予事由として，訴訟係属中は債権の消滅時効完成猶予の効力を有する（最大判昭38・10・30民集17巻9号1252頁）。

**㋑　引換給付判決**　　物の引渡請求訴訟において債権者である被告が留置権を行使した場合，例えば，時計の修理を依頼したＢが時計の引渡しを求めて訴訟を起こし，これに対して被告の時計店Ａが留置権を主張した場合，判決は，同時履行の抗弁権の場合と同様に，引換給付判決（原告一部勝訴判決）（「被告Ａは原告Ｂからの修理代金の支払いと引き換えに時計をＢに引き渡せ」という判決）になる。

### 1.3.2　果実収取権

留置権者は，留置物から生じる果実を収取し，他の債権者に優先して債権の弁済に充当できる（297条1項）。この果実は，まず債権の利息に充当し，なお余りのあるときは元本に充当しなければならない（同条2項）。果実には，天然果実のほかに法定果実も含まれる。したがって，留置権者は，債務者の承諾を得て賃貸した場合（298条2項）の賃貸料を収受して，自己の債権の弁済に充当できる。

### 1.3.3 費用償還請求権

　留置権者は，留置物について必要費を支出したときは，所有者にその償還を請求できる (299条1項)。また，有益費を支出したときは，留置物の価格の増加が現存する場合に限り，所有者の選択に従い，支出した金額または増加額の償還を請求できる (同条2項本文)。いずれの償還請求権も留置物に関して生じた債権であるから，これらに基づく留置権が認められる。ただし，有益費償還請求権については，裁判所は所有者の請求により相当の期限を許与することができるので (同条2項ただし書)，その場合には留置権は成立しない。

### 1.3.4 留置権者の義務

　留置権者は，善良なる管理者の注意をもって留置物を保管しなければならない (298条1項)。また，債務者の承諾がなければ，留置物を使用・賃貸・担保供与することができない (同条2項本文)。ただし，その物の保存に必要な使用は，債務者の承諾なしにすることができる (同条2項ただし書)。この場合の使用は，善良なる管理者の行為とみることができるからである。

## 1.4　留置権の消滅

　留置権は，目的物の滅失，放棄，混同などの物権の一般的消滅事由および被担保債権の消滅などの担保物権の一般的消滅事由によって消滅するが，さらに，①留置権の消滅請求 (298条3項)，②代担保の提供 (301条)，③占有の喪失 (302条)，という留置権に特有な事由によっても消滅する。また，債務者破産などの場合に留置権の消滅が問題となる。

### 1.4.1 留置権の消滅請求

　留置権者が留置物の保管にあたり，善良なる管理者の注意義務を怠ったり，債務者の承諾を得ないで留置物を使用・賃貸・担保供与した場合には，債務者は留置権の消滅を請求できる (298条3項)。留置物が第三者に売却された場合のように，債務者以外の者が所有者になるときは，その者が消滅請求できる (最判昭40・7・15民集19巻5号1275頁)。この消滅請求権は形成権であり，

*154*　第4章　法定担保物権

債務者の意思表示によって当然に留置権が消滅する。

### 1.4.2　代担保の提供

　債務者は，相当の担保を提供して留置権の消滅を請求できる（301条）。債権額に比べて過大な価額の物が留置されている場合に，この制度の実益がある。代担保は，物的担保でも人的担保でもよい。もっとも，代担保の提供には留置権者の承諾が必要であるので，留置権者の承諾がないときは，これに代わる判決（414条1項・民執174条）を得て消滅請求することになる。

### 1.4.3　占有の喪失

　留置権は，占有の喪失によって消滅する（302条本文）。占有を失えば，目的物を留置して弁済をうながすという留置権の本質的効力が働かなくなるからである。占有を奪われても，占有回収の訴えによって占有を回復したときは，留置権は消滅しない（203条ただし書参照）。なお，留置権者が目的物を賃貸または質入れしても，留置権者には間接占有があるので，留置権は消滅しない（302条ただし書）。この場合，賃貸または質入れについて298条2項の債務者の承諾があったかどうかは関係がない。

### 1.4.4　債務者の破産など

#### (1)　破産手続

　債務者（目的物が譲渡されたときは所有者）に破産手続が開始された場合には，民事留置権は消滅する（破66条3項）。しかし，商事留置権（商法および会社法上の留置権）は，特別の先取特権とみなされ，別除権が与えられる（破66条1項・2条9号）。しかも，留置的効力を失わない（最判平10・7・14民集52巻5号1261頁）。

#### (2)　民事再生手続・会社更生手続

　債務者に民事再生手続や会社更生手続が開始された場合，民事留置権は存続するが，更生担保権として扱われない。これに対し，商事留置権は，民事再生手続では担保権として別除権が与えられ（民再53条），会社更生手続では更生担保権として扱われる（会更2条10項）。

第2節　先取特権　*155*

# 第2節　先取特権

## 2.1　先取特権の意義

　先取特権は，法律の定める一定の債権を有する者が，その債権の弁済がないときに，債務者の財産を売却にかけてその代金から他の債権者に優先して弁済を受けることのできる担保物権である（303条）。例えば，商店主Bに雇われている従業員Aは，その給料債権の弁済を受けるために，雇主Bの総財産の上に先取特権を取得する。また，建物賃貸人Cは，賃料債権の弁済を受けるために，賃借人Dが建物に備え付けた家具などの動産の上に先取特権を取得する。そして，従業員Aや建物賃貸人Cが給料や賃料の支払いを受けられないときには，AやCは，自己の有する先取特権に基づいて，Bの総財産やDの家具などを売却にかけてその代金から他の債権者に優先して給料や賃料の支払いを受けることができる。

　このような先取特権は，法律が定めた一定の債権を担保するものであり，この一定の債権が発生すれば，法律の規定によって当然に生じる法定担保物権である。法律が一定の債権のために先取特権を認めている理由は様々である。例えば，上例の従業員の給料債権のための先取特権は，賃金債権という比較的少額の債権を保護しようとする社会政策的配慮に基づくものであり，建物賃貸人の賃料債権のための先取特権は，建物賃貸人は建物に備え付けられた賃借人の一定財産が賃料債権の引当てになることを期待する一方，賃借人にもこの一定財産を賃料債権の担保にする意思が推測されるという当事者間の意思の推測を理由としている。このほか，債権者間の公平の確保のために認められるものや，特定の産業の保護を理由とするものがあり，さらには，以上の理由がいくつか組み合わさっているものも存在する。

## 2.2　先取特権の種類

　先取特権は，その目的となる債務者の財産の種類に応じて，①債務者の総

156 第4章 法定担保物権

財産を目的とする一般の先取特権（306条），②債務者の特定動産を目的とする動産の先取特権（311条），③債務者の特定不動産を目的とする不動産の先取特権（325条）に大別される（下の表参照）。なお，②の動産の先取特権と③の不動産の先取特権をあわせて特別の先取特権と呼ばれる。

| 種　　類 | 対　　象 |
|---|---|
| ①一般の先取特権 | 債務者の総財産 |
| ②動産の先取特権 | 債務者の特定動産 |
| ③不動産の先取特権 | 債務者の特定不動産 |

### 2.2.1　一般の先取特権

　一般の先取特権は，債務者の総財産を目的とするものであるから，動産・不動産の他に債権その他の財産権がその客体に含まれる。権利の目的が広範囲にわたり，公示の手段も存在しないことから（もっとも，債務者の個々の不動産について登記が可能である），額が大きくない債権に限定されている。そして，効力も他の先取特権に比べて弱くなっている。その種類は，下の表に示すとおりである。

| 種　　類 | 理　　由 |
|---|---|
| ①共益費用の先取特権（306条1号・307条） | 公平の確保 |
| ②雇用関係の先取特権（306条2号・308条） | 社会政策的配慮 |
| ③葬式費用の先取特権（306条3号・309条） | 公　益 |
| ④日用品供給の先取特権（306条4号・310条） | 社会政策的配慮 |

＊雇用関係の先取特権　　平成15（2003）年の民法一部改正によって，306条2号の定める雇人給料の先取特権は「雇用関係の先取特権」と名称を改められ，「給料その他債務者と使用人との間の雇用関係に基づいて生じた債権」がその被担保債権となった（308条）。改正前の旧308条は，被担保債権を雇人が受けるべき最後の6か月分の給料債権としていたが，改正前の商法旧295条は，広く会社と使用人との間の雇用関係に基づき生じた債権としており，被担保債権の範囲や期間制限の有無について両規定の内容は一致していなかった。そして，この商法の規定は，有限会社（有旧46条2項），相互会社（保険旧59条1項），資産流動化法上の特定目的会社（資産流動化旧107条），中間法人（中間法人旧71

第2節　先取特権　*157*

条2項）に準用されていた。そのため，同じ労働者でありながら，これらの法人の使用人とそうでない使用人（家事使用人など）との間で，労働債権の保護に格差が生じていた。そこで，この不合理を是正し，労働債権を保護強化するという観点から，民法の規定の内容を商法の規定と同じように拡大する改正がなされ，改正前の商法旧295条とそれを準用する各条文が削除された。

### 2.2.2　動産の先取特権

民法は，下の表に示すような8種類の動産の先取特権を規定している。いずれも，被担保債権と目的動産との間に何らかの関連性が認められ，その動産の競落代金から優先弁済を受けさせるべき特別な理由があるものである。以下では，その代表的なものとして，不動産賃貸の先取特権について述べる。

| 種　　類 | 理　　由 |
|---|---|
| ①不動産賃貸の先取特権（311条1号・312条以下） | 当事者の意思の推測 |
| ②旅館宿泊の先取特権（311条2号・317条） | 当事者の意思の推測 |
| ③運輸の先取特権（311条3号・318条） | 当事者の意思の推測 |
| ④動産保存の先取特権（311条4号・320条） | 公平の確保 |
| ⑤動産売買の先取特権（311条5号・321条） | 公平の確保 |
| ⑥種苗肥料供給の先取特権（311条6号・322条） | 公平の確保と農業経営の助長 |
| ⑦農業労務の先取特権（311条7号・323条） | 公平の確保と社会政策的配慮 |
| ⑧工業労務の先取特権（311条8号・324条） | 公平の確保と社会政策的配慮 |

### (1)　不動産賃貸の先取特権の意義

不動産賃貸の先取特権は，その不動産の賃料その他賃貸借関係から生じた賃借人の債務（賃借人の目的物損傷による損害賠償債務など）に関し，賃借人の動産について存在する（312条）。賃貸人が賃借人の動産を賃料債権などの担保として期待するのが通常であり，賃借人についても自己の動産を賃料債務などの担保にする意思が推測されるという，当事者の意思の推測を理由とするものである。

158 第4章 法定担保物権

### (2) 被担保債権の範囲

この先取特権によって担保される債権は，原則として賃貸借関係から生じる賃借人の債務すべてである。しかし，次のような2つの例外がある。①賃借人の財産の総清算（賃借人の破産や相続の限定承認など）の場合には，賃料その他の債務は前期・当期・次期の3期分について，損害賠償債務は前期と当期に生じた損害についてのみ，先取特権が認められる（315条）。当期とは，賃料支払いの標準期間（1月払いや1年払いなど）を単位として，総清算の行われる期間をいい，その前の期間を前期，その次の期間を次期という。②賃貸人が622条の2第2項に定める敷金を受け取っている場合には，その敷金で弁済を受けない債権の部分についてのみ先取特権が認められる（316条）。敷金は賃貸人の債権を担保するものであるので，賃貸人はまず敷金から弁済を受け，残債権を賃借人に請求することになる。そこで，本条は，この残債権について先取特権が成立することを認めたのである。

### (3) 目的物の範囲

**(ア) 賃借人の動産**　目的物は賃借人の動産であるが，次の2つの場合に分かれる。

**(a) 土地の賃貸借**　土地の賃貸借の場合には，①賃借地に備え付けられた動産（排水用または灌漑用のポンプなど），②賃借地の利用のための建物に備え付けられた動産（納屋に備え付けたられ農機具や家畜など），③賃借地の利用に供された動産（賃借地または納屋以外の場所に置かれた農機具や家畜など），④賃借人が占有するその土地の果実（収穫物）が目的物である（313条1項）。

**(b) 建物の賃貸借**　建物の賃貸借の場合には，賃借人が建物に備え付けた動産が目的物である（313条2項）。建物に備え付けた動産の意味については，判例は，ある期間継続して置いておくために建物内に持ち込まれた動産と解し，金銭・宝石・有価証券なども含まれるとする（大判大3・7・4民録20輯587頁）。これに対し，学説は，判例の考え方は広すぎるとして，賃借人が建物の使用に関連して常置する動産と解し，畳・建具・家具・機械器具・営業用什器などは含まれるが，建物の使用と関係のない金銭・宝石・有価証券などは含まれないと解するのが通説である。

**(イ) 目的物の範囲の拡大**　次に，目的物の範囲が拡大する場合がある。

（a）　**賃借権の譲渡・転貸**　　賃借権の譲渡・転貸の場合には，賃貸人の先取特権は，譲受人または転借人の動産および譲渡人または転貸人が受けるべき金銭に及ぶ（314条）。譲受人または転借人の動産に先取特権が及ぶとされたのは，賃借権の譲渡・転貸の場合には，賃借人の備え付けた動産がそのまま譲受人や転借人に譲渡されることが多く，これによって賃貸人がそれらの動産に対し先取特権を行使できなくなる（333条→**2.4.3**参照）のを防ぐためと解されている。また，譲渡人または転貸人が受けるべき金銭（賃借権譲渡の対価や転貸賃料）に先取特権が及ぶのは，物上代位（304条→**2.4.2**参照）によるものであるので，賃貸人がこれについて先取特権を行使するためには，払渡し前の差押えが必要である[5]。

（b）　**即時取得**　　即時取得の規定が準用されるため（319条），賃借人・転借人・賃借権の譲受人が賃借不動産に備え付けた他人の動産についても，これを賃借人などの動産と過失なしに信じた善意無過失の賃貸人のために先取特権が成立する。

### 2.2.3　不動産の先取特権
民法は，不動産の保存・工事・売買から生じた債権の担保のために，債務者の当該不動産を目的とする先取特権を定めている。その種類は，下の表が示すように3つである。

| 種　　　　類 | 理　　　　由 |
|---|---|
| ①不動産保存の先取特権（325条1号・326条） | 公平の確保 |
| ②不動産工事の先取特権（325条2号・327条） | 公平の確保と当事者の意思の推測 |
| ③不動産売買の先取特権（325条3号・328条） | 公平の確保 |

---

5）川井・259頁。

*160*　第 4 章　法定担保物権

## 2.3　先取特権の順位

　債務者の同一財産上に複数の先取特権が競合して成立する場合があり，また，先取特権が他の担保物権と競合する場合もある。このような場合に，民法はこれら競合する担保物権相互の優先順位を詳細に定めており，この順位で優先弁済を受けることになる。

### 2.3.1　先取特権相互間の順位

#### (1)　一般の先取特権相互間の順位

　一般の先取特権が互いに競合する場合には，その優先権の順位は，306条に掲げた順序に従う（329条1項）。すなわち，①共益費用，②雇用関係，③葬式費用，④日用品供給の順序になる。

#### (2)　一般の先取特権と特別の先取特権の順位

　一般の先取特権と特別の先取特権が競合する場合には，特別の先取特権が一般の先取特権に優先する（329条2項本文）。ただし，共益費用の先取特権は，その利益を受けた総債権者に優先する（同項ただし書）。したがって，特別の先取特権にも優先する。例えば，建物賃借人の備え付けた家具については，その家具の換価・配当費用の先取特権が賃貸人の賃料債権の先取特権よりも優先する。

#### (3)　動産の先取特権相互間の順位

　(ア)　**原　則**　　民法は，動産の先取特権を3つのグループにわけて順位をつけている（330条1項）。①第1順位は，不動産賃貸・旅館宿泊・運輸の先取特権である。②第2順位は，動産保存の先取特権である。ただし，同一動産について数人の保存者があるときは，後の保存者が前の保存者に優先する。③第3順位は，動産売買・種苗肥料供給・農業労務および工業労務の先取特権である。以上の順位は，当事者の意思の推測に基づくものを最優先させる趣旨であり，次いで公平の確保の強弱の程度で順位を定めている。

　(イ)　**例　外**　　第1順位の先取特権者が，債権取得の当時第2または第3の順位の先取特権者があることを知っていたときは，これらの者に対して優先権を行使できない（330条2項前段）。また，第1順位者のために物を保存し

た者（例えば，建物賃借人の備え付けた家具の上に賃貸人の賃料債権の先取特権が成立した後に，その家具を修繕した者）に対しても，第1順位者は優先権を行使できない（同項後段）。優先権を行使できないとは，順位が遅れるという意味である。なお，果実については，第1順位は農業の労務者に，第2順位は種苗や肥料の供給者に，第3順位は土地の賃貸人に属する（330条3項）。

**(4) 不動産の先取特権相互間の順位**

同一の不動産について不動産の先取特権が互いに競合する場合には，その優先権の順位は，325条に掲げた順序に従う（331条1項）。したがって，①不動産保存，②不動産工事，③不動産売買の順序になる。同一の不動産について売買が順次なされた場合は，売主相互間の優先権の順位は，売買の前後による（同条2項）。保存または工事の先取特権が複数ある場合については規定はないが，動産保存の先取特権と同様に，後のものが優先すると解されている（330条1項柱書後段参照）。

**(5) 同一順位の先取特権相互間**

同一の目的物について同一順位の先取特権者が数人あるときは，各先取特権者は，その債権額の割合に応じて弁済を受ける（332条）。

### 2.3.2 他の担保物権との順位

**(1) 留置権との順位**

留置権には優先弁済権がないから，理論上は先取特権との競合は生じない。しかし，①目的物が不動産の場合には，先取特権者が競売しても，買受人は留置権者にその債権を弁済しなければ目的不動産を受け取ることができず（民執188条・59条4項），また，②目的物が動産の場合には，留置権の被担保債権を弁済して消滅させなければ先取特権者は目的物を競売できないので（民執190条参照），事実上留置権が優先する。

**(2) 質権との順位**

まず，①先取特権と動産質とが競合する場合には，動産質は，330条1項の第1順位の動産の先取特権と同順位になる（334条）。約定担保物権である質権に，当事者の意思の推測に基づく先取特権と同じ地位を認めようという趣旨である。次に，②先取特権と不動産質とが競合する場合には，不動産質

*162* 第4章 法定担保物権

には抵当権の規定が準用されるので（361条），先取特権と抵当権が競合する場合と同様に考えることができる。

### (3) 抵当権との順位

**(ア) 不動産の先取特権**　不動産保存および工事の先取特権は，337条・338条に定める登記を備えたものであれば常に抵当権に優先する（339条）。不動産売買の先取特権については規定がないので，抵当権との優劣は，原則どおり登記の前後によって決せられると解されている。

**(イ) 一般の先取特権**　不動産上の一般の先取特権と抵当権が競合する場合には，①両者ともに登記がなければ先取特権が優先し（336条本文），②抵当権に登記があり先取特権に登記がなければ抵当権が優先し（同条ただし書），③両者ともに登記があればその優劣は登記の前後によると解されている。

## 2.4 先取特権の効力

### 2.4.1 優先弁済的効力

先取特権の中心的効力は，債務者の財産から優先弁済を受けることである（303条）。優先弁済を受ける方法は2つあり，1つは，自ら先取特権を実行して優先弁済を受ける方法であり，他の1つは，他の債権者が先取特権の目的財産について執行した場合に，その配当手続内で優先弁済を受ける方法である。

### (1) 先取特権の実行

先取特権者は，民事執行法の規定により，目的財産に応じて競売・担保不動産収益執行・債権執行を行なうことができる。①競売の目的財産が不動産の場合には，不動産の先取特権にあってはその存在を証する確定判決やその登記に関する登記事項証明書などが，一般の先取特権にあってはその存在を証する文書が執行裁判所に提出されたときに限り，担保不動産競売または担保不動産収益執行のいずれかまたは双方が開始され（民執180条・181条），それぞれの手続において先取特権者は優先弁済を受ける（民執188条）。②競売の目的財産が動産の場合には，ⓐ債権者が執行官に対し動産を提出したとき，ⓑ債権者が執行官に対し動産占有者の差押承諾を証する文書を提出したとき，

ⓒ債権者が執行官に対し執行裁判所の動産競売開始許可の決定書の謄本を提出し，この許可の決定が債務者に送達されたとき*に限り，競売が開始される（民執190条・192条）。③競売の目的財産が債権その他の財産権である場合には，先取特権の存在を証する文書が執行裁判所に提出されたときに限り，債権執行の手続がとられる（民執193条）。

> ＊平成15年の民事執行法改正前は，動産競売が開始されるのはⓐまたはⓑの場合に限られていた（民執旧190条）。しかし，先取特権者が目的動産を占有していないことが多く，また，占有者が差押えを承諾することも一般に期待できないことから，競売は事実上不可能であった。そこで，平成15年の改正によってⓒの場合が追加され，目的動産の提出や差押承諾文書の提出がなくても競売を開始できるようにした。

### (2) 他の債権者による執行

#### (ｱ) 一般債権者による強制執行
①不動産の強制競売の場合には，一般の先取特権者は，民事執行法181条1項各号の文書により先取特権を有することを証明して配当要求をすることができ（民執51条1項），不動産の強制管理の場合も，一般の先取特権者は，同様に先取特権を有することを証明して配当要求をすることができる（民執105条1項）。なお，不動産について差押えの登記前に登記された先取特権（一般の先取特権または不動産の先取特権）を有する債権者は，自動的に配当を受ける（民執87条1項4号）。②動産の競売の場合には，一般の先取特権者と動産の先取特権者は共に，その権利を証する文書を提出して，配当要求をすることができる（民執133条）。③債権執行の場合には，一般の先取特権者は，文書により先取特権を有することを証明して配当要求をすることができる（民執154条1項）。

#### (ｲ) 他の担保権者による担保権の実行
①担保不動産競売の場合には，民事執行法188条によって同法51条1項・87条1項4号が準用される。担保不動産収益執行の場合には，配当要求をした一般の先取特権者（民執188条・107条4項3号）と担保不動産収益執行の開始決定にかかる差押えの登記前に登記がなされた不動産の先取特権者（民執188条・107条4項1号ハ）は，配当受領者とされている。②動産競売の場合には，民事執行法192条によって同

*164* 第4章 法定担保物権

法133条が，債権についての担保権の実行の場合には，民事執行法193条2項によって同法154条1項がそれぞれ準用される。

### (3) 債務者の破産・会社更生・民事再生手続での優先弁済

①債務者に破産手続が開始された場合には，一般の先取特権者は破産財団に属する財産から優先弁済を受け（破98条），特別の先取特権者はその目的たる財産について別除権を有する（破2条9項・65条1項）。②会社更生手続では，一般の先取特権の被担保債権は優先権のある更生債権になるにすぎないが（会更168条1項2号），特別の先取特権者は更生担保権者として更生手続に参加することができる（会更2条10項〜12項・135条）。③民事再生手続では，一般の先取特権の被担保債権は，一般優先債権として再生手続によらないで随時弁済されるが（民再122条1項・2項），特別の先取特権者は，その目的たる財産について別除権を有する（民再53条）。


### 2.4.2 物上代位性

### (1) 意 義

先取特権には物上代位性があり，目的物の売却・賃貸・滅失または損傷によって債務者が受けるべき金銭その他の物，および債務者が目的物の上に設定した物権の対価について効力を及ぼすことができる（304条1項本文・2項）。ただし，その払渡しまたは引渡しの前に差し押さえることが必要である（同条1項ただし書）。この物上代位性はとくに抵当権について問題となっており，既に抵当権の箇所で詳細に触れているので（→**第2章**参照），ここでは先取特権との関係で注意すべき事柄だけを述べる。

### (2) 先取特権の物上代位性をめぐる問題点

㋐ **各種の先取特権の物上代位性**　①一般の先取特権は，債務者の総財産を対象とするものであるから，物上代位性は問題にはならない。例えば，債務者の総財産中のある物が売却されても，売却代金は債務者の総財産の一部を構成するので，当然に一般の先取特権の効力が及ぶことになり，物上代位性によって効力が及ぶのではない。②不動産の先取特権については，その登記があるときには，目的不動産が第三者に売却されて引き渡されても目的物に追及することができる。この場合にも，売却代金に物上代位できるかど

うかについて，抵当権におけるのと同様の議論がある（→**第2章 3.3.2** 参照）。
③これに対し，動産の先取特権では，目的動産が売却されて引き渡されたときには目的物に追及できなくなるので（333条→**2.4.3** 参照），売却代金への物上代位を認めることには大きな意味がある。

　（イ）**動産売買の先取特権による物上代位**　　先取特権による物上代位については，判例上これまで動産売買の先取特権による物上代位がしばしば問題となっている。それは，動産売買では売主が売却後も目的動産を占有していることはまれであり，また，買主が目的動産を第三者に売却して引き渡すと，動産の先取特権の効力が及ばなくなるので（333条），買主の転売代金債権に物上代位する方法が実務で採られているからである。この動産売買の先取特権による物上代位が問題となった事例として，次のようなものがある。

　（a）**債務者の破産**

---

【**設例Ⅳ-5**】　　A会社がB会社に工作機械を売り渡したところ，Bは代金未払いのままC会社にこれを転売した。その翌年にBが破産したので，Aは，動産売買先取特権に基づく物上代位権を行使して，BのCに対する転売代金債権について差押・転付命令を得たいと考えている。このようなことは可能か。

---

【**設例Ⅳ-5**】の場合，債務者Bの倒産後であっても先取特権者Aは物上代位権を行使できるかということが問題となる。これについて，最高裁は，差押えの目的は物上代位の目的債権の特定性の保持による物上代位権の効力の保全と第三者の保護にあることから，第三債務者による弁済または債務者による債権の譲渡の場合と異なり，単に一般債権者が差押命令を取得したにとどまる場合には，先取特権者が物上代位権の行使を妨げられる理由はなく，債務者が破産宣告を受けた場合も，破産者の財産の所有権が破産財団または破産管財人に譲渡されたことになるのではなく，これを一般債権者による差押えの場合と区別すべき理由はないので，先取特権者は，債務者が破産宣告を受けた後でも物上代位権を行使できると判示した（最判昭59・2・2民集38巻3号431頁）。

　（b）**一般債権者の差押え**

166　第4章　法定担保物権

> **【設例Ⅳ-6】**　ＡがＢに動産を売却し，ＢはこれをＣに転売したが，Ｂが代金を支払わないので，Ａは，動産売買の先取特権による物上代位権の行使としてＢのＣに対する転売代金債権を差し押さえ，転付命令を得た。ところが，その直前にＢに対する一般債権者ＤがＢのＣに対する転売代金債権について差押命令を得て，その命令がＣに送達されていた。この場合において，Ａの物上代位権の行使は認められるか。

　最高裁は，前掲最判昭59・2・2と同様に，差押えの目的は物上代位の目的債権の特定性の保持による物上代位権の効力の保全と目的債権を弁済した第三債務者または債権の譲受人や転付命令を得た差押債権者などの第三者の保護にあるから，「目的債権について一般債権者が差押又は仮差押の執行をしたにすぎないときは，その後に先取特権者が目的債権に対し物上代位権を行使することを妨げられるものではない」と判示した（最判昭60・7・19民集39巻5号1326頁）。

　**(ウ)　差押えの意義**　　既に述べたように，差押えの意義について，判例は，抵当権の物上代位では第三債務者保護説をとっている（**→第2章 3.3.3** 参照）。これに対し，先取特権の物上代位では，(イ)で述べた2つの最高裁判決から明らかなように，物上代位権の効力の保全と第三債務者または債権の譲受人や転付命令を得た差押債権者などの第三者の保護に差押えの意義が求められている。

　このように，判例において抵当権と先取特権とで差押えの意義に違いが生じているのは，抵当権では，最高裁平成10年判決によって登記が物上代位権の公示の役割を果たすものとされ，第三者との関係はこの登記によって決定されるので，差押えの意義は第三債務者の保護にあると言うことができるが，本来的に公示を欠く先取特権では，差押えが第三債務者の保護だけでなく，債権の譲受人や転付命令を得た差押債権者などの第三者の保護の役割をも果たすことになるからであると解される[6]。

　その後，最高裁は，304条1項ただし書の「規定は，抵当権とは異なり公示方法が存在しない動産売買の先取特権については，物上代位の目的債権の

---

6）内田・517頁。

譲受人等の第三者の利益を保護する趣旨を含むものというべきである」か
ら，「動産売買の先取特権者は，物上代位の目的債権が譲渡され，第三者に
対する対抗要件が備えられた後においては，目的債権を差し押さえて物上代
位権を行使することはできない」と判示している（最判平17・2・22民集59巻2
号314頁）。

### 2.4.3 第三取得者との関係

　一般の先取特権と動産の先取特権とを問わず，先取特権の目的たる動産を
債務者が第三取得者に引き渡すと，その動産について先取特権を行使するこ
とができない（333条）。先取特権は占有を要件としないので，目的物が動産
の場合には公示方法が存在しない。そこで，目的動産を譲り受けた第三者を
保護するために先取特権の追及力を制限し，動産取引の安全を図る趣旨であ
る。本条にいう第三取得者とは，所有権取得者を指し，賃借人・受寄者・質
権者は含まれない。譲渡担保権者は含まれると解するのが判例である（最判
昭62・11・10民集41巻8号1559頁）。本条が適用されるのは，第三取得者が引渡し
を受けた場合に限られる。そして，この引渡しは所有権取得の対抗要件の意
味であるから，占有改定も含まれる（大判大6・7・26民録23輯1203頁，前掲最判昭
62・11・10）。

### 2.4.4 先取特権の特別な効力

#### (1) 一般の先取特権

(ア)　**一般の先取特権の対抗力**　　一般の先取特権は，不動産について登記
をしなくても，一般債権者に対抗することができる（336条本文）。一般の先
取特権では，不動産について登記することが実際上まれであり，また，債権
額も少ないのが通常であるので，一般債権者を害することがあまりないから
である。これに対し，登記を備えた特別担保を有する第三者（登記を備えた不
動産質権者や抵当権者など）に対しては，登記のない一般の先取特権は対抗する
ことができない（同条ただし書）。これらの権利が登記を備えていない場合は，
一般の先取特権は登記がなくても対抗できると解されている。

(イ)　**優先弁済の順序**　　一般の先取特権は債務者の総財産を対象とするの

*168* 第4章 法定担保物権

で，どの財産からでも自由に優先弁済を受けることができるとすると，他の債権者を害するおそれがある。そこで，優先弁済を受けることができる財産について順序が定められている。①まず不動産以外の財産から弁済を受け，不足額についてのみ不動産から弁済を受けることができる（335条1項）。②不動産から弁済を受けるについても，特別担保の目的とされていないものから弁済を受けなければならない（同条2項）。③以上の順序で配当加入することを怠った一般の先取特権者は，その配当加入をしたならば受けることができた弁済額については，登記をした第三者（不動産質権者・抵当権者・第三取得者など）に対して先取特権を行使することができない（同条3項）。④もっとも，不動産以外の財産より先に不動産の代価が配当されたり，特別担保の目的でない不動産より先に特別担保の目的である不動産の代価が配当される場合は，一般の先取特権者は，以上の制限を受けずに配当を受けることができる（同条4項）。

### (2) 不動産の先取特権

　不動産の先取特権は，不動産物権の一種として登記による公示が要求されるが，登記の時期および登記の事項について特別な規定が置かれている。①不動産保存の先取特権は，保存行為の完了後直ちに（遅滞なく）債権額を登記をすることによって，その効力を保存する（337条）。②不動産工事の先取特権は，工事によって生じた不動産の価格の増加が現存する場合に限り，その増加額についてのみ認められるが（327条2項），工事を始める前に費用の予算額を登記することによって，その効力を保存する（338条1項前段）\*。この場合において，工事費用が予算額を超えるときは，先取特権は，その超過額については認められない（同項後段）。そして，工事によって生じた不動産の増加額は，配当加入の時に，裁判所が選任した鑑定人に評価させなければならない（338条2項）。③不動産売買の先取特権は，売買契約（売買による所有権移転登記）と同時に，不動産の代価またはその利息の弁済がされていない旨を登記することによって，その効力を保存する（340条）。

　以上にいう効力を保存するの意味については，判例は登記によって先取特権の効力が生じる意味に解するが（大判大6・2・9民録23輯244頁—不動産工事の先取特権），学説では登記をしなければ第三者に対抗できない意味と解するのが

第2節　先取特権　*169*

通説である。

### 2.4.5　抵当権の規定の準用

　先取特権は，目的物の占有を要件としない点で抵当権に似ているので，先取特権の効力については抵当権の規定が準用される（341条）。準用される主な規定は，効力の及ぶ目的物の範囲に関する370条，被担保債権の範囲に関する375条，代価弁済に関する民法378条，抵当権消滅請求に関する379条以下などである。

　＊建物を新築する場合には，建物の存在前に登記がなされることになる（登記手続については，不登86条・87条，不登規161条・162条参照）[7]。

---

7）道垣内・60頁。

# 第5章　非典型担保

## 第1節　序　論

　すでに第2章から第4章までで述べてきたように，民法は，債権者が債権を確実に回収できるようにするために，債務者または第三者（物上保証人）に属する物または財産権を担保に取る方法として，抵当権や質権といった担保物権を定めている（典型担保）。しかし，実際の取引社会では，これら以外に，取引界の要請から生まれた特殊な担保形態が利用されている。これは，民法の予定していない物的担保の手段であることから，非典型担保と呼ばれており，仮登記担保，譲渡担保，所有権留保などがある（これらの非典型担保の意義については，すでに第1章でその概略を述べているので，ここでは省略する）。

　非典型担保は，債権担保のために財産権の移転を利用するという点に特色があり（権利移転型担保），制限物権として構成される抵当権や質権などの典型担保（制限物権型担保）と根本的な違いがある。しかし，非典型担保は，債権者が財産権を取得するという法形式をとってはいるが，その実質的・経済的な目的は債権の担保にあるという点では典型担保と異なるところはない。そのため，非典型担保の解釈においては，この財産権の移転という法律上の形式と債権の担保という実質的・経済的な目的とのギャップをいかに埋めるかということが特に重要となっている。

　本章では，まず仮登記担保を説明し，次いで譲渡担保，そして最後に所有権留保を取り上げる。最初に仮登記担保を扱うのは，権利移転型担保である仮登記担保を制限物権型担保に近づける努力をした学説や判例の傾向が仮登記担保法として立法的に実現され，そこに示された法理が権利移転型担保にとって1つの模範となっていると言えるからである。

# 第2節　仮登記担保

## 2.1　序　説

### 2.1.1　仮登記担保の意義

> **【設例 V-1】**　ＳはＧから1000万円を借り受け，それと同時に，期限までに返済しない場合には，自己の所有する不動産を代物弁済としてＧに譲渡する旨の契約を結んだ。ところが，弁済期が来てもＳが借受金を返済しないでいたところ，Ｓの他の債権者Ａがその不動産を差し押えて競売にかけようとした。そこで，Ｇは，Ｓに対して，その債務不履行を理由に代物弁済の予約完結の意思表示を行い，そのうえでＡに対して第三者異議の訴え（民執38条）を提起した。このＧの第三者異議の訴えは認められるか。

**仮登記担保**とは，【設例 V-1】のように，ＳがＧから金銭を借り受けるに際して，ＳとＧの間で代物弁済の予約を結び，期日にＳが借金を返済しないときは，Ｓの不動産の所有権をＧに移転する形態の担保手段をいう。ＳＧ間で結ばれる契約は，【設例 V-1】のような代物弁済の予約に限られず，停止条件付代物弁済契約や売買の予約などの場合もある。停止条件付代物弁済契約が用いられた場合には，債務不履行によって停止条件が成就し，当該不動産を目的物とする代物弁済（482条）がなされたことになり，代物弁済の予約や売買の予約が用いられた場合には，債務不履行があると，債権者Ｇが予約完結の意思表示（556条）をして当該不動産の所有権を取得することになる*。そして，これらの契約から生じるＧの所有権移転請求権を保全するために仮登記（不登105条2号）がなされるので，仮登記担保と呼ばれる。

このように，仮登記担保は，債務の履行がない場合に所有権を債権者に移転するという形をとる点で，あらかじめ所有権を移転する形をとる譲渡担保と異なる。

＊この場合，予約完結の意思表示が行われることによって，代物弁済の予約では，当該不動産を目的物とする本契約としての代物弁済がなされたこと

172　第5章　非典型担保

> になり，売買の予約では，当該不動産を目的とする本契約としての売買が
> 成立し，これによって債権者Gは目的不動産の所有権を取得するとともに，
> Gの代金債務は債務者Sに対する貸金債権と相殺されることになる。

### 2.1.2　仮登記担保の存在理由と仮登記担保法の制定

#### (1)　仮登記担保の存在理由

　仮登記担保は，債権者の取得する所有権移転請求権を保全するために仮登
記がなされるので，不動産を目的物とするのが通常である。不動産を目的と
する典型担保として抵当権があるが，①目的物の価額が被担保債権額を超え
ていても，仮登記担保では債権者は所有権の取得によって目的物の全価額を
手に入れられること，②抵当権の実行には裁判所の手続を踏まなければなら
ず，時間と経費がかかり，そのため売却価格も低くなりがちであるのに対
し，仮登記担保では所有権の取得という簡易な私的実行が可能であること，
③平成15（2003）年の改正前では短期賃貸借や滌除といった抵当権の効力を
制限する制度があったが，仮登記担保ではそれを回避できることなどの理由
によって，仮登記担保が広く利用されていた。

　仮登記担保の利用に当たっては，かつては抵当権と併用される場合が多
かった。その場合には，抵当権の実行方法に関する特約（抵当直流の特約→**第
2章3.5.6** 参照）にすぎないということもできる。しかし，抵当権と併用され
ない場合もあり，現在では仮登記担保は抵当権とは別個独立の担保手段とし
て理解されている。

#### (2)　仮登記担保法の制定

　債権者にとって仮登記担保を利用する最大の利点は，目的物の価額と被担
保債権額の差額を取得できることにあった。これについて，当初の判例は，
被担保債権額に比べて目的物の価額が著しく大きい場合に債権者が目的物の
価額をまるどりするのは，暴利行為として公序良俗に反し，無効であるとし
ていた。しかし，その後学説によって代物弁済や売買の形式をまとった仮登
記担保の実質が債権担保の手段であることが明らかにされるようになると，
判例も債権者に目的物の価額と被担保債権額の差額の清算義務を課すように
なった。その集大成に当たる判決が最大判昭49・10・23（民集28巻7号1473頁）

である。しかし，判例理論によって仮登記担保の細部に至るまで規制することには限界があるために立法化の作業が進められ，昭和53 (1978) 年に「仮登記担保契約に関する法律」(仮登記担保法) が制定された。

この法律は，仮登記担保を担保手段として合理的なものにするために，抵当権に近づけた形で規制をしている。そのため，仮登記担保独自のうまみがなくなってしまい，その後は利用が減少している。以下では，この仮登記担保法の内容を見ていくことにする。

## 2.2 仮登記担保の設定

### 2.2.1 仮登記担保契約の締結

#### (1) 当事者

仮登記担保は，諾成・無方式の仮登記担保契約によって設定される。契約の当事者は，債権者 (担保仮登記権利者) と設定者 (債務者または物上保証人) である。

#### (2) 契約の内容

仮登記担保法の適用を受ける仮登記担保契約は，①金銭債務を担保する目的のものであること，②債務不履行があるときに債務者または第三者 (物上保証人) に属する所有権その他の権利の移転などをすることを目的とした代物弁済の予約や停止条件付代物弁済その他の契約 (売買の予約など) であること，③移転などがされる権利について仮登記または仮登録のできるものであること*，という要件をすべて満たすものに限られる (仮登記担保1条参照)。

このように，仮登記担保法は，1条に定めるような内容の契約が結ばれた場合に，その契約の効力について同法の定める規制をしようとする趣旨のものであり，新たに「仮登記担保権」という独立の担保物権を認めたものではない[1]。

*この権利については，所有権のほかに，地上権・永小作権・地役権・賃借権・

---

1) 道垣内・277頁，我妻栄＝清水誠＝川井健『民法案内6』356頁 (勁草書房，2007年)。これに対し，松岡・289頁は，仮登記担保権という新たな担保物権が定められたとする。

174　第5章　非典型担保

> 採石権などが考えられるが（不登3条・105条），土地・建物の所有権を目的とする場合がほとんどである。仮登記担保法も，土地・建物の所有権を目的とする仮登記担保契約に関する規定のみを設け，これ以外のものについてはその規定を準用するものとしている（仮登記担保20条）。

### 2.2.2　公示方法

　仮登記または仮登録が仮登記担保の公示方法である。この場合の仮登記または仮登録を**担保仮登記**という（仮登記担保4条1項参照）。本来仮登記には順位保全の効力のみが認められ（不登106条），対抗力は認められないのであるが，担保仮登記は，順位保全の効力のほかに，一定の場合には抵当権設定登記とみなされて優先弁済を受ける順位を決定する効力を有する（仮登記担保13条1項・20条→**2.4.1**参照）。もっとも，担保仮登記は，所有権などに関する登記として登記簿に記入され，債務者や被担保債権についての記載がないので，その公示機能には限界がある。

### 2.2.3　目的物の範囲

　仮登記担保の効力の及ぶ目的物の範囲は設定契約で定められるが，抵当権に関する370条の規定が類推適用され，付加物にも仮登記担保の効力が及ぶと解されている。また，物上代位性（304条）も認められる。

## 2.3　仮登記担保の実行

### 2.3.1　序　説

　仮登記担保は，もともと債権者に所有権を取得させることを内容としている。しかし，その実質的な目的は債権の担保にある以上，被担保債権について優先弁済を受けられればその目的は達成されるのであり，必ずしも常に所有権を取得させる必要はないといえる。そこで，仮登記担保法は，一方では，担保仮登記権利者が私的実行によって目的物の所有権を取得することを認めながら，他方では，他の債権者によって競売手続が開始された場合には，その手続の中で順位に応じて配当を受けることができるものとしている。

第2節　仮登記担保　*175*

### 2.3.2　仮登記担保の私的実行

#### (1)　私的実行開始の要件

担保仮登記権利者が仮登記を本登記にして目的物の所有権を取得すること
を私的実行という。私的実行を開始するためには，①債務者が履行遅滞に
陥ったこと，②仮登記担保契約において担保仮登記権利者に所有権を移転す
るものとされている日（停止条件付代物弁済では条件成就の日，代物弁済の予約また
は売買の予約では予約完結の意思表示がなされた日）の到来したことが必要である
（仮登記担保2条1項）。

#### (2)　担保仮登記権利者の通知と所有権の取得

(ア)　**担保仮登記権利者の通知**　　担保仮登記権利者が所有権を取得するた
めには，更に，清算金の見積額（清算金がないと認めるときは，その旨）を設定者
に通知しなければならない（仮登記担保2条1項。以下ではこの通知を「2条通知」
という）。なお，目的物が第三者に譲渡されても，当初の設定者が通知の相手
方になる。

この2条通知は，①清算期間経過時の目的物の見積価額と，②清算期間経
過時の債権および設定者（債務者または物上保証人）が負担すべき費用で債権者
が代わって負担したもの（本登記手続費用や不動産鑑定費用など）（以上のものをあわ
せて，以下では「債権等の額」という）を明らかにしてなされなければならない
（仮登記担保2条2項）。②の清算期間経過時の債権には，元本債権のほかに，
すべての利息債権や債務不履行による損害金債権が含まれ，抵当権のような
2年分の制限はない。

(イ)　**所有権の取得**　　2条通知が到達した日から2ヶ月（清算期間）が経過
すると，所有権が担保仮登記権利者に移転する（仮登記担保2条1項）。した
がって，清算期間の経過時が所有権の移転時である。この所有権の移転に
よって，被担保債権は目的物の価額の限度で消滅する（仮登記担保9条）。

#### (3)　本登記と引渡しの請求

(ア)　**同時履行の関係**　　清算期間が経過して所有権が移転すると，担保仮
登記権利者は，設定者に対して本登記請求権と目的物の引渡請求権を取得す
る。これらの請求権と清算金支払債務（→(4)参照）は同時履行の関係に立
ち，これに反する特約で設定者に不利なものは無効とされる（仮登記担保3条

*176*　第 5 章　非典型担保

2 項・3 項本文）。もっとも，清算期間経過後に合意された特約は，設定者の自由意思に基づくものと考えられるので，有効である（仮登記担保 3 条 3 項ただし書）。なお，清算金請求権と目的物の間には牽連関係があり（295条），留置権が成立する（最判昭58・3・31民集37巻 2 号152頁→**第 4 章 1.2.2** 参照）。

(ｲ)　**第三者の承諾**　　担保仮登記がなされた後に，設定者が目的物を第三者に処分し（例えば，所有権の譲渡や抵当権の設定など），登記（または仮登記）がなされている場合には，仮登記に基づく本登記をするためには，その第三者の承諾が必要である（不登109条 1 項）。もっとも，第三者には承諾義務があり，任意の承諾をしないときには，担保仮登記権利者は承諾請求をすることができる。

(4)　**清　算**

(ｱ)　**清算金の支払い**　　担保仮登記権利者は，清算期間経過時の目的物の価額とその時点の債権等の額の差額（清算金）を設定者に支払わなければならない（仮登記担保 3 条 1 項）。これに反する特約で設定者に不利なものは，清算期間経過後に合意されたものを除いて，無効とされる（仮登記担保 3 条 3 項）。目的物の価額は，清算期間経過時の客観的価額であって，担保仮登記権利者が 2 条通知で示した見積価額（仮登記担保 2 条 2 項参照）ではない。もっとも，設定者が争わない場合には，実際上この見積価額によって清算額が決まる。清算金の請求権者は設定者であり，後順位担保権者や第三取得者は請求権者ではない。

(ｲ)　**2 条通知の拘束力**　　担保仮登記権利者と清算金請求権に対する物上代位権者（→**2.3.3**(3)参照）は，2 条通知で示された清算金の見積額（仮登記担保 2 条 1 項参照）に拘束される。すなわち，担保仮登記権利者は，目的物の客観的価額がその見積価額を下回っていても，清算金の額が通知した清算金の見積額に満たないことを主張することができないし，物上代位権者は，目的物の客観的価額がその見積価額を上回っていて，清算金の額が清算金の見積額を超えることを主張することができない（仮登記担保 8 条）。

### 2.3.3　後順位担保権者の措置

#### (1)　２つの措置

　仮登記担保の目的物について後順位担保権者の存在することがある。このような後順位担保権者は，先順位担保仮登記権利者が私的実行を行う場合に，次の２つの措置のいずれかをとることができる。その１つは，担保仮登記権利者の通知した清算金の見積額に満足するときは，物上代位の手続によってその清算金から弁済を受けることである。他の１つは，清算金の見積額に満足しないときは，自ら目的物の競売を申し立てて配当を受けることである。

> ＊先順位担保権者の地位　　先順位担保権者は，仮登記担保の私的実行によって影響を受けない。例えば，先順位抵当権が存在する不動産について仮登記担保による私的実行が行われても，担保仮登記権利者は抵当権付きの不動産を取得するだけである。また，先順位担保権者が担保仮登記権利者である場合には，後順位担保仮登記権利者が私的実行によって所有権を取得しても，後に先順位仮登記担保が私的実行されて本登記がなされると，後順位担保仮登記権利者の所有権取得は対抗力を奪われる。

#### (2)　後順位担保権者への通知

　後順位担保権者が上記２つの措置のいずれかをとるためには，担保仮登記権利者からの通知が必要とされる（仮登記担保５条１項。以下ではこの通知を「５条通知」という）。すなわち，担保仮登記権利者は，２条通知が設定者に到達した時における，担保仮登記後に登記（または仮登記）された先取特権者，質権者，抵当権者または後順位担保仮登記権利者に対して，遅滞なく，２条通知をした旨，その通知が設定者に到達した日および設定者に通知した事項を通知しなければならない＊。この５条通知は，上記の後順位担保権者の登記簿上の住所または事務所にあてて発すれば足りる（仮登記担保５条３項）。

> ＊登記上の利害関係人への通知　　２条通知が設定者に到達した時において，担保仮登記に基づく本登記につき登記上利害関係を有する第三者（後順位担保権者を除く）があるときは，担保仮登記権利者は，遅滞なく，その第三者に対し，

*178*　第5章　非典型担保

2条通知をした旨および設定者に通知した債権等の額を通知しなければならない（仮登記担保5条2項）。この5条通知も，第三者の登記簿上の住所または事務所にあてて発すれば足りる（仮登記担保5条3項）。担保仮登記権利者の本登記がなされると所有権取得の対抗力を失う第三取得者に，権利保全のための第三者弁済の機会を与えるためである。

### (3) 後順位担保権者による物上代位

(ア) **物上代位権の行使**　　物上代位をすることができる者は，担保仮登記後に登記（または仮登記）された先取特権者，質権者，抵当権者または担保仮登記権利者である（仮登記担保4条1項前段・2項）。物上代位の対象は，設定者が支払いを受けるべき清算金（設定者に通知された清算金の見積額を限度とする）であるが（仮登記担保4条1項前段），正確には清算金請求権である。そして，担保仮登記権利者が設定者に清算金を支払う前に差押えをしなければならない（仮登記担保4条1項後段）。後順位担保権者が数人いる場合の優先関係は，差押えの順序ではなく，それらの権利の順位による（仮登記担保4条1項前段・2項）。

(イ) **物上代位権の保全**　(a)　**5条通知がなされない場合**　　前述したように，後順位担保権者に物上代位権を行使する機会を与えるために，担保仮登記権利者は私的実行の手続に入った旨の5条通知をしなければならない。そして，担保仮登記権利者がこの通知をしないで清算金を設定者に弁済しても，後順位担保権者に対抗することができない（仮登記担保6条2項後段）。したがって，後順位担保権者は，清算金請求権が存在するものとして物上代位をすることができる。また，担保仮登記権利者は，5条通知を受けていない後順位担保権者に対しては，仮登記担保法2条1項により目的物の所有権を取得した旨を主張して，仮登記に基づく本登記についての承諾請求（不登109条1項）をすることができず，5条通知を受けていない後順位担保権者は，清算期間の経過後も，仮登記担保法12条の類推適用により目的物の競売を請求することができる（最判昭61・4・11民集40巻3号584頁）。

(b)　**清算金に対する制限**　　清算金は物上代位の対象であるから，後順位担保権者の物上代位権を保障するために，清算金について次のような制限が加えられている。1つは清算金請求権の処分禁止であり，設定者は，清算期

間内は，清算金請求権の譲渡その他の処分（質入れ・免除・放棄・相殺）をすることができない（仮登記担保6条1項）。他の1つは清算金弁済の制限であり，清算期間内に担保仮登記権利者が清算金を弁済しても，後順位担保権者に対抗することができない（仮登記担保6条2項前段）*。

> ＊相殺　　担保仮登記権利者が別の債権を設定者に対して有している場合に，これと清算金支払債務とを相殺することができるかどうか問題となる。これについては，清算期間経過前であれば相殺は1項により許されないし，経過後でも既に後順位担保権者による差押えがなされておれば物上代位が優先するので，相殺は認められないと解されている。

　(ウ)　**清算金の供託**　(a)　**清算金の供託**　　物上代位によって後順位担保権者が清算金請求権を差し押さえると，担保仮登記権利者は，設定者への清算金の支払いを禁じられるので（民執145条1項），本登記や目的物の引渡しを得ることができなくなる。このような状況から担保仮登記権利者を救済するために，仮登記担保法は，清算金請求権の差押えまたは仮差押えがあったときは，担保仮登記権利者は，清算期間の経過後に清算金を債務履行地の供託所に供託して，その限度で清算金支払債務を免れるとした（仮登記担保7条1項）。この場合には，供託金還付請求権につき差押えまたは仮差押えがなされたものとみなされる（仮登記担保7条2項）。

　(b)　**本登記の申請**　　担保仮登記権利者が清算金を供託した日から1ヶ月を経過した後に本登記を申請する場合には，後順位担保権者が物上代位による差押えをしたことおよび清算金を供託したことをもって，不動産登記法109条1項の第三者の承諾に代えることができる（仮登記担保18条）。1ヶ月経過前に本登記を申請する場合には，不動産登記法の原則に戻って第三者の承諾が必要である[2]。

　**(4)　後順位担保権者による競売**
　後順位担保権者（後順位の担保仮登記権利者を除く）が5条通知で示された清算金の見積額に満足しないときは，清算期間内であれば，各担保権者の債権

---

2）近江・288頁。

*180*　第5章　非典型担保

が弁済期前であっても，目的物の競売を請求することができる（仮登記担保12条）。この場合には，担保仮登記権利者は競売手続の中で弁済を受けることになる（→ **2.4.1**(2)参照）。

### 2.3.4　受戻権
#### (1)　受戻権の意義
　設定者は，清算金の支払いを受けるまでは，「債権等の額（債権が消滅しなかったものとすれば，債務者が支払うべき債権等の額をいう。）に相当する金銭」を担保仮登記権利者に提供して，目的物の所有権を取り戻すことができる（仮登記担保11条本文）。このような設定者の権利を**受戻権**という。この金銭支払いは，所有権が担保仮登記権利者に移転して債権が消滅した後になされるものであるから，債務の弁済ではない。法文が「債権等の額に相当する金銭」としているのは，このためである。このように，受戻しは所有権が移転して債権が消滅していることを前提とするものであるから，受戻権は，清算期間経過後から清算金支払いまでの間認められる。そして，受戻権は形成権であり，設定者が上記の金銭を提供して受戻しの意思表示をすれば，所有権は復帰する。

#### (2)　受戻権の消滅
　(ア)　**清算期間経過後5年の経過**　　受戻権は，清算金の支払いがなくても，清算期間経過後5年を経過したときには消滅する（仮登記担保11条ただし書）。

　(イ)　**第三者の所有権の取得**　　受戻権が行使された後に担保仮登記権利者が目的物を第三者に処分したときは，二重譲渡の問題となり，民法177条が適用される。これに対し，清算期間の経過後で受戻権の行使前に第三者が目的物の所有権を取得したときは，受戻権は消滅する（仮登記担保11条ただし書）。もっとも，第三者は登記を備えることが必要と解されている。したがって，第三者が保護されるのは，担保仮登記権利者が設定者から預かっている書類などを悪用して本登記を行った場合，または，清算期間経過後の特約によって本登記義務が先に履行された場合に限られる*。

第2節　仮登記担保　　*181*

＊**悪意の第三者との関係**　　仮登記担保法11条ただし書は，受戻権の存在について第三者の善意・悪意を区別していない。そこで，悪意の第三者が所有権を取得したときでも受戻権が消滅するかどうか問題となる。これについては，悪意の第三者との関係では同法11条ただし書を制限的に解して，受戻権は消滅しないとする説がある[3]。他方，この問題は，担保仮登記権利者から第三者への譲渡と受戻権の行使による所有権の設定者への復帰という二重譲渡の問題であるので，悪意の第三者との関係で同法11条ただし書が制限されることはないとする反対説も主張されている[4]。

## 2.4 　競売手続等と仮登記担保

### 2.4.1　競売手続と仮登記担保

　仮登記担保の目的物について，他の担保権者による競売手続や一般債権者による強制競売手続がとられた場合，仮登記担保の処遇が問題となる。これについて，以下では，①先順位担保権者による競売と②後順位担保権者・一般債権者による競売の2つに分けて説明する。

#### (1)　先順位担保権者による競売

　**(ア)　抵当権の擬制**　　先順位担保権者が担保権の実行としての競売を行った場合，担保仮登記権利者は，先順位担保権者が優先弁済を受けた残余から弁済を受ける（仮登記担保13条1項前段）。その競売手続において，仮登記担保は抵当権とみなされ，担保仮登記がされた時にその抵当権設定の登記がされたものとして，仮登記の順位で優先弁済を受ける（仮登記担保13条1項後段）。仮登記に事実上対抗力が与えられているといえる。仮登記担保によって優先弁済を受ける範囲は，利息その他の定期金・遅延利息については，抵当権の場合と同様に（375条参照），最後の2年分に制限される（仮登記担保13条2項・3項）。しかし，仮登記担保には元本額や利率などを登記する方法がないので，抵当権のような目的不動産の担保価値の効率的利用という機能は発揮できない（→第2章 **3.1.2** 参照）。

　**(イ)　仮登記担保の届出**　　仮登記には本来の仮登記と担保仮登記があるの

---

3）高木・327頁。
4）近江・290頁。同旨，道垣内・289頁。

182　第5章　非典型担保

で，仮登記担保法は，競売手続において配当要求の終期が定められた時は，裁判所書記官から担保仮登記権利者に，担保仮登記か否かの旨，被担保債権の存否・原因・額を配当要求の終期までに届け出ることを催告させ（仮登記担保17条1項），この届出をした担保仮登記権利者に限り，配当を受けることができるとした（仮登記担保17条2項）。

(ウ)　**売却と仮登記担保の消滅**　　競売による売却によって，配当要求をしたか否かにかかわらず，仮登記担保は消滅する（仮登記担保16条1項）。

(2)　**後順位担保権者・一般債権者による競売**

後順位担保権者による競売や一般債権者による強制競売がなされた場合における仮登記担保の処遇は，競売の開始決定が清算金の支払前になされた申立てに基づくものか支払後になされた申立てに基づくものかによって異なる。

(ア)　**清算金支払前の競売開始決定**　　担保仮登記権利者が本登記を取得できる地位を得るのが清算金支払時（清算金のないときは清算期間経過時）であることから，その時点までは後順位担保権者・一般債権者は，競売の申立てをすることができる。そして，この清算金支払前または清算期間経過前の申立てに基づいて競売の開始決定があると，担保仮登記権利者は，本登記の請求をすることができない（仮登記担保15条1項）。この場合には，担保仮登記権利者は，抵当権者とみなされて，競売手続において仮登記の順位で優先弁済を受けることになる（仮登記担保13条→(1)参照）。

(イ)　**清算金支払後の競売開始決定**　　競売開始決定が清算金支払後（清算金のないときは清算期間経過後）になされた申立てに基づくときには，担保仮登記権利者は，目的物の所有権取得を差押債権者に対抗することができる（仮登記担保15条2項）。この場合，担保仮登記権利者は，仮登記のままで第三者異議の訴えにより競売手続を排除することができる。

＊強制管理・担保不動産収益執行との関係　　仮登記担保の目的物について，他の債権者による強制管理手続や他の担保権者による担保不動産収益執行手続が開始された場合については，①それらの手続が担保仮登記権利者に後れる者の申立てによるときは，担保仮登記権利者が仮登記担保の私的実行手続（本登記手続）をとれば強制管理手続等は終了する。これに対し，②それらの手続が担保仮登記権利者に優先する者の申立てによるときは，それらの手続途

第2節　仮登記担保　*183*

中で仮登記担保の私的実行が行われても強制管理手続等は終了せず，担保仮
登記権利者が目的物を取得した後も強制管理手続等が行われることになる[5]。

### 2.4.2　倒産手続と仮登記担保

目的物所有者の破産の場合，仮登記担保は抵当権と同じに扱われる（仮登
記担保19条1項）。したがって，別除権（破2条9項）として破産手続によらな
いで行使できるので（破65条），担保仮登記権利者は私的実行を行うことがで
きる。民事再生でも抵当権と同じに扱われ（仮登記担保19条3項），別除権とし
て再生手続によらないで行使できるので（民再53条），仮登記担保の私的実行
が可能である。会社更生では抵当権とみなされ（仮登記担保19条4項），その手
続上更生担保権として扱われる（会更2条10項）。

> ＊根仮登記担保　　被担保債権が特定されていない根仮登記担保は，競売手続・
> 破産手続・再生手続・更生手続においては，その効力を有しない（仮登記担保
> 14条・19条5項）。仮登記担保では被担保債権額を登記する方法がないため，根
> 抵当のように極度額によって優先弁済を受ける額を制限することができない
> からである。もっとも，根仮登記担保それ自体は無効ではなく，私的実行は認
> められる。

## 2.5　仮登記担保と利用権

### 2.5.1　利用権との関係

仮登記担保でも，抵当権と同様に，通常設定者が目的物を占有しており，
しかも，目的物の所有権は仮登記担保の私的実行まで設定者に属しているの
で，設定者は自由に利用権を設定することができる。そのため，同一物上に
仮登記担保と利用権が存在する場合には，両者の優劣関係が問題となる。

#### (1)　仮登記前の利用権

仮登記前に設定されて対抗要件を備えている利用権は，担保仮登記権利者
の私的実行による所有権取得に対抗できるので，仮登記に基づく本登記がな

---

5）道垣内・293頁，近江・291頁以下。

*184*　第5章　非典型担保

されても存続する。

### (2) 仮登記後の利用権

　仮登記後に対抗要件を具備した利用権は，担保仮登記権利者の私的実行による所有権取得に対抗できないので，仮登記に基づく本登記がなされると消滅する。この場合に，建物引渡しの猶予を定めた抵当権に関する民法395条（→**第2章4.4.2**(2)参照）が類推適用されるかどうか問題となる。これは抵当権の実行による建物の売却で賃借人が生活や営業の本拠を失うことの不利益を一時的に救済するための規定であるが，建物に設定された仮登記担保が私的実行された場合にも，賃借人に対する同様の救済の必要性が存在することから，類推適用を認めるべきである[6]。

### 2.5.2 法定借地権

　同一所有者に属する土地と地上建物の一方に仮登記担保が設定されて実行された場合，抵当権におけると同様に（388条→**第2章4.2** 参照），建物存続のために土地利用権が発生するかどうかが問題となる。

### (1) 法定借地権の意義

　仮登記担保法は，土地と建物が同一所有者に属する場合において，土地について仮登記担保が設定され，それが私的実行されたときは，建物の所有を目的とする土地賃借権が成立するとしている（仮登記担保10条）。これを**法定借地権**という。

　土地に仮登記担保が設定された場合にのみ法定借地権が成立するとされたのは，建物に仮登記担保が設定された場合には，担保仮登記権利者があらかじめ建物所有権の取得を停止条件とする賃貸借契約を結び，賃借権保全の仮登記をすることが可能であるのに対し，土地に仮登記担保が設定された場合には，建物所有者が担保仮登記権利者による土地所有権の取得に備えてあらかじめ自己の土地に利用権（自己借地権）を設定しようとしても不可能であり，仮登記ができないからである。

　借地権の内容として，地上権ではなく賃借権とされたのは，建物所有のた

---

6）高木・324頁，道垣内・297頁。

めの土地利用権は実際にはほとんど賃借権であるという事情による。しかし，抵当権の実行としての競売（388条），国税徴収法による公売処分（税徴127条），民事執行法による強制競売（民執81条）においては，いずれも法定地上権が成立するとされているのであるから（→**第2章4.2.1(2)参照**），仮登記担保についてだけ賃借権にする必要性があったのかどうか疑問である。

**(2) 成立要件と効果**

**(ア) 成立要件**　法定借地権が成立するためには，①土地およびその上の建物が同一の所有者に属すること，②土地につき担保仮登記がされること，③担保仮登記に基づく本登記がなされることが必要である（仮登記担保10条前段）。

**(イ) 効　果**　建物所有を目的とする土地賃借権が成立する（仮登記担保10条前段）。存続期間・借賃は，当事者の請求により裁判所が定める（同条後段）。

## 2.6　仮登記担保の消滅

仮登記担保は，被担保債権の消滅によって消滅する（消滅における付従性）。また，仮登記担保の私的実行や他の債権者による目的物の競売（仮登記担保16条）によっても消滅する。

# 第3節　譲渡担保

## 3.1　序　説

### 3.1.1　譲渡担保の意義と存在理由

**(1) 譲渡担保の意義**

【設例Ⅴ-2】　小さな工場の経営主であるＳは，ある機械メーカー会社の下請けをしているが，工場の運転資金が必要になり，Ｇから200万円ほど借りたいと考えている。しかし，担保に提供できるものとしては，工場に置かれている工作機械（時価300万円）があるだけである。Ｇに対する貸金債務のために，これを担保に入れる場合，どのような方法があるか。

*186* 第5章 非典型担保

　(ア)　**譲渡担保とは**　　既に第1章で述べたように（→**第1章 2.3.3**参照），債権の担保のために債務者または第三者が自己の有する財産権（主として所有権）をあらかじめ債権者に移転し，債権の弁済があれば移転した財産権は元の権利者に戻るが，弁済がなければ財産権は確定的に債権者に帰属するという方式をとる物的担保を**譲渡担保**という。権利移転の方式をとる担保方法である。

　**【設例V-2】**でいえば，SがGから200万円を借り受けた際に，貸金債権の担保のために工場にある工作機械の所有権をGに移転するという場合である。これによって，Gは，Sが債務を弁済しないときには，この工作機械の所有権を確定的に取得し，例えばこれを他に売却することによって貸金債権の回収を図ることができる。

　ところで，**【設例V-2】**では，担保物は工作機械という動産であり，典型担保としての質権を利用することができる。しかし，占有担保である質権が設定されると，設定者は目的物の占有を失い（342条・344条・345条参照），それを利用することができなくなるから，Sとしては生産手段である工作機械に質権を設定するわけにはいかない。そこで，質権に代わって譲渡担保が利用されることになる。譲渡担保においては，目的物の所有権は担保のために債権者に移転するが，目的物の占有は設定者に留めておくことができるからである。もっとも，譲渡担保の目的となる財産は，**【設例V-2】**のように動産に限られず，譲渡性のある財産であれば，不動産や債権などの権利を問わず譲渡担保の対象となる。

　(イ)　**譲渡担保と売渡担保**　(a)　**意　義**　　**【設例V-2】**において，SがGから200万円借り受けてその担保のために機械の所有権を移転する方法には，実は二とおりのものがある。その1つは，SG間で200万円を借り受けるための金銭消費貸借契約を結び，それから発生した貸金債権を担保するために機械の所有権を移転する方法である。他の1つは，Sが担保の目的物である機械をGに200万円で売却し，一定期間内にSが売買代金をGに返還することによって機械を取り戻すという方法である*。前者では被担保債権が存在するのに対し，後者ではそれが存在しないという点に，両者の法律的

な違いがあるとされ，前者を譲渡担保，後者を**売渡担保**と呼んでいる。

**(b) 両者の区別の意義**　具体的な取引行為について，それが譲渡担保と売渡担保のいずれに当たるかということが問題となる。これにつき，目的物の占有を移転するか否かで区別して，占有移転を伴わない非占有の権利移転型担保が譲渡担保であり，占有を相手方に移転する権利移転型担保が売渡担保であるとする考え方がある[7]。しかし，売渡担保も権利移転型の担保手段である以上，譲渡担保につき判例・学説上確立された合理的な担保法理（清算と受戻しの法理）を適用すべきであり，したがって，占有移転を伴うかどうかで区別せずに，両者をともに譲渡担保として一律に扱うべきであると考える[8]。そこで，以下の叙述では，譲渡担保と売渡担保の両者を含めて譲渡担保として取り扱っていくことにする。

＊この場合の機械の取戻方法としては，売主Ｓが留保していた解除権を行使して，機械の売買契約を解除するというもの（買戻し〔579条以下〕。なお，これは不動産について認められるものであるので，【設例Ⅴ-2】では用いることはできない）と，ＳＧ間の最初の売買の時に買主Ｇから売主Ｓへの2度目の売買（再売買）を予約し，その後Ｓが予約完結の意思表示をして機械をＧから再売買により買い受けるもの（再売買の予約。556条）とがある。

**(2) 譲渡担保の存在理由**

典型担保である質権や抵当権以外に，権利移転型の担保である譲渡担保が利用される理由として，次のようなことがあげられる。

**(ア) 不動産の譲渡担保**　不動産の譲渡担保については，かつては，目的物の価額が被担保債権額を超えていても，権利移転型の担保であることから，債権者は所有権の取得により目的物の全価額を取得できるという最大の利点があった。しかし，これについては，仮登記担保と同様に，債権者に目的物価額と被担保債権額との差額について清算義務が課されるようになったことは，後述のとおりである。次に，不動産担保権である抵当権では，その実行手続としての競売手続は時間と費用を要し，そのために目的不動産を高

---

7 ）来栖三郎『契約法』221頁以下（有斐閣，1974年），近江・276頁以下など。

8 ）道垣内・303頁以下，高木・331頁以下。

*188* 第5章 非典型担保

価に換価できないのが普通であるが，譲渡担保では，そのような競売手続を
とる必要はなく，所有権の取得という私的実行が可能である。更に，平成15
年の改正前では，短期賃貸借や滌除といった抵当権の効力を制限する制度を
譲渡担保では回避できるという利点もあった。

（イ）　**動産の譲渡担保**　　【設例Ⅴ-2】のような生産手段である動産や商品
などを担保にして金融を得るためには，(1)の(ア)で述べたように，占有担保で
ある質権を利用することができない。動産について抵当権を設定できれば
（動産抵当），設定者の要望を満たすことができるが，動産抵当は，自動車抵
当（自動車抵当法）・航空機抵当（航空機抵当法）・建設機械抵当（建設機械抵当法）・
農業用動産抵当（農業動産信用法）といった特別法上のものしか認められてい
ない。そこで，動産抵当の代替手段として，担保のために所有権だけを移転
することができる譲渡担保が利用されることになる。

（ウ）　**典型担保では対象にできない財産の担保手段**　　原則として，民法で
は個々の財産が担保の対象となっているので，集合動産や集合債権などの包
括的な財産の担保手段として譲渡担保が利用される（→**3.3**，3.4.2 参照）。更
に，現在の社会で次々と誕生してくる新しい財産的価値（ゴルフ会員権やコン
ピューター・ソフトウェアーなど）も，譲渡担保によって担保化することができ
る[9]。

### 3.1.2　譲渡担保の法律構成

譲渡担保は，法形式的には目的物の権利（通常は所有権）を債権者に移転す
る形をとるが，その実質的・経済的な目的は債権担保である。このように，
譲渡担保には法形式と実質的な目的との間に隔たりがあるため，譲渡担保を
どのように法律構成するかについて様々な見解がある[10]。しかし，それらの
見解は，基本的には所有権的構成と担保（権）的構成の2つに分けることが
できる。なお，以下では不動産と動産の譲渡担保の法律構成について取り上
げる。

---

9）高木・331頁。
10）種々の見解については，生熊長幸「譲渡担保の法的構成」鈴木禄也＝竹内昭夫編『金融取引法
　大系第5巻』338頁以下（有斐閣，1984年），近江・294頁以下など参照。

## 第3節　譲渡担保　　*189*

### (1)　所有権的構成と担保（権）的構成

**(ア)　所有権的構成**　　法形式に即して譲渡担保の法律関係を構成するならば，譲渡担保の設定によって目的物の所有権は債権者に移転するということになる（所有権的構成）。もっとも，債権者は，所有権を取得しても，この所有権を担保目的以外には行使しないという債権的な拘束（義務）を負っているとされる。

　しかし，このような考え方に立つと，例えば譲渡担保権者が弁済期到来前に目的物を処分すると，処分の相手方は有効に所有権を取得することができ，設定者の立場はきわめて弱いものとなる（設定者は，せいぜい譲渡担保権者に対して債務不履行責任を追及しうるにすぎない）。そのため，今日ではこの所有権的構成を採る学説は少なく，次に述べる担保的構成を採る説が通説となっている。判例は，所有権的構成をとっていると従来から言われているが，後に述べるように，現在では必ずしもそうであるとは言えないように思われる（→(2)参照）。

**(イ)　担保（権）的構成**　　これは，債権担保という譲渡担保の実質的目的を重視して，譲渡担保の設定によって債権者には担保権が帰属し，設定者には所有権が残ると構成するものである（担保的構成）。そして，債権者に帰属する担保権の内容については，これを端的に抵当権と解する説（抵当権説）や[11]，目的物の価値支配を内容とする一種の制限物権（担保物権）とする説（担保権説）がある[12]。更には，譲渡担保の設定により目的物の所有権は譲渡担保権者に移転するが，それは担保目的であることから，設定者にも所有権マイナス担保権の物権的な権利（設定者留保権）が返還されるとする説（二段物権変動説）＊も主張されている[13]。この説も，譲渡担保権者に帰属する権利は最終的には担保権であるので，担保的構成の１つということができる＊＊。

　これらの説の中で，抵当権説については，あまりにも所有権移転という法形式と離れすぎている上に，譲渡担保権と抵当権では実行方法や公示方法などについて違いがあり，譲渡担保権を抵当権と構成することにどれだけの実

---

11)　米倉明『担保法の研究』75頁以下，95頁以下（新青出版，1997年）。

12)　高木・333頁以下，近江・295頁。

13)　鈴木禄弥『物的担保制度の分化』353頁以下，480頁（創文社，1992年）。

*190  第5章　非典型担保*

益があるのか疑問とされている。また，二段物権変動説については，譲渡担
保権者から設定者への設定者留保権の返還という物権変動を公示する手段が
事実上不可能である以上，譲渡担保権者によって目的物が処分された場合，
その相手方が背信的悪意者でない限り，設定者は目的物を取り戻すことがで
きなくなるという批判がなされている。以上のような批判を考慮すると，譲
渡担保の設定により譲渡担保権者には一種の担保物権が帰属し，設定者には
所有権が残るとする担保権説を支持すべきものと考える。

＊この説は，譲渡担保の設定によって，①設定者から譲渡担保権者への所有権
の移転，それと同時に，②譲渡担保権者から設定者への設定者留保権の返還
という，二段の物権変動が行われると構成するので，二段物権変動説と呼ば
れている。

＊＊二段物権変動説に類似したものとして，譲渡担保の設定により目的物の所有
権が譲渡担保権者に移転するが，それは債権担保の目的に応じた部分に限ら
れ，設定者留保権と呼ばれる残りの物権は当初から設定者に留保されている
と解する説がある（設定者留保権説）[14]。この説は，いちおう譲渡担保権者に所
有権が移っているが，権利を担保目的に制限するために，設定者留保権によ
る制限に服しているとする。この設定者留保権の内容も所有権であるとする
と，一方では担保目的に応じた所有権部分が譲渡担保権者に移転し，他方で
はその残りの所有権部分が設定者留保権という形で設定者に残存することに
なるので，この説は，譲渡担保の法律関係を目的物の所有権がいわば譲渡担
保権者と設定者に分属している関係と捉えており，所有権的構成と担保的構
成の中間的な立場ということができよう。このような見解は，次に述べる近
時の最高裁判例の考え方と同じであるといえよう（→(2)(イ)参照）。そして，譲渡
担保権者に移転する担保目的に応じた所有権部分を担保物権と解すれば，ま
さに担保権説になるのであり，この設定者留保権説と担保権説は理論構成の
違いにすぎないといえよう。

(2)　**判　例**[15]

(ア)　**大審院判決**　　判例は，大審院時代においては，所有権的構成の立場
から譲渡担保を「外部的移転型」と「内外部とも移転型」の2つの類型を区

――――――――――

14) 道垣内・305頁以下。
15) 判例の流れについては，高木・334頁以下，道垣内弘人「日本民法の展開（3）判例の形成―譲
　　渡担保」広中＝星野編『百年I』311頁以下参照。

別していた。「外部的移転型」とは，対第三者の関係（外部的）では目的物の所有権は譲渡担保権者に移転しているが，当事者間（内部的）では設定者に所有権が残っているという類型であり，「内外部とも移転型」は，対第三者の関係でも当事者間でも所有権は譲渡担保権者に移転しているという類型をいう。そして，当初は前者を原則としていたが（大判明45・7・8民録18輯691頁），当時の学界から所有権の相対的帰属を批判され，その後後者を原則とするにいった（大連判大13・12・24民集3巻555頁）。しかし，判例は，次第にこの2つの類型の区別については触れなくなってきた。

　(イ)　**最高裁判決**　　最高裁も所有権的構成をとっているとされているが，必ずしも完全に所有権が譲渡担保権者に移転していると解しているわけではない。例えば，「譲渡担保は，債権担保のために目的物件の所有権を移転するものであるが，右所有権移転の効力は債権担保の目的を達するのに必要な範囲内においてのみ認められる」とし，設定者も譲渡担保権の実行まで「被担保債務を弁済して目的物件についての完全な所有権を回復することができる」ことを理由に，目的不動産の不法占有者に対する設定者の返還請求権を認めている（最判昭57・9・28判時1062号81頁）。最高裁は明言していないが，設定者に物権が残っていることを認めるものと言えよう。

　そして，譲渡担保の設定により債権担保の目的を達するのに必要な範囲内で所有権が譲渡担保権者に移転するという考え方は，その後の最高裁判決でも維持されている。例えば，最判平5・2・26（民集47巻2号1653頁）は，譲渡担保権者と設定者のいずれに目的不動産について被保険利益があるかが争われた事案について，上記の考え方を前提にして双方に被保険利益があるとした。更に，最判平7・11・10（民集49巻9号2953頁）も，譲渡担保権者に平成15年改正前の滌除権が認められるかどうかについて，同様の考え方から，担保権を実行して清算手続を完了していない譲渡担保権者は，確定的に目的不動産の所有権を取得した者ではなく，滌除権者たる第三取得者に当たらないとした。

　以上のことから，近時の最高裁判例も，譲渡担保の設定によって目的物の所有権は譲渡担保権者に移転するが，それは債権担保に必要な範囲にとどまり，設定者にも一定の物権が残っているという立場をとっていると考えられ

*192* 第5章 非典型担保

る[16]。そして，先に述べたように，設定者に残っている物権の内容が所有権であるならば，このような考え方は所有権的構成と担保的構成の中間的な見解であり，譲渡担保権者に移転する担保目的のための所有権を担保物権と構成すれば，担保権説と同じことになる。

## 3.2 不動産・個別動産の譲渡担保

### 3.2.1 譲渡担保の設定

#### (1) 設定契約と目的物

(ア) **設定契約** 譲渡担保は，債権者と目的物所有者（債務者または物上保証人）との間の譲渡担保設定契約（諾成・不要式）によって設定される。売買契約に買戻特約や再売買の予約が付けられている場合も，担保目的であるときは，譲渡担保設定契約と解すべきである。

(イ) **目的物** 目的物は，不動産または個別の動産である（集合動産については→ 3.3 参照）。

#### (2) 被担保債権

被担保債権の種類については，特に制限はない。通常は金銭債権であるが，それ以外の債権であっても，債務不履行によって金銭債権（損害賠償債権）に転化し，それが担保されるからである。

特定の債権だけでなく，将来の債権であってもよい。また，増減変動する不特定の債権のために譲渡担保を設定することもできる（根譲渡担保）。

#### (3) 対抗要件

(ア) **不動産の譲渡担保** 不動産の譲渡担保では，所有権移転登記が対抗要件となる（177条）。譲渡担保の法律構成について担保的構成をとった場合，登記上と実体上の不一致があるが，この所有権移転登記を無効と解すべきではない[17]。登記原因は，「売買」とされることが多いが，「譲渡担保」とすることも登記実務上認められている。「譲渡担保」を登記原因とする所有権移転登記がなされている場合，譲渡担保の設定段階にあるのか，あるいは，既

---

16) 道垣内・308頁。
17) 高木・340頁。

に譲渡担保が実行されて債権者が所有権を取得した段階にあるのか不明確であるという指摘がなされている[18]。

**(イ) 動産の譲渡担保　(a)　引渡し**　　動産の譲渡担保では，引渡しが対抗要件である（178条。最決平29・5・10民集71巻5号789頁）。そして，通常目的物の現実の占有は設定者に留められるので，占有改定（183条）による引渡しが多い。占有改定では占有状態に外観上何ら変化が生じないが，判例（最判昭30・6・2民集9巻7号855頁)・通説は，これによって第三者に対抗できるとしている。そして，設定者が引き続き目的物を占有している場合には，それだけで占有改定による引渡しがなされたものと解されている（前掲最判昭30・6・2）。

**(b)　動産譲渡の登記**　　法人が動産を譲渡する場合には，「動産及び債権の譲渡の対抗要件に関する民法の特例等に関する法律」（動産債権譲渡特例法）により，動産譲渡登記ファイルに譲渡の登記をすることができ，この登記がなされると，民法178条の引渡しがあったものとみなされる（動産債権譲渡特3条1項）。個別動産の譲渡担保についても，この譲渡の登記をすることが可能であり，これによって対抗要件が具備される（集合動産の譲渡担保については**→3.3.2**(3)参照。なお，動産譲渡の登記の詳細については→松井・126頁※※参照）。

　前述したように，動産の譲渡担保では通常設定者に現実の占有が留められるので，設定者が目的物を第三者に譲渡することがあり，そのために第三者の即時取得が問題となる。しかし，この動産譲渡の登記がなされている場合には，譲渡担保の存在について善意であっても，登記の有無について調査しなかったことが過失と認定され，動産譲渡の登記によって第三者の即時取得が阻止されることがある（**→3.2.4**(1)(ア)※※参照）。

### 3.2.2　効力の及ぶ範囲
#### (1)　目的物の範囲
**(ア)　付合物・従物**　　抵当権に関する民法370条が類推適用され，目的不動産の付加物（付合物・従物）にも譲渡担保の効力が及ぶと解するのが通説である。これに対し，民法370条の類推適用を否定し，譲渡担保の効力が及ぶ

---

18) 川井・465頁。

*194* 第5章 非典型担保

範囲は，譲渡担保権者が目的物の所有権を取得したときにその所有権の効力が及ぶ範囲に限定すべきであるとして，民法87条2項と243条以下の適用により，譲渡担保設定時の従物と設定の前後を問わず目的物に付合した物には及ぶが，設定後の従物には及ばないとする反対説もある[19]。

(イ) **従たる権利**　借地上の建物が譲渡担保の目的とされた場合には，譲渡担保の効力は，従たる権利である土地賃借権にも及ぶ（最判昭51・9・21判時833号69頁）。この場合，法形式的には建物の所有権は譲渡担保権者に移転するため，賃借権の譲渡または転貸（612条）がなされたと言えるのではないかということが問題となる。

これについては，借地上の建物を譲渡担保の目的としても，土地賃借人が引き続き使用しているなどの事情があれば，賃借権の譲渡または転貸があったものとはされない（最判昭40・12・17民集19巻9号2159頁）。しかし，譲渡担保権者が建物の引渡しを受けて使用収益をするときは，譲渡担保が実行されておらず，設定者による受戻権の行使（→**3.2.3**(3)(ウ)参照）が可能であるとしても，賃借権の譲渡または転貸がなされたものと解されている（最判平9・7・17民集51巻6号2882頁）。

(ウ) **果実**　譲渡担保では，目的物の現実の占有は設定者に留められ，目的物の利用は設定者によって継続されるのが通常の形態である。したがって，果実の収取権は原則として設定者にあり，譲渡担保の効力は果実に及ばないと解すべきである。もっとも，民法371条の類推適用により債務不履行後の果実については譲渡担保の効力が及ぶとする説や，譲渡担保権者に果実収取権を与える特約を認める説がある。

(エ) **物上代位**　譲渡担保について担保的構成をとる通説は，譲渡担保に民法304条を類推適用し，物上代位を認めている。しかし，場合に分けて考える必要がある。

(a) **売買代金債権**　売買代金債権については，抵当権の場合と同様の問題がある。すなわち，目的物が設定者によって売却されても譲渡担保の追及力がある場合（不動産の譲渡担保について所有権移転の登記がなされている場合や動産

---

19) 道垣内・313頁。

の譲渡担保について第三者の即時取得が否定される場合）には，売買代金債権への物上代位を認める必要性は乏しい。これに対し，第三者の即時取得が肯定されて譲渡担保の追及力がない場合には，物上代位を認める必要性がある[20]。

なお，所有権的構成と担保的構成の中間的な立場をとっていると解される最高裁も，信用状取引から生じる債権を担保するために輸入商品につき譲渡担保の設定を受けた債権者が，物上代位によって目的商品の売買代金債権を差し押さえることができるとしている（最決平11・5・17民集53巻5号863頁）。

**(b) 賃料債権**　設定者が目的物を賃貸した場合の賃料債権については，前述した果実収取権の問題として処理すればよい（→(ウ)参照）。

**(c) 目的物の滅失・損傷により受けるべき金銭債権**　第三者が目的物を滅失・損傷した場合に設定者が取得する損害賠償債権や保険金債権は，目的物に代わる代償的または代替的なものであるから，抵当権の場合と同様に，譲渡担保においても物上代位を認める必要性がある。

目的物の滅失・損傷との関係で，譲渡担保権者と設定者のどちらが被保険者として保険契約を締結できるかという問題がある。所有権的構成では譲渡担保権者，担保的構成では設定者ということになるが，判例は，譲渡担保権者と設定者の双方に被保険利益があるとして，双方が保険契約を締結することを認めた（前掲最判平5・2・26→**3.1.2**(2)参照）。

**(2) 被担保債権の範囲**

譲渡担保によって弁済を受けられる債権の範囲について，抵当権に関する民法375条の類推適用がないと解するのが通説である。したがって，利息・遅延損害金について2年分の制限はなく，目的物の価額の範囲内で元本・利息・遅延損害金の全額について弁済を受けることができる。譲渡担保では利息などの公示方法がなく，また，不動産の譲渡担保では所有権移転登記がされるので，後順位譲渡担保権者の出現が考えられないことがその理由である。判例も，一般論として375条の制約を受けないとしている（最判昭61・7・15判時1209号23頁）。

---

20）内田・529頁。

*196* 第5章 非典型担保

### 3.2.3 設定当事者間の関係（対内的効力）

#### (1) 目的物の利用関係

目的物の利用を譲渡担保権者と設定者のいずれが行うかは，設定契約の内容によって定まる。しかし，譲渡担保においては設定者が利用を継続する旨の約定がなされるのが通常であり，特に動産の譲渡担保ではそうである。そして，通説は，このような約定がなくても，反対の特約がない限り設定者に利用権があると推定する。

譲渡担保は所有権移転という法形式をとることから，当事者間では賃貸借契約または使用貸借契約が結ばれ，設定者はこの契約上の利用権を取得するという形をとることがある。この場合，契約上の賃料不払いを理由に，譲渡担保権者は契約を解除して目的物の引渡しを請求できるかということが問題となる。これについては，担保的構成に立つと，設定者は自己が有する所有権に基づいて利用するのであり，また，契約上の賃料も被担保債権の利息であるので，その不払いを理由に契約を解除して目的物の引渡しを請求することはできないと解することになる（通説）*。

なお，所有権的構成をとっても，設定者の利用権は譲渡担保に特有の特殊なものであり，譲渡担保の実行によって初めて設定者の占有が失われると解すべきである[21]。

> *特約によって現実の占有が譲渡担保権者に移転する場合については，あまり議論されていないが，学説の中には，譲渡担保権者の利用権や果実収取権について，目的物が動産の場合には動産質の規定（350条・297条・298条）を，不動産の場合には不動産質の規定（356条）を類推適用すべきであるとする見解がある[22]。

#### (2) 目的物の侵害

(ア) **譲渡担保権者による侵害**　　譲渡担保権者が目的物を滅失・損傷した場合，あるいは，特に不動産の譲渡担保において，譲渡担保権者が自己の登記名義を使って目的不動産を第三者に処分した場合，担保的構成では，設定

---

21) 内田・524頁。
22) 高木・351頁以下。

者の所有権を侵害したことになるので，譲渡担保権者の不法行為責任が生じる。更に，譲渡担保権者には担保目的以外に権利を行使しない義務があると解するならば，譲渡担保権者は，この義務の違反を理由とする債務不履行責任を負うことになり，不法行為責任との競合が生じる。

　他方，所有権を有する設定者には物権的請求権が認められ，譲渡担保権者に対して妨害排除請求や妨害予防請求をすることができる。

　(イ)　**設定者による侵害**　　設定者が目的物を滅失・損傷したり，または，特に動産の譲渡担保において，占有している設定者が目的物を第三者に処分した場合には，譲渡担保権の侵害として，設定者は不法行為責任を負う。更に，設定者には目的物保管義務があるとするならば，債務不履行責任も問題となろう。他方，譲渡担保権者には譲渡担保権に基づく物権的請求権（妨害排除請求権または妨害予防請求権）を有する。期限の利益喪失と増担保の特約については，抵当権と同様に考えることができる（→**第2章 3.4.4** 参照）。

　(3)　**譲渡担保の実行**

　(ア)　**所有権の取得**　　譲渡担保権者は，債権の弁済を受けないときには，譲渡担保の実行を通知して目的物の所有権を取得することができる。ただし，後述する清算と受戻しの問題があるので，直ちに所有権を取得するわけではない。判例によれば，譲渡担保権者は，譲渡担保の設定により債権担保の目的を達成するのに必要な範囲で所有権を取得するが（→**3.1.2**(2)参照），譲渡担保の実行により確定的に所有権を取得することになる。譲渡担保について所有権的構成をとった場合も，同様に譲渡担保の実行によって確定的に所有権を取得する。これに対し，担保的構成では，譲渡担保の設定段階では所有権は設定者に留まっているが，譲渡担保の実行により所有権は譲渡担保権者に移転することになる。

　(イ)　**清　算**　(a)　**清算義務**　　譲渡担保権者は，実行により目的物の所有権を取得するが，目的物の価額が被担保債権額を超える場合には，その差額を設定者に返還しなければならない。この譲渡担保権者の差額返還義務を**清算義務**という。債権者は，被担保債権額の回収で満足すべきであり，債務不履行に乗じて被担保債権額を超える利益を取得すべきではなく，また，わずかな額の債務不履行によって高価な目的物をとられてしまうのは債務者に

*198*　　第5章　非典型担保

とって酷であることが，その理由である。したがって，無清算の特約が結ばれても，無効と解すべきである。

　この清算義務は，仮登記担保に関する判例の清算理論の影響を受けて，現在では判例・学説上確立したものになっている。すなわち，判例は，当初目的物の価額と債権額とが合理的均衡を欠いている場合に清算義務が生じるとしていたが（最判昭43・3・7民集22巻3号509頁），その後仮登記担保に関する判例の展開を受けて，常に清算を要するとするに至り（最判昭46・3・25民集25巻2号208頁），学説もこの判例理論を支持している。

　**(b)　清算の方法**　　清算の方法には，次の2つのものがある。その1つは，譲渡担保権者が目的物を適性に評価したうえでその所有権を取得し，それによって代物弁済的に債権の満足を得るが，評価額と被担保債権額の差額を清算金として設定者に交付する**帰属清算型**である。他の1つは，譲渡担保権者が目的物を第三者に売却し，その売買代金を債権の弁済に充てると同時に，残額を清算金として設定者に交付する**処分清算型**である。そして，当該譲渡担保がいずれの方式のものであるかは，当事者の譲渡担保設定契約の内容によって決まる。

　**(c)　清算金額**　　帰属清算型の場合には，目的物の適性評価額と被担保債権額の差額である。処分清算型の場合には，原則として目的物の処分価額と被担保債権額の差額である。しかし，下級審判例ではあるが，処分価格が不当に低い場合には，処分時の適正な処分価額と清算すべきものとされる（東京地判昭55・10・9判時997号133頁）。

　**(d)　同時履行**　　①同時履行の抗弁権　　設定者が目的物を占有している場合，譲渡担保権者は，譲渡担保の実行として目的物の引渡しまたは明渡しを請求することができる。そして，不動産の譲渡担保では，帰属清算型と処分清算型とを問わず，この明渡または引渡請求は清算金の支払いと引換えでのみ認められる（前掲最判昭46・3・25）。ただ，動産の譲渡担保において処分清算型がとられているときには，譲渡担保権者が処分するためには，通常先に目的動産の引渡しを受けていることが必要とされるから，引渡請求と清算金支払いは同時履行の関係に立たないといえよう。

　②留置権　　設定者の清算金請求権と目的物の間には債権と物との牽連関

係があり，留置権が成立する（295条→**第4章1.2.2**参照）。したがって，不動産の譲渡担保において譲渡担保権者が譲渡担保の実行として目的物を譲渡したときは，設定者は，譲受人からの明渡請求に対して，譲渡担保権者に対する清算金支払請求権を被担保債権とする留置権を主張することができる（最判平9・4・11裁判所時報1193号1頁）。動産の帰属清算型譲渡担保についても同様に解することができる。

　**(ウ)　受戻し　(a)　意　義**　　被担保債権の弁済がなされないとき，譲渡担保権者は，直ちに所有権を取得するわけではない。設定者（債務者または物上保証人）は，一定の時期までに被担保債権額を弁済して目的物を受け戻すことができる。そして，この設定者の権利を「受戻権」という。受戻しとは，譲渡担保につき担保的構成をとれば，目的物上の担保権が消滅することをいい，所有権的構成に立てば，譲渡担保権者に移転した所有権を設定者が取り戻すことを意味する[23]。なお，学説の中には，受戻しは弁済によって目的物の返還を求めるものであるから，いつまで被担保債権の弁済をすることができるかの問題であり，独立の権利ではないとする有力な見解もある。

　**(b)　受戻期間**　　設定者が目的物を受け戻すことができるのは，判例によれば，①帰属清算型の譲渡担保では，ⓐ目的物の適性評価額が債務額を上回る場合は，清算金の支払いまたはその提供をするまでの間，ⓑ目的物の適性評価額が債務額を上回らない場合は，その通知をするまでの間，②処分清算型の譲渡担保では，その処分の時までの間である（最判昭62・2・12民集41巻1号67頁—不動産の譲渡担保の事案）。

　**(c)　受戻権の放棄**　　設定者が譲渡担保の実行を待たずに受戻権を放棄することによって，清算金の支払いを請求することができるかについて，判例は，受戻権を放棄しても清算金の支払いを請求することができないとする（最判平8・11・22民集50巻10号2702頁）。①清算金支払請求権と受戻権は発生原因を異にする別個の権利であるから，受戻権を放棄しても設定者が清算金支払請求権を取得することにはならないこと，②これを認めると，設定者が受戻権を放棄することによって譲渡担保の実行の時期を左右できることになるこ

---

23）高木・364頁。

*200*　第5章　非典型担保

と，というのがその理由である。

**(d)　受戻権の消滅時効**　受戻権が消滅時効にかかるかどうかについて，判例は，受戻しは「債務の弁済により債務者の回復した所有権に基づく物権的返還請求権ないし契約に基づく債権的返還請求権，又はこれに由来する抹消ないし移転登記請求権の行使として行われるものというべきであるから」，一個の形成権と法律構成する余地はなく，受戻しに民法167条2項（平成29年改正民法では166条2項─筆者注）を適用することはできないとして，独自に消滅時効にかかることを否定している（最判昭57・1・22民集36巻1号92頁）。

　仮登記担保における受戻権は5年で消滅するので（仮登記担保11条ただし書→**2.3.4**(2)参照），譲渡担保の受戻権も，この規定の類推により5年の期間制限に服すべきであるという説が多数を占めている。しかし，最近ではこれを否定し，判例を支持する説や清算が終了するまで受戻権は存続するという説などが主張されている。

### 3.2.4　設定当事者と第三者の関係（対外的効力）

**(1)　譲渡担保権者と設定者側の第三者との関係**

**(ア)　設定者による処分の相手方との関係　(a)　目的物の譲渡**

> **【設例Ⅴ-3】**　町工場を営んでいるSは，Gに対する貸金債務の担保のために工場内にある工作機械を譲渡担保に提供し，占有改定による引渡しが行われた。しかし，その後Sは，この工作機械をGに無断でAに売却した。この場合，Gは，Aに対して譲渡担保権を主張できるか。

　**【設例Ⅴ-3】**において，譲渡担保につき担保的構成をとれば，Sには工作機械の所有権があるので，有効にAに譲渡することができる。しかし，Gが工作機械について譲渡担保権を持ち，占有改定による引渡しを受けているので，Aについて即時取得（192条）が認められない限り，Aは譲渡担保権付きの所有権を取得する。もっとも，Aが譲渡担保権付きのものとしてSから買い受けたのであれば，当然に譲渡担保権付きの所有権を取得することになる。

　これに対し，所有権的構成をとれば，GとAの関係は二重譲渡の関係になり，Gが先に対抗要件を備えているので，即時取得が認められない限り，A

第3節　譲渡担保　*201*

は所有権を取得できない。

　Aに即時取得が認められるためには，Gの譲渡担保権の存在についてAの善意・無過失が必要とされるが*，更に，Aが工作機械の占有を取得することが要求される。この占有の取得について，判例は占有改定による引渡しでは即時取得の成立を認めない（最判昭35・2・11民集14巻2号168頁など）。したがって，判例に従うならば，【設例V-3】では，Aは善意・無過失であっても，更に現実の引渡しを受けなければならない（即時取得については→松井・128頁以下参照）**。

> ＊第三者による即時取得を防ぐために，目的物にラベルを貼ったりネームプレートを取り付けたりして，譲渡担保が設定されていることを明記し，第三者を悪意または有過失にすることが行われる。しかし，工場の機械などについてこのようなことがなされると，経営者の信用が損なわれるので，設定者は嫌がることが多いと言われている。

### (b)　譲渡担保の二重設定

> 【設例V-4】　町工場を営んでいるSは，Gに対する貸金債務の担保のために工場内にある工作機械を譲渡担保に提供し，引渡しは占有改定の方法で行われた。しかし，その後Sは，この工作機械をBに二重に譲渡担保に供して，新たに融資を受けた。この場合，Gは，Bに対して譲渡担保権を主張できるか。

　【設例V-4】において，譲渡担保につき担保的構成をとれば，Sは工作機械についてGとBに二重に譲渡担保を設定したことになる。そして，Gが先に占有改定による引渡しによって対抗要件を具備しているので，Bは第2順位の譲渡担保権を取得するにとどまる。ただし，BがGの譲渡担保権の存在を知らないで設定を受けた場合には，即時取得によって第1順位の譲渡担保権を取得する可能性がある。

　これに対し，所有権的構成をとれば，(a)の場合と同様に，GとBへの二重譲渡の問題になる。そして，Gが先に占有改定による引渡しによって対抗要件を備えているので，即時取得が成立しない限り，Bは所有権を取得できない。もし即時取得によりBが所有権を取得した場合には，Aはその効果とし

*202* 第5章 非典型担保

て所有権を失うことになる。

なお，即時取得が認められるためには，Ｂの善意・無過失のほかに，判例によればＢが現実の引渡しを受ける必要があることは，(a)で述べたとおりである＊＊。

＊＊【設例Ⅴ-3】および【設例Ⅴ-4】において，仮に工作機械への譲渡担保の設定について動産債権譲渡特例法の定める動産譲渡の登記がなされていた場合，即時取得の成立との関連で，目的物の譲受人Ａまたは第2譲渡担保権者Ｂが登記の有無を調べなかったことに過失があるとされるかどうかが問題となる。この過失の有無は，譲受けまたは譲渡担保設定の際にＡやＢに登記の有無を調査する義務，すなわちＳに対して登記事項証明書（動産債権譲渡特11条2項）の提示を求める義務があるかどうかにかかわる。しかし，このような義務がＡやＢにあるとは一概にはいえず，義務の有無は，目的動産や取引の種類・性質，更には当事者の取引に関する専門知識の有無などを考慮に入れて，個別に考える必要があろう。例えば，目的物が単なる個別動産の場合には，通常取引の迅速性が要求され，また，一般に買主や譲渡担保権者が売主や設定者に対し登記事項証明書の提示を強制する立場にないことから，ＡやＢが登記の有無を調査しなくても直ちに過失があるとはいえないと考えられる。これに対し，個別動産であっても，相当高額な機械設備などの動産であり，これについて活発に譲渡担保が設定され，動産譲渡登記がなされるという取引慣行が形成されている場合には，ＡやＢが登記の有無を調査しないで譲り受けたり譲渡担保の設定を受けたりしたときには，過失が認定されると考えられる[24]。
＊＊＊不動産の譲渡担保では，所有権の登記が譲渡担保権者にあるので，設定者が目的不動産を第三者に売却したり，二重に譲渡担保を設定したりすることは，通常考えられない。

### (ｲ) 設定者の一般債権者との関係

【設例Ⅴ-5】 町工場を営んでいるＳは，Ｇに対する貸金債務の担保のために工場内にある工作機械を譲渡担保に提供し，引渡しは占有改定の方法で行われた。しかし，その後Ｓの一般債権者Ｃがこの工作機械を差し押さえた。この場合，Ｇは，差押債権者Ｃに対して譲渡担保権を主張できるか。

---

24) 植垣勝裕ほか「『債権譲渡の対抗要件に関する民法の特例等に関する法律の一部を改正する法律』の概説 (2)」ＮＢＬ803号31頁以下 (2005年)。

第3節　譲渡担保　　*203*

【設例V-5】のように，SがGのために譲渡担保を設定した動産を，Sの一般債権者Cが差し押さえた場合*，譲渡担保につき担保的構成をとれば，Cの強制執行手続においてGが優先弁済を受けることができれば充分と考えられる。そして，かつては，旧民事訴訟法565条が定めていた優先弁済の訴えの制度を使って，Gは，強制執行手続の中で優先的な配当を受けることができると解されていた。しかし，民事執行法はこの制度を廃止し，しかも，動産執行においては質権者と先取特権者が配当要求をできるとした（民執133条）。そのため，現在では，Gは第三者異議の訴え（民執38条）を提起してCの強制執行を排除できると解する見解が学説では有力となっている[25]。

　もっとも，学説の中には，現行法のもとで配当要求を認めようとする説もある。すなわち，①譲渡担保権者が第三者異議の訴えを提起したときには，その一部認容判決として優先弁済を認めるべきだとする説，②民事執行法133条の類推適用により配当要求を認めるべきだとする説などである。

　これに対し，所有権的構成をとれば，Gは所有権を取得し，しかも，占有改定による引渡しによって対抗要件も具備しているので，第三者異議の訴えを提起できることになる。判例も，この立場をとっている（最判昭56・12・17民集35巻9号1328頁，最判昭58・2・24判時1078号76頁）。

> ＊不動産を差し押さえるためには，原則として債務者名義の所有権登記のあることが必要とされるが（民執規23条），不動産の譲渡担保では，所有権の登記が譲渡担保権者にあることから，設定者の一般債権者がこれを差し押さえることは通常困難である。

　⑼　**設定者の破産・会社更生など**　　設定者について破産手続や民事再生手続あるいは会社更生手続が開始した場合，譲渡担保権者は担保権を持つにすぎないと構成すれば，破産・民事再生手続では別除権者（破2条9項・65条，民再53条）として，会社更生手続では更生担保権者（会更2条10項）として扱われることになる（通説）。判例も，会社更生手続に関して同じ扱いをしている（最判昭41・4・28民集20巻4号900頁）。

---

25) 詳細は，中野貞一郎『民事執行法〔増補新訂5版〕』299頁以下参照（青林書院，2006年）。

*204* 第5章 非典型担保

これに対し，譲渡担保権者に所有権があると構成すれば，いずれの場合にも，譲渡担保権者は，目的物について取戻権を行使することができる（破62条，民再52条，会更64条）。

(エ) **第三者による目的物の侵害**　　譲渡担保につき担保的構成をとれば，譲渡担保権者は担保権を有しているので，第三者による目的物の侵害に対して物権的請求権を行使することができる。すなわち，第三者による目的物の損傷に対しては，譲渡担保権者は，妨害の排除や予防を請求することができる。また，第三者による占有侵奪に対しては返還請求権を行使できるが，現実の占有が設定者にある通常の形態の場合には，設定者への返還を請求できるにすぎない。ただし，設定者が受領を拒んだり，設定者への返還では侵害排除の実を達成できない事情があったりするときには，抵当権の場合と同様に，譲渡担保権者への引渡しを請求できると解すべきである（抵当権については→**第2章3.4.2**(2)参照）。不法行為に基づく譲渡担保権者の損害賠償請求については，設定者が取得する損害賠償請求権への物上代位を譲渡担保権者に認めればよい（→**3.2.2**(1)(エ)参照）。

これに対し，所有権的構成をとれば，譲渡担保権者には所有権があるので，第三者による目的物の侵害に対して物権的請求権（返還請求権・妨害排除請求権・妨害予防請求権）を行使できる。ただ，現実の占有が設定者にある通常の場合には，担保的構成の場合と同様に，原則として設定者への返還しか請求できないであろう。更に，譲渡担保権者は，目的物の侵害を所有権に対する不法行為として，第三者に損害賠償を請求することもできる。

(2) **設定者と譲渡担保権者側の第三者との関係**

(ア) **譲渡担保権者による処分の相手方との関係**　(a) **弁済期前の目的物の譲渡**　①不動産の場合

---

**【設例V-6】** SはGから1000万円を借り受け，その担保のために自己の不動産を譲渡担保に提供し，Gへの所有権移転の登記を行つた。その後，弁済期前にGはこの登記を利用して，本件不動産をAに売却した。この場合，Aは本件不動産について有効に所有権を取得できるか。

---

譲渡担保につき担保的構成の立場に立てば，譲渡担保権者は担保権を有す

第3節　譲渡担保　　*205*

るだけであり，目的物を処分する権限を持たないので，【設例Ⅴ-6】では，
AはGから所有権を取得できないのが原則である。もっとも，担保物権の随
伴性によって，Aが被担保債権と一緒に担保権をGから譲り受けることは可
能である。ただ例外的に，担保的構成ではGへの所有権移転の登記は実体に
合わない虚偽の登記になるので，民法94条2項の類推適用の要件（Aの善意
無過失と虚偽の登記作出についてのSの帰責性）が充足されれば，Aは有効に所有
権を取得できると解されている＊。

　これに対し，所有権的構成をとれば，Gには所有権があるので，AはGと
の売買によって所有権を取得できる。そして，弁済期前でもSは弁済の提供
をして目的物を受け戻すことができるので，そのような場合には，譲渡によ
るG→Aへの所有権移転と受戻しによるG→Sへの所有権の復帰という二重
譲渡の関係が成立するので，AとSのいずれが優先するかは対抗要件具備の
先後によって決まる（受戻しについては→**3.2.3**(3)(ウ)参照）。なお，最終的にAが
所有権を取得した場合には，Gは，担保目的以外に所有権を行使しないとい
う債権的な義務に違反したことになるので（→**3.1.2**(1)参照），Sに対して債務
不履行責任を負うことになる。

＊この民法94条2項の類推適用については，譲渡担保権を担保権と解しても，
　その登記としては実務上所有権移転の登記しか認められていないのであるか
　ら，果たしてSに虚偽の登記作出について帰責性があるといえるのか疑問と
　いえよう。したがって，私見としては，譲渡担保権者による弁済期前の目的不
　動産の売却については，民法94条2項の類推適用は認められないと解したい
　（94条2項の類推適用については→松井・49頁以下参照）。

　②動産の場合　　動産の譲渡担保では，設定者（債務者または物上保証人）S
が目的物を現実に占有しているのが通常であるので，譲渡担保権者Gが譲受
人Bに譲渡することは実際にはあまり考えられない。仮に譲渡された場合，
担保的構成をとればSに所有権があるので，Bが所有権を取得できるかどう
かは即時取得の問題となる。しかし，現実の占有はSにあるので，GからB
への引渡しには指図による占有移転が必要であり，その段階でBはなぜ占有
がSにあるのかを調べるべきであり，それを怠ればBに過失があるとされる
ことになろう[26]。これに対し，所有権的構成をとれば，Bは有効に所有権を

206　第5章　非典型担保

取得できるが，弁済期前のＳの受戻しがあれば，ＢとＳが二重譲渡の関係に立つことは，不動産の場合と同じである。

　動産債権譲渡特例法による動産譲渡の登記がなされている場合にも，Ｇによる目的物の売却が問題となる。担保的構成をとれば，この場合にもＢの保護のために94条2項を類推適用することが考えられる。しかし，そもそもこの登記によって動産の譲渡が公示されるにすぎないので，この登記についてＳの帰責性を問題にすることはできないといえよう。したがって，Ｂの保護は94条2項の類推適用ではなく，即時取得によって図るべきであると考える。

### (b)　弁済期後の目的物譲渡

> 【設例Ⅴ-7】　ＳはＧから1000万円を借り受け，その担保のために自己の不動産を譲渡担保に提供し，Ｇへの所有権移転の登記を行った。その後，この貸金債権の弁済期が到来したが，Ｓからの弁済がないので，Ｇはこの登記を利用して，本件不動産をＢに売却した。この場合，Ｂは本件不動産について有効に所有権を取得できるか。

　【設例Ⅴ-7】のように，譲渡担保権者が弁済期の到来後に目的物を譲渡した場合に，譲受人が有効に所有権を取得できるかどうかは，基本的には設定者の受戻権と関係する。というのは，弁済期に弁済がなされないとき，譲渡担保権者は直ちに所有権を取得するわけではなく，一定の時期までに受戻権が行使されると，譲渡担保権者は目的物を返還しなければならず（→**3.2.3**(3)(ウ)参照），この受戻権の行使ができなくなって初めて，譲渡担保権者は有効に目的物を処分することができるからである。

　そうするとまず，【設例Ⅴ-7】のＳＧ間の譲渡担保が処分清算型であるときには，Ｇは弁済期の到来によって目的物の処分権限を取得し，Ｂへの譲渡によってＳはもはや受け戻すことができなくなるので，Ｂは有効に本件不動産を取得することができる。

　次に，帰属清算型については，清算金の支払いまたはその提供，あるいは清算金がない旨の通知がなされるまでは受戻権を行使できるとされているの

---

26)　内田・536頁。

で，【設例V-7】の場合，Sが受戻権を行使すれば，Bは所有権を取得できないことになりそうである。しかし，判例は，「債権者が清算金の支払若しくはその提供又は目的不動産の適正評価額が債務の額を上回らない旨の通知をせず，かつ，債務者も債務の弁済をしないうちに，債権者が目的不動産を第三者に売却等をしたときは，債務者はその時点で受戻権ひいては目的不動産の所有権を終局的に失い，同時に被担保債権消滅の効果が発生するとともに，右時点を基準時として清算金の有無及びその額が確定されるものと解するのが相当である」としている（前掲最判昭62・2・12）。したがって，帰属清算型においても，弁済期後の目的物の処分によって受戻権は消滅することになるので，Bは有効に本件不動産を取得することができる。

このように，処分清算型と帰属清算型とを問わず，弁済期到来後に譲渡担保権者が目的物を譲渡した場合には，設定者はもはや受戻しをすることができなくなる。そして，判例は，「この理は，譲渡を受けた第三者がいわゆる背信的悪意者に当たる場合であっても異なるところはない」と判示している（最判平6・2・22民集48巻2号414頁）。その理由は，「そのように解さないと，権利関係の確定しない状態が続くばかりでなく，譲受人が背信的悪意者に当たるかどうかを確知し得る立場にあるとは限らない債権者に，不測の損害を被らせるおそれを生ずるから」というものである。しかし，学説の中には，帰属清算型における設定者の受戻権が害されるおそれがあるとして，このような判例の見解に反対するものもある。

＊動産の場合　動産の譲渡担保では，通常設定者が現実の占有をしているので，弁済期後であっても譲渡担保権者が目的物を処分することはあまり考えられない。仮に譲渡担保権者が目的物を処分した場合，判例理論を前提にすれば，処分清算型か帰属清算型かを問わず，処分によって設定者の受戻権は消滅するので，処分の相手方は有効に目的物を取得することができることになろう。

#### (c)　弁済後の譲渡

【設例V-8】　SはGから1000万円を借り受け，その担保のために自己の不動産を譲渡担保に提供し，Gへの所有権移転登記を行った。そして，弁済期

208　第5章　非典型担保

にSは債務を全額弁済したが，登記を自己名義に回復しないでいたところ，登記名義人であるGがこの不動産をCに譲渡した。この場合，本件不動産は誰の所有になるか。

　【設例V-8】の場合，譲渡担保につき担保的構成をとれば，譲渡担保権者Gは担保権を取得するにすぎず，そして，この担保権がSの弁済によって消滅する。したがって，債務の弁済後Gが目的物をCに譲渡しても，Cは所有権を取得するわけではない。しかし，Sとしては自己名義の登記を回復することができたにもかかわらず，これを放置していたのであるから，94条2項が類推適用される余地があり，Cが善意無過失であれば本件不動産を取得することができる。

　これに対し，所有権的構成をとれば，Gに移転した所有権が債務の弁済によってSに復帰する。そして，GがCに本件不動産を譲渡すると，GがSとCに二重に譲渡したとの同じ関係になる。したがって，SとCのどちらか先に登記を備えた方が本件不動産を取得できる（177条）。判例も同じ考えをとり，「被担保債務の弁済等により譲渡担保権が消滅した後に目的不動産が譲渡担保権者から第三者に譲渡されたときは，右第三者がいわゆる背信的悪意者に当たる場合は格別，そうでない限り，譲渡担保設定者は，登記がなければ，その所有権を右第三者に対抗することができない」と判示した（最判昭62・11・12判時1261号71頁）。

＊動産の場合　　動産債権譲渡特例法による動産譲渡登記がなされている場合には，弁済をした債務者は抹消登記（同法10条）をすべきなのにそれを怠っていたという点で，不動産の譲渡担保と類似の状況があるということができる。したがって，94条2項の類推適用で処理されることになろう。

### (イ)　譲渡担保権者の一般債権者との関係　(a)　不動産の場合

　【設例V-9】　SはGから1000万円を借り受け，その担保のために自己の不動産を譲渡担保に提供し，Gへの所有権移転登記を行った。ところが，Gの一般債権者Dは，本件不動産の登記がG名義になっているので，これをGのものとして差押えを行った。この場合，SはDに対してどのような主張をす

第3節 譲渡担保 *209*

ることができるか。また，Dの差押えが被担保債権の弁済期前か弁済期後かで，
Sの主張の可否に違いがあるか。

　不動産の譲渡担保では所有権の登記名義を譲渡担保権者が有するので，**【設例Ⅴ-9】**のように，譲渡担保権者の一般債権者が目的物を差し押さえることが起こりうる。この場合，担保的構成に立てば，所有権は設定者Sにあるので，Dの差押えが被担保債権の弁済期前か弁済期後かを問わず，Sは第三者異議の訴え（民執38条）を提起して，Dの差押えによる競売手続を阻止することができる。特に被担保債権の弁済期後の差押えの場合，設定者は弁済期が到来しても譲渡担保の実行までは所有権を失うわけではないので，それまでは第三者異議の訴えをすることができると解されよう。

　ただ，担保的構成の場合，Gへの所有権移転登記は実体に合わない虚偽の登記となるので，弁済期前にDがこの登記を無過失で信頼して差押えをしたときには，94条2項の類推適用によって保護され，Sは第三者異議の訴えを提起できないとする余地もある。しかし，既に述べたように，所有権移転登記をするについてSに帰責性があるとはいえないから，94条2項は類推適用されないと解すべきである（→㈦(a)参照）。Dが弁済期後に差し押さえたが，目的物の所有権はまだGに移転していないときにも，G名義の登記は虚偽の登記になろうが，これについてもSの帰責性は問えないので，同様に94条2項の類推適用は否定されるであろう。

　これに対し，所有権的構成をとれば，所有権は譲渡担保権者Gにあるので，Dの差押えが被担保債権の弁済期前か弁済期後かを問わず，設定者Sは第三者異議の訴えをすることができないことになる。

　判例（最判平18・10・20判時1950号69頁）は，被担保債権の弁済期後にDが目的物を差し押さえ，差押えの登記がなされた場合については，「設定者が債務の履行を遅滞したときは，譲渡担保権者は目的不動産を処分する権能を取得するから・・・・・・，被担保債権の弁済期後は，設定者としては，目的不動産が換価処分されることを受忍すべき立場にあるというべきところ，譲渡担保権者の債権者による目的不動産の強制競売による換価も，譲渡担保権者による換価処分と同様に受忍すべきものということができる」として，「設定者は，差押登記後に債務の全額を弁済しても，第三者異議の訴えにより強

*210* 第5章 非典型担保

制執行の不許を求めることはできない」と判示している。しかし，弁済期前の差押えについては，傍論ではあるが，譲渡担保権者は弁済期前では目的物を処分する権能を有しないので，「設定者が弁済期までに債務の全額を弁済して目的不動産を受け戻したときは，設定者は，第三者異議の訴えにより強制執行の不許を求めることができる」としている。

　(b)　**動産の場合**　　動産の譲渡担保では，その実行まで設定者Sが目的物を現実に占有しているのが通常であるので，Sが目的物の執行官への提出を拒むと，譲渡担保権者Gの一般債権者Eは差押えをすることができない（民執124条）。したがって，Eが差し押さえることはほとんどないといえよう。ただ，EはGの私的実行から生じる目的物引渡請求権を差し押さえることができる（民執163条）。しかし，この場合には，Sは清算金の支払いと引換えでのみ目的物の引渡しをすればよく，また，清算金の提供または第三者への処分まで受戻しができる。

　(ウ)　**譲渡担保権者の破産**　　譲渡担保権者が破産した場合，旧破産法88条は，破産者に財産を譲渡した者は担保の目的であることを理由に財産を取り戻すことができないと定め，設定者の取戻権を否定していた。この規定は，譲渡担保の所有権的構成に基づいたものであり，平成16（2004）年の破産法改正によって削除された。そこで，現在の通説である担保的構成によれば，譲渡担保権と被担保債権が破産財団に属することになる。そして，設定者は，被担保債権を弁済して譲渡担保権を消滅させれば，その目的物を破産財団から取り戻すことができる。

　(エ)　**第三者による侵害**　　譲渡担保につき担保的構成をとれば，設定者は所有権を有しているので，第三者による目的物の侵害に対して物権的請求権を行使することができる。すなわち，第三者による目的物の損傷に対しては，設定者は，妨害の排除や予防を請求することができる。また，第三者による占有侵奪に対しては返還請求権を行使できるが，現実の占有を譲渡担保権者に移転している場合には，譲渡担保権者への返還を請求できるにすぎないと解すべきである。不法行為に基づく設定者の損害賠償請求については，設定者に所有権がある以上当然に認められる。

　これに対し，所有権的構成をとれば譲渡担保権者に所有権があるので，設

定者は，第三者による目的物の侵害に対して物権的請求権を行使することができない。ただ，現実の占有が設定者にある場合には，占有の訴え（197条以下）によって侵害の排除を求めることができる。しかし，不法行為による損害賠償請求については，設定者に所有権がない以上認められないであろう。

### 3.2.5　譲渡担保の消滅

譲渡担保は，物権に共通の消滅原因（目的物の滅失・放棄・混同）のほか，弁済その他の事由による被担保債権の消滅や実行によって消滅する。被担保債権の弁済と目的物の返還は同時履行の関係に立たないので，弁済がなされて初めて返還請求をすることができる（最判平6・9・8判時1511号71頁）。

## $\boxed{3.3}$　集合動産の譲渡担保

### 3.3.1　集合動産譲渡担保の意義

---

【設例Ⅴ-10】　自宅で電気製品の販売店を営んでいるSは，自宅を改造して店舗を拡張するために，Gから融資を受けることにした。しかし，自宅の土地と建物には，既に他の債権者のために複数の抵当権が設定されていて，これを担保に提供することができない。そこで，Sは店舗にある一切の電気製品を担保に入れて，Gから金銭を借り受けたいと考えている。このように，店舗内の一切の商品を担保に入れることは可能か。

---

#### (1)　集合動産譲渡担保の利用

【設例Ⅴ-10】の場合，担保に入れようとする物は動産であるから，典型担保では質権しか設定できない。しかし，既に述べたように，目的物が商品である場合には，占有担保である質権を利用することはできない（→3.1.1(2)参照）。質権が設定されると商品の占有はGに移転するので，Sによる販売が困難になるからである。そこで，Sとしては，目的物の占有を設定者に留めることができる譲渡担保を利用することになる。その場合，1つ1つの商品ではなくて商品全部をまとめて譲渡担保に入れる方が，SにとってもGにとっても都合がよいといえる。何故なら，その方が目的物の担保価値が大き

くなり，それだけ多額の融資が可能となるからである。そして，譲渡担保は権利移転の法形式をとるために，あらゆる譲渡性のある財産を対象とすることができ，動産の集合体の担保化にも利用される。このような個々の独立した動産が集まった集合体を目的とする譲渡担保を**集合動産（集合物）譲渡担保**という。

### (2) 集合動産譲渡担保の種類

(ア) **3つの形態**　集合動産譲渡担保は，集合体を構成している動産の性質に応じて，次の3つの形態に分けることができる。第1は，機械器具・什器・備品などの特定した動産の集合体を譲渡担保の目的とする形態であり，この形態では，取替えという形で構成動産の変更はあっても，集合体からの動産の流出と流入が常時繰り返されることはない。第2は，倉庫内や店頭の商品の集合体のように，動産が流出と流入を繰り返すことによって構成動産が常時変動する集合体を譲渡担保に取る形態である。第3は，原材料の集合体のように，集合体を構成する動産に加工が加わることによって，原材料→仕掛品→半製品→製品と変質する動産の集合体を譲渡担保に取る形態である。そして，第1の形態のものは「確定集合動産譲渡担保」，第2の形態のものは「流動集合動産譲渡担保」，第3の形態のものは「変質集合動産譲渡担保」と呼ばれたりしている[27]。

(イ) **3形態の特質**　これらの形態の中で，第1の「確定集合動産譲渡担保」については，目的動産は特定しており，しかも，動産の変更は商品の流出・流入のように常時ではないことから，いわば個別動産の譲渡担保が集まったものと捉えればよく，ただ複数の動産を1つの契約で一括して担保化できるかということが問題になるだけである。次に，第3の「変質集合動産譲渡担保」では，加工（製造）期間中は原材料の仕掛品への変質や半製品の製品への変質などが起こるが，販売活動がないため動産の流出はなく，また，加工完了後は在庫商品の流出が生じるが，それは第2の「流動集合動産譲渡担保」と同じように考えることができる。これに対し，第2の「流動集合動産譲渡担保」では，動産（商品）を売ってその代価を取得するという動

---

27) 伊藤進「集合動産譲渡担保理論の再検討」ジュリスト699号92頁（1979年）。

産の一次的作用のほかに，それを担保に融資を受けるという動産の二次的作用が十二分に発揮されるため，構成動産の流出と流入が頻繁であり，前2者の集合動産譲渡担保とは異なる問題が惹起される。そのため，集合動産譲渡担保では特に流動集合動産譲渡担保が問題となるわけであり，以下ではこれに焦点を絞って集合動産譲渡担保の説明をしていくことにする。

### 3.3.2　集合動産譲渡担保の設定

#### (1)　設定契約—分析論と集合物論

　集合動産譲渡担保は，債権者と目的物所有者との間の譲渡担保設定契約によって設定される。【設例V-10】でいえば，GとSとの設定契約によって，Sの店舗にある電気商品全部につきGのために譲渡担保が設定される。しかし，集合動産譲渡担保の法律関係をどのように説明するかが問題であり，次に述べる分析論と集合物論という2つの考え方がある。

　(ア)　**分析論**　　分析論とは，集合動産譲渡担保は集合体を構成している個々の動産の上に成立するという考え方である。すなわち，担保設定時に存在している複数の動産について，1個の契約で1つ1つの動産に譲渡担保が設定され，対抗要件は占有改定によって具備される。そして，将来担保物の範囲に入ってくる動産は，将来設定者が取得して担保物に加えることを停止条件として譲渡担保の目的物となり，対抗要件も，将来動産が加えられたならば当然に占有改定が成立する旨を約束しておくことによって具備される（予めの占有改定）。また，設定者により処分された動産は，集合体から搬出されて分離されることを解除条件として譲渡担保の目的物からはずれることになる。

　(イ)　**集合物論**　　これに対し，集合物論は，個々の動産の集合体を1個の集合物という概念で捉え，この集合物自体に1つの譲渡担保が成立すると解する説である。すなわち，担保の対象である動産の集合体は，それを構成する個々の動産を離れて一体として独自の価値を有し，構成動産の流出や流入にもかかわらず1個の統一体として同一性を保って存続しうるから，この集合体を構成動産から独立した集合物という1個の物と捉えて，これに譲渡担保の成立を認め，また，構成動産が流出と流入を繰り返しても，集合物とし

214　第5章　非典型担保

ての同一性に変化のない限り，その集合物の上に譲渡担保が成立し続け，対抗要件も集合物自体の占有改定で具備されるとする。そして，分析論はあまりに技巧的でありすぎるために，現在ではこの集合物論が通説的見解となっている*。

　最高裁も，昭和54 (1979) 年に，一般論ではあるが，構成部分の変動する集合動産につき1個の集合物として譲渡担保の目的となることができるとした（最判昭54・2・15民集33巻1号51頁）。しかし，この事件では，次に述べる目的物の範囲の特定がないとして，譲渡担保の成立が否定された。その後，昭和62 (1987) 年に，最高裁は，「構成部分の変動する集合動産であっても，その種類，所在場所及び量的範囲を指定するなどの方法によって目的物の範囲が特定される場合には，一個の集合物として譲渡担保の目的とすることができる」と判示して（最判昭62・11・10民集41巻8号1559頁），最高裁判決として初めて集合動産譲渡担保の有効性を承認するに至った。

> ＊集合物論においても，集合物を構成する個々の動産にも譲渡担保の効力が及ぶかどうかについて見解が分かれている。通説は，集合物に譲渡担保が設定される結果，構成動産にも譲渡担保の効力が及ぶとする。しかし，他の有力な見解は，集合物そのものが譲渡担保の目的物であり，実行までは構成動産には譲渡担保の効力が及ばないとする[28]。
>
> 　また，分析論や集合物論とは異なり，集合物を「物」として捉えるのではなく，一定の「価値枠」として捉え，流動動産譲渡担保はこの「価値枠」を支配し，実行時にはその「価値枠」内にある動産から優先的に債権の弁済を受けるという効力を有しているとする見解（価値枠説）も主張されている[29]。
>
> 　以上のような見解はいずれも，判例・通説の集合物理論では第三者との関係では強くなりすぎる集合動産譲渡担保の効力を弱める方向を目指すものであるといえよう。

### (2)　集合物の範囲の特定

　(ア)　**特定の必要性**　　集合動産譲渡担保が有効に設定されるためには，目的物である集合物の範囲が特定されていなければならない。集合物に譲渡担

---

28)　道垣内・335頁，337頁，347頁以下。
29)　伊藤・前注27) 97頁以下。

保が設定されるといっても，それは理論上のことであり，譲渡担保権者が優先的に弁済を受ける対象となるのは，現実には集合物を構成している個々の動産である。そのため，当事者の関係だけでなく第三者との関係においても，集合物の範囲に含まれる動産とそうでない動産を区別する必要があり，一定の方法によって集合物の範囲を特定しておかなければならない。

この集合物の範囲の特定は，特定した動産の集合体を目的とする確定集合動産譲渡担保についても問題となる。しかし，流動集合動産譲渡担保にあっては，集合物を構成する個々の動産が常に変動するため，集合物の範囲の特定がとりわけ重要な問題となる。

(イ)　**特定の方法**　　集合物の範囲を特定する方法として，判例（前掲最判昭54・2・15，前掲最判昭62・11・10）・学説は，目的動産の「種類，所在場所及び量的範囲を指定するなど」の方法をあげている。例えば，前掲最判昭62・11・10は，「目的動産の種類及び量的範囲を普通棒鋼，異形棒鋼等一切の在庫商品」とし，また，その所在場所を債務者「会社の第一ないし第四倉庫内及び同敷地・ヤード内」とする指定によって，有効に集合動産譲渡担保が成立することを認めている。

これに対し，前掲最判昭54・2・15は，倉庫会社に寄託中の食用乾燥ネギフレーク44トン余中の28トンという指定方法では，集合物の範囲が特定されたことにはならないとしている。そのような指定方法では，一応目的動産の種類・所在場所・量的範囲は示されているが，44トン余中の28トンという部分的な量の指定であるため，集合物を構成する乾燥ネギフレークとそうでない乾燥ネギフレークを明確に区別して，所在場所をより具体的に指示する必要があるからである[30]。

### (3)　**対抗要件**

集合動産譲渡担保の対抗要件は，個別動産の譲渡担保と同様に，占有改定と動産譲渡登記である。

(ア)　**占有改定**　　集合物論を前提とすれば，占有改定を対抗要件とする場

---

30) 最判昭54・2・15までの判例の分析について，松井宏興「集合物譲渡担保における目的物の特定」甲南法学21巻1・2合併号（1980年），同「集合物の譲渡担保」米倉明ほか編『金融担保法講座Ⅲ巻』87頁以下（筑摩書房，1986年）参照。

*216* 第5章 非典型担保

合，目的物となる集合物の範囲を特定して，設定契約とともに占有改定の合意をすれば，集合物という1個の物について占有改定がなされたことになる。そして，占有改定による対抗要件具備の効力は，集合物それ自体だけではなく設定時の構成動産にも及ぶと解される。設定後に集合物に流入する個々の動産については，改めて占有改定の合意をしなくても，集合物に与えられた対抗要件の効力が当然に及ぶことになる。これについて，判例は，「対抗要件具備の効力は，その後構成部分が変動したとしても，集合物としての同一性が損なわれない限り，新たにその構成部分となった動産を包含する集合物について及ぶ」と判示している（前掲最判昭62・11・10）。この場合，新たに構成部分となった動産に対抗要件の効力が及ぶ時期については見解が分かれている。集合物に対抗要件が備えられた時に遡って効力が及ぶと解するのが通常であるが，個々の動産が集合物の範囲内に流入した時に及ぶとするものもある*。

> ＊集合物の構成動産には譲渡担保の効力は及ばないと解する説（→(1)(イ)＊参照）では，個々の動産について対抗要件は問題にならない[31]。

(イ) **動産譲渡の登記**　動産債権譲渡特例法によって，集合動産の譲渡担保についても動産譲渡の登記によって対抗要件を具備することができる。集合動産の譲渡担保の場合，譲渡を登記される動産の特定が重要となるが，特定に必要な登記事項は法務省令で定められることになっている（動産債権譲渡特7条2項5号）。それによると，①動産の特質によって特定する場合には，動産の種類と記号・番号その他の同種類の他の物と識別するために必要な特質が，②動産の所在によって特定する場合には，動産の種類と保管場所の所在地が，必要な登記事項と定められている（動産債権譲渡登記規則8条1項）。

　このような登記事項によって公示される範囲内の動産については，設定後新たに流入してきても，対抗要件としての効力が当然に及んでいることになる。ただし，この場合にも，譲渡登記の時に遡って流入動産に対抗要件の効力が及ぶと解するか，あるいは，動産が集合物の範囲内に流入した時に効力

---

31）道垣内・341頁。

第3節　譲渡担保　*217*

が及ぶと解するかという，前述と同様の問題がある。

　また，動産債権譲渡特例法は従来の占有改定による対抗要件具備を排斥するものではないから，集合動産の譲渡担保について占有改定を行うことも可能である。そうすると，譲渡登記がされている可能性のある動産について取引関係に入ろうとする第三者は，登記のほかに，占有改定の有無（先行する譲渡担保契約の有無）をも調査しなければならないという問題がある[32]。

> ＊物上代位　　集合動産譲渡担保についても物上代位は認められ，最高裁判例には，一般論として集合動産を構成する個別動産の滅失による損害の填補のための保険金債権に対する物上代位を肯定したものがある（最決平22・12・2民集64巻8号1990頁）。すなわち，最高裁は，「構成部分の変動する集合動産を目的とする集合物譲渡担保権は，譲渡担保権者において譲渡担保の目的である集合動産を構成するに至った動産（……）の価値を担保として把握するものであるから，その効力は，目的動産が滅失した場合にその損害をてん補するために譲渡担保権設定者に対して支払われる損害保険金にかかる請求権に及ぶ」が，この集合物譲渡担保は，設定者による目的動産の販売と営業の継続を前提としているから，設定者が通常の営業を継続している場合には，目的動産の滅失により保険金債権が発生しても，直ちに物上代位権の行使ができる旨の合意がなされているなどの特段の事情がない限り，物上代位権の行使は許されないとしている。

### 3.3.3　集合動産譲渡担保の効力

#### (1)　設定当事者間の関係

#### (ア)　設定者の通常の営業の範囲内の処分　　流動集合動産譲渡担保では，集合物の内容が設定者の営業活動を通じて当然に変動することが予定されているので，設定者には，その通常の営業の範囲内で構成動産を処分する権限を与えられていると同時に，集合物に動産を補充する義務があると解されている。そして，通常の営業の範囲内で個別動産が処分された場合には，その相手方は，譲渡担保の拘束を受けることなく確定的に所有権を取得することができる。

　【設例Ⅴ-10】でいえば，Ｓが設定した譲渡担保は店舗内の電気商品全部と

---

32)　内田・542頁。

*218* 第5章 非典型担保

いう集合物を対象としているが，この集合物を構成する個々の電気商品は販売を予定されているものであるから，Sの営業活動によって他に販売された場合には，当然に譲渡担保の拘束を免れ，相手方は有効に所有権を取得する。そして，Sは新たに別の電気商品を仕入れることによって，この集合物を補充していくことになる。

(イ) **設定者の通常の営業の範囲外の処分**　　これに対し，設定者が通常の営業の範囲を超えて構成動産を処分した場合には，相手方は有効に所有権を取得できるのかどうか，取得できるとしても，その所有権は譲渡担保の制限に服すことになるのかというようなことが問題となる。これについては，譲渡担保を担保的構成で捉えるときには，設定者に構成動産の所有権が帰属しているので，通常の営業の範囲外の処分であっても相手方は有効に所有権を取得するが，それは譲渡担保による制限を受けた所有権ということになる。ただし，処分された動産が集合物の範囲から搬出されれば譲渡担保は消滅する[33]。

他方，所有権的構成の立場では，個別動産の所有権は譲渡担保権者に移転しており，しかも，譲渡担保権者は占有改定あるいは動産譲渡の登記によって対抗要件を具備しているので，処分の相手方は所有権を取得できないことになる。ただし，処分された動産が集合物の範囲から搬出されれば譲渡担保権者の所有権が消滅するので，相手方の所有権取得が認められることになろう。

この問題につき，最高裁は，通常の営業の範囲外の処分は設定者の権限に基づかないものである以上，「譲渡担保契約に定められた保管場所から搬出されるなどして当該譲渡担保の目的である集合物から離脱したと認められる場合でない限り，当該処分の相手方は目的物の所有権を承継取得することはできない」として（最判平18・7・20民集60巻6号2499頁），所有権的構成の立場に近い見解を示している。

なお，設定者が通常の営業の範囲外の処分をした場合や，通常の営業の範囲内の処分をしたにもかかわらず動産の補充をしない場合には，目的物である集合物に対する侵害であり，設定者の不行為責任や債務不履行責任などが

---

33) 高木・372頁。

問題となる（→ **3.2.3**(2)(イ)参照）。

## (2) 第三者との関係

---

**【設例Ⅴ-11】**　S会社は，G会社に対する現在および将来の商品代金債務を極度額10億円の限度で担保するために，Sの倉庫および敷地内に存在する普通棒鋼，異形棒鋼など一切の在庫商品を譲渡担保に提供し，占有改定による引渡しを行なった。GS間には，Sが将来上記物件と同種または類似の物件を取得したときは，そのすべてを上記場所に搬入し，譲渡担保の目的になる旨の合意がなされていた。H会社はSに異形棒鋼（本件物件）を販売し，Sの敷地内に搬入されたが，Sが代金を支払わなかったために，動産売買の先取特権に基づいて本件物件の競売を申し立てた。これに対し，Gは，譲渡担保により本件物件の所有権は自己に移転しているとして，所有権に基づく第三者異議の訴え（民執38条）を提起した。このGの主張は認められるか。

---

　**【設例Ⅴ-11】**のように，同一物が一方では動産売買先取特権の目的物となり，他方では集合動産譲渡担保に提供された場合，先取特権と譲渡担保のどちらが優先するか問題となる。この問題について，判例は，動産売買先取特権の存在する動産が譲渡担保の目的である集合物の構成部分となった場合には，譲渡担保権者は，その動産についても引渡しを受けたものとして譲渡担保権を主張でき，民法333条の第三取得者として，第三者異議の訴えにより先取特権に基づく動産競売の不許を求めることができるとしている（前掲最判昭62・11・10）。また，譲渡担保につき所有権的構成をとった場合にも，判例と同様に，**【設例Ⅴ-11】**の譲渡担保権者Gは本件物件の所有権を取得しているので第三取得者にあたり，しかも占有改定による引渡しを受けていることから，民法333条によってHの動産先取特権の効力は本件物件には及ばなくなると解することになる（333条については→**第4章 2.4.3** 参照）。

　これに対し，譲渡担保を担保的に構成する多くの学説では，動産の典型担保は質権であることから動産の譲渡担保を動産質権と同列に捉え，民法334条の類推適用により動産の譲渡担保は330条1項の第1順位として動産売買の先取特権に優先すると解する見解が有力である。ただし，この見解によれば，当該動産が集合物の構成部分になった時点で譲渡担保権者が先取特権の存在を知っている場合には，動産売買の先取特権に優先することができない

*220　第5章　非典型担保*

(330条2項)。

　以上のように，判例および所有権的構成と担保的構成のどちらをとろうと
も，結論に違いが生じるわけではない。しかし，担保的構成の立場から譲渡
担保と先取特権の順位関係を問題にする方がメリットがあるといえる。Sが
Gに対する債務を弁済して譲渡担保が消滅した場合には，判例や所有権的構
成の立場では動産の先取特権も既に消滅していることになるが，担保的構成
の立場では先取特権の存続を導くことができるからである[34]。

---

＊**譲渡担保の二重設定**　　動産に譲渡担保を二重に設定できるかどうかについ
ては，既に述べたように，担保の構成をとった場合には，二重の担保権の設定
となり，原則的には対抗要件具備の先後によって順位関係が決定されるので
（→3.2.4(1)(ア)(b)参照），集合動産についても譲渡担保の二重設定は可能といえる。
判例も，集合動産に対する譲渡担保の二重設定を認め，対抗要件の先後によっ
て順位関係が決まると考えているが，後順位譲渡担保権者による私的実行に
ついては，「劣後する譲渡担保に独自の私的実行の権限を認めた場合，配当の
手続が整備されている民事執行法上の執行手続が行われる場合と異なり，先
行する譲渡担保権者には優先権を行使する機会が与えられず，その譲渡担保
は有名無実のものとなりかねない」ので，後順位譲渡担保権者による私的実
行は認められないと判示している（前掲最判平18・7・20。ただ，前掲最判昭62・
11・10は，譲渡担保権者を所有権取得者と捉えており，この2つの最高裁判決の間で
譲渡担保の法律構成が一致しないのではないかと思われる）。

---

### 3.4　債権の譲渡担保

#### 3.4.1　個別債権の譲渡担保

　個々の債権も譲渡担保の目的となることができる。債務者が第三債務者に
対する金銭債権を担保の目的で債権者に譲渡し，債務者の債務不履行があれ
ば，債権者は譲り受けた債権を行使し，第三債務者から回収した金銭を自己
の債権の満足に充てるわけである。

　民法は債権の担保手段として債権質を用意しているが，債権の譲渡担保

---

34）内田・545頁。

は、この債権質と実質的な違いはない。すなわち、対抗要件は、質権では民法364条により債権譲渡と同じ方法になり、譲渡担保では債権を譲渡する形式をとるので債権譲渡の方式によることになる（467条）。また、実行の方法では、質権でも第三債務者に対する直接取立てが質権者に認められるので（366条）、譲渡担保の私的実行とほぼ変わらないことになる。このようなことから、個別債権については、質権を避けて譲渡担保を利用する積極的な理由はあまり考えられない。それよりも、債権の譲渡担保について重要なのは、次に述べる集合債権の譲渡担保である。

### 3.4.2　集合債権の譲渡担保
#### (1)　集合債権譲渡担保の意義と形態
(ア)　**意　義**　既に発生している多数の債権および将来発生する多数の債権（将来債権）を一括して担保の目的とする譲渡担保を**集合債権の譲渡担保**という。例えば、リース会社は売主から機械・設備を現金で購入して顧客に貸与し、月々のリース料を受け取るが、このようなリース会社は、機械・設備の購入のための資金需要が大きいにもかかわらず、資産としては顧客に対するリース料債権しかないことが多い。そこで、リース会社が現在有しまた将来有することになる多数の債権を一括して譲渡担保に提供し、必要な資金を借り受けたりすることが行なわれる。このほかに、消費者金融会社や割賦販売会社なども、顧客に対する債権が主要な資産となっており、上記の方法によって資金需要をまかなう必要性が大きいといえる。また、健康保険組合連合会などに対する医師の多数の診療報酬債権が目的債権とされることもある。

(イ)　**形　態**　集合債権の譲渡担保には、次のような2つの主要形態がある。

(a)　**取立権限付与型**　これは、譲渡担保契約の締結と同時に債権譲渡の効果が発生するが、債権者（譲受人）が第三債務者に対して譲渡担保実行の通知をするまで、債務者（譲渡人）に譲渡債権を取り立てる権限を付与している形態のものである。判例は、このような形態の集合債権譲渡担保について、①目的債権である現在および将来の債権群は債務者から債権者に確定的に譲渡されており、②譲渡担保を設定した旨の通知はこの集合債権譲渡担保

*222*　第 5 章　非典型担保

の第三者対抗要件と認められ，③この通知において債務者に取立権限が付与されている旨の記載があっても，通知の対抗要件としての効果は妨げられないとしている（最判平13・11・22民集55巻 6 号1056頁）。

**(b)　予約型**　これは，譲渡担保契約の締結時には債権譲渡の効果を生じず，債務者（譲渡人）に支払停止などの一定の事情が生じたときに債権譲渡の効果が発生するという形態のものである。一般的には予約型といわれるが，法律構成としては，次の 2 つの型がある。 1 つは，支払停止や破産手続開始の申立てなどの事由が生じたことを停止条件として，この条件成就によって譲渡担保の効力が生じる停止条件型である。他の 1 つは，契約締結時には譲渡の予約だけをして，支払停止などの事由が生じたときに，債権者が予約完結権を行使することによって譲渡担保の効力を発生させる予約完結権型である。

**(c)　予約型の問題点**　後者の予約型について，次のような問題点がある。

①契約締結時の通知・承諾の効力　　まず，譲渡担保契約の効力が生じていない契約締結の段階でなされた通知・承諾が，停止条件の成就や予約完結権の行使によって生じる債権譲渡の効果の対抗要件になることができるかということである。これについて，判例は，「指名債権譲渡の予約につき確定日付のある証書により債務者に対する通知又はその承諾がされても，債務者は，これによって予約完結権の行使により当該債権の帰属が将来変更される可能性を了知するに止まり，当該債権の帰属に変更が生じた事実を認識するものではないから，上記予約の完結による債権譲渡の効力は，当該予約についてされた上記の通知又は承諾をもって，第三者に対抗することはできない」としている（最判平13・11・27民集55巻 6 号1090頁）[*]。

この判例によれば，予約完結権型の集合債権譲渡担保については，当初の予約の段階で有効に対抗要件を備えることができず，予約完結権行使の段階で対抗要件を具備するしかないことになる。そして，停止条件型のものについても同様に考えることができよう。その結果，予約型では，停止条件の成就や予約完結権行使の前に生じた第三者に対しては，債権の譲受けを対抗できないことになる。

②破産法上の否認　　次に，破産法は，支払不能や破産手続開始の申立て

後に，破産者が既存債務について行なった担保供与や債務消滅に関する行為を否認の対象としている（破162条1項1号）。そうすると，停止条件型の集合債権譲渡担保では，契約締結自体は破産手続開始の申立てなどより以前であっても，実際に債権が破産者の責任財産から出て行くのは破産手続開始の申立てなどの時点であるので，破産法162条1項1号による否認の対象になるのではないかということが問題となる。

これについて，判例は，破産法162条1項1号と同趣旨の旧破産法72条2号の適用が問題となった事案につき，停止条件型の集合債権譲渡担保は，その「契約に基づく債権譲渡の効力の発生を債務者の支払停止等の危機時期の到来にかからしめ，これを停止条件とすることにより，危機時期に至るまで債務者の責任財産に属していた債権を債務者の危機時期が到来するや直ちに当該債権者に帰属させることによって，これを責任財産から逸出させることをあらかじめ意図し」ているものであるから，このような「契約は，破産法72条2号の規定の趣旨に反し，その実効性を失わせるものであって，その契約内容を実質的にみれば，上記契約に係る債権譲渡は，債務者に支払停止等の危機時期が到来した後に行われた債権譲渡と同視すべきものであ」るとして，否認権の対象になることを認めている（最判平16・7・16民集58巻5号1744頁，最判平16・9・14判時1872号67頁）。このような判例の判断は，停止条件型だけではなく予約完結権型にも妥当するといえよう。

以上のような予約型の問題点を考慮に入れるならば，予約型は集合債権譲渡担保の形態としてもはや有効性を持つことができないといえよう。そして，前掲最判平13・11・22が取立権限付与型を承認したことから，集合債権譲渡担保はこの形態に収斂されるべきであろう[35]。

＊前掲最判平13・11・27は，債権そのものの譲渡ではなく，預託金会員制ゴルフクラブの会員権の譲渡に関するものである。しかし，判例は，この会員権の譲渡につき，指名債権の譲渡に準じてゴルフクラブ経営会社への通知やその承諾を対抗要件としており（最判平8・7・12民集50巻7号1918頁），前掲最判平13・11・27もこれを踏襲している。

---

35) 近江・346頁以下。

224　第5章　非典型担保

### (2)　集合債権譲渡担保の設定

**(ア)　設定契約**　　集合債権の譲渡担保は，債権者と担保提供者との間の譲渡担保設定契約によって設定される。しかし，この譲渡担保については，まず，その目的となる集合債権には将来発生する債権が含まれるので，将来債権を有効に譲渡することができるかということが問題となる。次に，担保の目的が多数の債権であることから，先に述べた集合動産の譲渡担保と同様に，担保の目的となる債権の範囲を特定することが必要となる。

**(a)　将来債権の譲渡の有効性**　　これまで，将来債権を有効に譲渡することができるためには，債権の発生可能性のあることが必要であり，それは法律的可能性（契約の存在）があることを要するという考え方と事実的可能性で足りるとする考え方とがあった。そして，判例は，担保のために医師の将来の診療報酬債権を譲渡した事案につき，医師の支払担当機関（社会保険診療報酬支払基金や国民健康保険団体連合会など）に対する診療報酬債権は，医師が通常の診療業務を継続している限り，一定額以上の安定したものであることが確実に期待されるものであり，「現在すでに債権発生の原因が確定し，その発生を確実に予測しうるものであるから」，有効に譲渡することができるとした（最判昭53・12・15判時916号25頁）。

　しかし，将来債権を譲渡しても，第三者との関係は実際に発生した債権について生じるのであり，当事者間では，債権が発生しなかったときには履行不能の問題として処理すれば足りるので，この債権発生の可能性を問題にする必要はないと批判された。そこで，近時の判例は，債権譲渡の時から8年3ヶ月間にわたる将来の診療報酬債権の譲渡について，「将来発生すべき債権を目的とする債権譲渡契約にあっては，契約当事者は，譲渡の目的とされる債権の発生の基礎を成す事情をしんしゃくし，右事情の下における債権発生の可能性の程度を考慮した上，右債権が見込みどおり発生しなかった場合に譲受人に生ずる不利益については譲渡人の契約上の責任の追及により清算することとして，契約を締結するものと見るべきであるから，右契約の締結時において右債権発生の可能性が低かったことは，右契約の効力を当然に左右するものではない」と判示した（最判平11・1・29民集53巻1号151頁）。

**(b)　集合債権の範囲の特定**　　譲渡担保の目的となる債権の範囲の特定

は，担保提供者（譲渡人）との関係では担保提供者の保護の問題として，第三者（差押債権者・質権者・第二譲受人など）との関係では譲渡担保の対抗力の問題として機能する。そこで，目的となる債権の範囲を決定する基準として，①債権の発生原因，②債権の発生時期，③金額，④第三債務者などがあげられるが，これらの基準の全部または一部を用いることによって，当事者間で目的となる債権の範囲が明確になっておれば，特定性が満たされると解されている[36]。

したがって，極端な場合，「設定者が現在および将来取得する一切の金銭債権」という包括的な定め方でも債権の範囲は特定されているということができる。しかし，このような集合債権の譲渡担保は，一方では債務者への資金の流入を途絶えさせてその経済活動を阻害し，他方では特定の債権者に将来にわたって広範囲に及ぶ経済的価値の独占を認め，他の債権者の利益を過度に害するおそれがあるので，公序良俗違反（90条）により無効と解すべきである[37]。最高裁も，「契約内容が譲渡人の営業活動等に対して社会通念に照らし相当とされる範囲を著しく逸脱する制限を加え，又は他の債権者に不当な不利益を与えるものであると見られるなどの特段の事情の認められる場合には，右契約は公序良俗に反するなどとして，その効力の全部又は一部が否定されることがある」としている（前掲最判平11・1・29）。

**(イ) 対抗要件 (a) 通知または承諾**　集合債権譲渡担保の対抗要件は，債権譲渡の対抗要件と同様に，第三債務者との関係では，譲渡人（担保提供者）による第三債務者に対する通知または第三債務者による承諾であり，第三債務者以外の第三者（差押債権者・債権質権者・二重譲受人など）との関係では，確定日付のある証書による通知または承諾である（467条。詳細は，債権総論における債権譲渡の箇所で述べる）。ただ，この民法が定める対抗要件については，第三債務者が定まっていない場合には，あらかじめ備えることができないという難点がある。

また，第三債務者が定まっている場合でも，1つの包括的な通知または承諾が現在および将来の複数の債権について対抗要件になることができるかど

---

36) 道垣内・356頁，高木・376頁。
37) 高木・377頁。

*226* 第5章 非典型担保

うか問題となる。これについては，どの債権が譲渡担保の目的であるかが明確に判断できる程度に特定された通知または承諾であれば，通知または承諾を債権譲渡の対抗要件とした趣旨が達成されるのであるから，1つの包括的な通知または承諾によって対抗力が生じると解してよいと考える。そして，判例も同じ立場である（前掲最判昭53・12・15，前掲最判平11・1・29，前掲最判平13・11・22）。

**(b) 債権譲渡の登記** 法人が将来債権を含む金銭債権群を譲渡担保に提供する場合，動産債権譲渡特例法によって，債権譲渡登記ファイルへの登記が第三債務者以外の第三者に対する対抗要件とされる（動産債権譲渡特4条1項）。ところが，平成16（2004）年一部改正前の旧法では，債権譲渡登記ファイルへの記載事項として，譲渡される債権の債務者が挙げられていたために（旧法5条1項6号），不特定の顧客に対する将来の売掛金債権やリース料債権のように，譲渡担保設定時には第三債務者が定まっていない債権を譲渡するには同法を使えないことになっていた。そこで，平成16年の一部改正にあたり，債務者名を記載事項からはずし，譲渡される債権を特定するために必要な事項を法務省令で定めることとした（動産債権譲渡特8条2項4号。なお，債権譲渡登記について，詳細は債権総論の教科書・参考書参照）。

# 第4節　所有権留保

## 4.1　序　説

### 4.1.1　所有権留保の意義

#### (1) 所有権留保とは

　代金完済前に目的物を買主に引き渡す売買において，代金債権の担保のために，代金完済まで目的物の所有権を売主が自己に留保するという担保手段を**所有権留保**という[38]。買主が残代金の支払いを遅滞した場合に，売主が留保した所有権に基づいて目的物を取り戻し，その売却によって代金を回収す

---

38) 所有権留保については，米倉明『所有権留保の実証的研究』（商事法務研究会，1977年），同『所有権留保の研究』（新青出版，1997年），石口修『所有権留保の現代的課題』（成文堂，2006年）参照。

第4節　所有権留保　227

ることにより担保の目的を達しようとするものである。所有権留保は，担保の形式としては，権利移転を利用する点で譲渡担保や仮登記担保と類似しており，権利移転型担保に属する。しかし，1個の売買契約における目的物とその対価である代金債権との間に成立する担保関係である点で特殊性を有する。

### (2)　所有権留保の利用

　所有権留保は，主として消費的商品（自動車・家具・ピアノ・電気製品など）の割賦販売において利用されている。そして，割賦販売法は，割賦販売業者が同法2条1項1号に定める割賦販売の方法で指定商品を販売した場合には，その商品の所有権は販売業者に留保されたものと推定している（割賦7条）。もっとも，この条項は政令で定められた指定商品の割賦販売に適用されるので，これ以外の商品の割賦販売については，売買当事者間における所有権留保の特約が必要である。

　このほか，所有権留保は，建設機械や土地・建物の割賦販売にも利用されている。ただ，宅地・建物の割賦販売については，宅地建物取引業法によって，宅地建物取引業者が売主となって行なう割賦販売では原則として所有権留保が禁止されているので（宅建業43条），不動産の所有権留保はそれほど多くないといわれている。

　更に，近年では，商品の継続的な売買取引において，全売買代金債権の担保のために根所有権留保（拡大された所有権留保）が用いられたりしている[39]。

### 4.1.2　所有権留保の法律構成

　所有権留保の法律構成について，従来は停止条件付所有権移転と解されていた（所有権的構成）。すなわち，買主の代金完済という条件成就によって所有権は買主に移転するのであり，それまでは所有権は売主に帰属し，買主は目的物利用権と条件成就による所有権取得についての期待権（128条・129条）を持つとされていた。

　しかし，近年では，所有権留保の目的は売主の代金債権の担保であり，債権者が担保目的のために所有権を有している点では，所有権留保も譲渡担保

---

39）拡大された所有権留保については，松井宏興「所有権留保で残された基本的論点は何か」椿寿夫編『講座現代契約と現代債権の展望第3巻』（日本評論社，1994年）参照。

*228* 第5章 非典型担保

と同じであることから，売主の権利を所有権ではなく担保権として構成すべきであるとする見解が支配的になっている（担保的構成）。ただ，その理論構成についてはいくつかの見解に分かれているが，ここでは，売買契約によって目的物の所有権は買主に移転するが，所有権留保特約によって，売主は代金債権を被担保債権とする担保権（留保所有権）を取得すると構成する見解を支持したい[40]。そして，以下ではこの見解を前提として述べていくことにする。

## 4.2 所有権留保の設定と効力

### 4.2.1 所有権留保の設定

#### (1) 設定方法

商品の売買契約において，所有権の移転時期を買主の代金完済時とするという特約が結ばれることによって，所有権留保の設定が行われる。したがって，譲渡担保のような特別な設定契約が結ばれるわけではない。なお，割賦販売法が適用されるときは，所有権留保が推定される（割賦7条）。

#### (2) 公示手段

単純な所有権移転の特約と解すると，物権変動がないため公示は必要とならない。これに対し，担保権（留保所有権）の設定と解すると，公示が必要となるが，その手段は買主から売主への占有改定とみることになる。しかし，占有改定では実際には公示機能がないに等しいので，実務では，買主の第三者への売却による即時取得を防ぐために，ネームプレートを目的物に付けることが行われている。

### 4.2.2 当事者間の関係

#### (1) 目的物の利用関係

買主が目的物を使用収益できるのは売買契約に基づく効果であると，一応は考えることができる。しかし，売主の留保所有権を担保権と捉えるならば，買主は実質的には所有者であるから，自由に目的物を使用・収益するこ

---

40) 高木・380頁。

とができる。

　目的物が買主に引き渡された後に滅失・損傷したときは、買主は帰責事由がなくても代金債務を免れることができない。これを売買法上の問題とみて、危険負担の法理から説明する見解もあるが、所有権留保における実質的な所有者は買主であるから当然のことといえる。

　買主が目的物を滅失・損傷したり、第三者へ処分したことによって売主の留保所有権を消滅させた場合には、留保所有権の侵害として、買主には不法行為責任の問題が生じる。更に、売買契約において買主の目的物保管義務が特約されているときには、この義務違反として買主の債務不履行責任も問題となる。

### (2) 所有権留保の実行

　買主が代金債務を履行しないときは、売主は売買契約を解除し、目的物を取り戻すことによって、代金債権を回収するという私的実行の方法がとられる。しかし、契約の解除は実質的には担保権の実行にほかならない。したがって、売主は、目的物の返還を請求するにあたって、清算金を買主に支払う義務を負う。この清算金の支払いは、売主が既に支払いを受けた代金額から損害金額（例えば、契約が解除されるまでの使用による目的物の減価額や契約で定められた違約金額・予定賠償額など）を差し引いた額を買主に返還するという方法で行われる（なお、割賦販売法6条は、売主が請求できる予定賠償額や違約金額について一定の規制を加えている）[41]。

　この清算金の支払いと目的物の引渡しとの間には引換給付の関係が生じ、買主について留置権も認められる。そして、買主は、清算金の提供または支払いがあるまでに残代金を支払って、売主の留保所有権を消滅させることができる（目的物の受戻し）。もっとも、動産は使用による減価が著しいので、清算義務の生じないことが多い。その場合には、契約が解除されると、買主はもはや受け戻すことができない。

---

41) 高木・382頁、内田・555頁以下。

*230* 第 5 章 非典型担保

### 4.2.3 当事者と第三者の関係

#### (1) 売主と買主側の第三者との関係

(ア) **買主の転売**　所有権留保について所有権的構成をとった場合，買主には所有権がないので買主の転売は効果を生じないが，ただ相手方が即時取得（192条）をしたときに限って，売主は所有権を失うことになる。これに対し，担保的構成では，買主は担保権（留保所有権）付きの所有権を取得するので，相手方は，この担保権付所有権を取得するが，相手方が担保権の存在につき善意無過失であれば，即時取得によって担保権の付かない所有権を取得することになる。

(a) **自動車の転売のケース**　この買主の転売について，判例上しばしば問題となったケースとして，次のような場合がある。

> 【設例Ⅴ-12】　自動車のディーラーＸは，サブディーラーＡと協力して自動車の販売を行っていたが，ＹはＡと自動車の販売契約を締結し，Ａに代金を完済して本件自動車の引渡しを受けた。その際，Ｘは，Ｙのために税金の納付手続，車検手続，車庫証明手続等を代行するなど，売買契約の履行に協力していた。そして，その後にＸ・Ａ間で，本件自動車について，代金を分割払いとして代金完済までは本件自動車の所有権はＸに留保される旨の売買契約が結ばれ，登録名義はＸとなっていた。しかし，ＡがＸに対する代金支払いを怠ったので，ＸはＡとの売買契約を解除して，Ｙに対し本件自動車の引渡しを求めた。このＸの請求は認められるか。

【設例Ⅴ-12】について，目的物が自動車ではなくて家電製品などであれば，Ｙについて上述の即時取得の可能性がある。しかし，Ｘ名義の登録がなされている自動車であるために，即時取得は認められない（これについては→松井・129頁参照）。

　これについて，判例は，①ディーラーがサブディーラーとユーザーとの転売契約の履行に協力していること，②この転売契約が，ディーラーとサブディーラーとの間の所有権留保売買に先行しているかまたは同時であること，③ユーザーが代金を完済していることという事情がある場合に，ディーラーのユーザーに対する留保所有権に基づく自動車の引渡請求を権利濫用として否定している（最判昭50・2・28民集29巻2号193頁，最判昭52・3・31金法853号

42頁）。更に，③のほかに，④ユーザーがディーラーとサブディーラーとの間の所有権留保特約を知らないで買い受けたという事情がある場合にも，ディーラーの引渡請求を権利濫用としたものもある（最判昭57・12・17判時1070号26頁。なお，最判昭56・7・14判時1018号77頁は，①と④の事情が存在しないとして，ディーラーの引渡請求を肯定している）。

**(b)　転売授権**　　判例のとる権利濫用理論は，権利者の権利行使を制限する理論であるから，自動車の所有権がディーラーにあることを前提としている。そうすると，判例の見解によれば，ディーラーは所有権を有するにもかかわらず自動車の引渡しを請求できず，ユーザーは所有権がないにもかかわらず自動車の引渡請求を拒絶できることになり，中途半端な解決をもたらすにすぎないといえる。また，ユーザーは，代金を完済したにもかかわらず所有権を取得できず，自動車登録の移転をディーラーに請求できないという不当な結果が生じる。

　そこで，ディーラーは，常にサブディーラーからユーザーへの転売を容認したうえで，サブディーラーに自動車を売却するのであるから，サブディーラーはディーラーから有効な転売を行うための権限を与えられている（転売授権）と構成し，ユーザーは，サブディーラーに代金を完済すれば，完全な所有権を取得するとする見解が学説では多数を占めている。この転売授権という考え方をとった場合，担保的構成の立場では，ユーザーの代金完済によってディーラーの留保所有権が消滅すると解される[42]。

　**(イ)　買主の一般債権者による差押え**　　理論的には，譲渡担保において目的動産を現実に占有している設定者の一般債権者が差し押さえた場合と同様に考えればよい（→**3.2.4(1)(イ)**参照）。判例は，売主に第三者異議の訴え（民執38条）を認めている（最判昭49・7・18民集28巻5号743頁）。

　**(ウ)　買主の破産・会社更生など**　　この場合についても，設定者が目的動産を現実に占有している譲渡担保と同様に考えればよい（→**3.2.4(1)(ウ)**参照）。したがって，売主は，買主の破産や民事再生では別除権者（破2条9項，民再53条）として，買主の会社更生では更生担保権者（会更2条10項）として扱わ

---

42）高木・386頁。

*232   第5章　非典型担保*

れる（通説）。

### (2)　買主と売主側の第三者との関係

(ア)　**売主の処分・売主の一般債権者による差押**　　買主が目的動産を現実に占有しているので，売主の処分は通常起こりえない。同様に，売主の一般債権者が買主の現実に占有している目的動産を差し押さえることも通常起こりえない（民執124条参照）。

(イ)　**売主の破産・会社更生など**　　売主の破産の場合，代金債権と留保所有権が破産財団に帰属し，売主の民事再生や会社更生では，代金債権と留保所有権は売主に帰属する。そして，代金債務の遅滞がない限り，買主の地位には変更がなく，買主は代金を完済することによって，完全な所有権を取得する。

＊代理受領と振込指定　　国や地方公共団体に対する請負代金債権などのように，譲渡や質入れが禁止されている債権を担保に入れる方法として，代理受領や振込指定と呼ばれるものがある。

(1)　代理受領　　**代理受領**とは，債務者Ｓが第三債務者Ｄに対して有する債権について，債権者ＧがＳから取立てまたは受領の委任を受け，ＧはＤから受領した金銭をＳに対する債権に充当する（理論的には，Ｄから受領した金銭をＳに返還する債務との相殺）方法をいう。通常，ＧＳ間で委任契約が結ばれ，Ｇだけが取立てまたは受領権限を有することについて，ＧＳの連名でＤに承認を求めるという形で行われる。

この代理受領の効力として，まず，Ｄがその承認に反してＳに弁済した場合に，ＧはＤに対してどのような責任を追及できるのかが問題となる。これについて，Ｄの承認は，代理受領によって得られるＧの利益を承認し，正当な理由なしにその利益を侵害しないという趣旨を包含しており，ＤにはＧの利益を侵害しない義務があるとして，Ｓへの弁済によって，Ｄには不法行為責任が発生すると解するのが判例である（最判昭44・3・4民集23巻3号561頁，最判昭61・11・20判時1219号63頁）。これに対し，学説では，ＧＳＤ間の三面契約の成立を認め，Ｄの債務不履行責任を肯定しようとするものもある。

次に，債権の譲受人・質権者・差押債権者などの第三者に対して，代理受領における債権者が自己の優先権を主張できるかどうかが問題となる。これについては，代理受領には第三者に対する対抗要件がないので，Ｇは優先権を第三者に主張できないと解されている。

(2)　振込指定　　**振込指定**とは，債務者Ｓが第三債務者Ｄに対して有する

第4節　所有権留保　　*233*

債権の支払方法を，債権者G銀行に有するSの預金口座への振込みに限定す
る方法であり，DがSの預金口座に振り込むと，Sの預金債権との相殺によっ
て，Gは自己の債権の優先的回収を図ろうとするわけである。SがDへ振込指
定をなすべきGS間の契約，SのDへの振込指定およびDの承認から構成さ
れる。

　この振込指定の効力として，Dがその承認に反してGに振り込まずに直接
Sに弁済した場合に，GはDに対してどのような責任を追及できるのかが問
題となる。この問題につき，判例は，①GS間に債権関係が存在し，その債権
の担保あるいはその弁済の充当のために振込指定の方法が採られること，②
Dは指定された振込みの方法によらないで直接取引先に支払ってはならない
こと，③振込指定の方法の変更はS単独ではできず，Gの承諾を要すること，
の3つの要件がDに対して明確に表示され，GSD間の合意内容とされておれ
ば，振込指定の合意の効果として，DはGに対し合意内容に従った振込みをな
すべき契約上の債務を負担し，Dがこの義務に違反した場合には，債務不履行
責任を負うと解している（福岡高判昭59・6・11判時1137号80頁。もっとも，右福
岡高判では，前記①と②の要件が欠けていることなどを理由に債務不履行責任は否定
され，前掲最判昭44・3・4の理論をそのまま用いて，Dの不法行為責任が肯定された）。

# 事項索引

異時配当…108
一部抵当…23
一部弁済…108
一般債権者…5, 70, 208
一般債権者による差押え…49
一般財産…1
一般の先取特権…156, 167

受戻期間…199
受戻権…180, 199, 206
売渡担保…10, 187

会社の分割…122
買戻し…10, 187
買戻代金債権…41
拡大された所有権留保…227
確定集合動産譲渡担保…212
果実…136
価値権…15
価値権説…39
仮登記担保…9, 171
仮登記担保の私的実行…175
仮登記担保法…172
簡易な弁済充当…138
元本確定期日…120
管理のための占有…60

き

企業担保権…8
期限の利益喪失…62
帰属清算型…198, 206
狭義の共同根抵当…124
強制管理…182

共同抵当…104
共同抵当権の放棄…109
共同根抵当…124
共有根抵当権…119
極度額…120
極度額減額請求権…127

競売後の建物引渡猶予…91
権利移転型担保…9, 170
権利質…130
権利濫用…230

更生担保権…183, 203
個別価値考慮説…85
雇用関係の先取特権…156

債権質…131
債権質の対抗要件…134
債権執行…139
債権者代位権…58
債権者平等の原則…2
債権譲渡…46
債権譲渡登記ファイル…226
債権譲渡の対抗要件…225
債権譲渡の登記…226
債権担保手段…3
債権・抵当権共同質入説…98
債権と物との牽連関係…145
債権の掴取力…1
債権の担保…3
財団抵当…8
再売買の予約…10, 187
債務者合併…122
先取特権…6

先取特権の物上代位…164
差押えの意義…166
差押命令…50
指図債権質…131
指図による占有移転…205
更地…74

敷金充当…51
質権…7, 161
質権者による質物の返還…133
質権設定契約…130
質権の被担保債権の範囲…135
実体権…15
指名債権質…131
収益的効力…13
集合債権の譲渡担保…221
集合債権の範囲の特定…224
集合動産(集合物)譲渡担保…212
集合物の範囲の特定…214
集合物論…213
従たる権利…37, 194
従物…32, 135, 193
順位昇進の原則…20
純粋共同根抵当…124
承諾転質…141
譲渡担保…9, 186
譲渡担保権の侵害…197
商人間の留置権…149
消滅主義…66
将来債権の譲渡…224
将来の債権…25
処分清算型…198, 206
所有権移転請求権…172
所有権的構成…189, 227
所有権留保…10, 226
人的担保…3

制限物権型担保…6, 170
清算期間…175

清算義務…13, 172, 197
清算金の支払い…176
責任財産…1
責任転質…140
全体価値考慮説…86
占有改定…193, 215
占有者に対する明渡請求…58
占有担保…15
善良なる管理者の注意…153

相殺の合意…51
造作買取請求権…147
即時取得…201, 205, 230

代価弁済…93
第三債務者保護説…46
第三者異議の訴え…203, 209
第三者弁済…93
第三取得者…28, 92, 116, 167
代替的または代償的物上代位…40
代担保の提供…154
代物弁済の予約…171
代理受領…232
建物買取請求権…148
建物築造の承認…75
建物の再築…76
短期賃貸借保護…89
担保価値維持請求権…59
担保仮登記…174, 181
担保(権)的構成…189, 228
担保物権…4
担保物権の随伴性…11
担保物権の不可分性…11
担保物権の付従性…11
担保物権の物上代位性…12
担保不動産競売…64
担保不動産収益執行…38, 42, 55, 68, 137, 182

事項索引　*237*

遅延損害金…28
遅延利息…28
賃料債権…43

停止条件付代物弁済契約…171
抵当権…7, 162
抵当権再度設定説…98
抵当権買入説…98
抵当権者の同意による賃貸借の存続…90
抵当権消滅請求…93
抵当権侵害に対する損害賠償請求権…61
抵当権設定契約…16
抵当権担保設定説…98
抵当権に基づく物権的請求権…57
抵当権に基づく妨害排除請求権…57, 60
抵当権の時効消滅…115
抵当権の順位…20, 63
抵当権の順位の譲渡…102
抵当権の順位の変更…103
抵当権の順位の放棄…103
抵当権の譲渡…101
抵当権の物上代位…39
抵当権の放棄…102
抵当直流…71
抵当不動産の時効取得…115
滌除…94
典型担保…6
転貸賃料債権…43
転抵当…97
天然果実…37
転売授権…231
転付命令…52

登記の流用…21
動産質…129
動産質の対抗要件…133
動産執行…138

動産譲渡登記ファイル…193
動産譲渡の登記…193, 216
動産抵当…8
動産の先取特権…157
動産売買先取特権…219
同時配当…107
同時履行の抗弁権…144, 198
特定性維持説…45
特別の先取特権…156
土地と建物の一括競売…88
土地と建物の共同抵当…84
特権説…39
取戻権…204

根仮登記担保…183
根譲渡担保…192
根所有権留保…227
根抵当権…117
根抵当権者合併…122
根抵当権者または債務者の相続…121
根抵当権消滅請求権…127
根抵当権の一部譲渡…124
根抵当権の確定…125
根抵当権の全部譲渡…123
根抵当権の分割譲渡…123

売却代金債権…40
背信的悪意者…207
売買の予約…171

引受主義…66
引換給付判決…152
非占有担保…14
非典型担保…9

238　事項索引

付加一体物…29
付加的または派生的物上代位…40
付加物…29, 193
付加物の分離・搬出…57
付合物…30, 193
附属建物…18
普通抵当権…118
物質権…15
物上代位…178, 194
物上代位権…136
物上保証人…16, 110
物的担保…4
不動産質…129
不動産執行…139
不動産賃貸の先取特権…157
不動産の先取特権…156, 168
不法行為に基づく損害賠償請求権…44
振込指定…232
分析論…213

別除権…183, 203
変質集合動産譲渡担保…212

法定果実…37
法定借地権…184
法定担保物権…6, 143
法定地上権…72
保険金債権…44, 54
本来の仮登記…181

増担保の特約…62

未完成の建物…18
未登記抵当権…20

約定担保物権…6

優先権保全説…45
優先弁済的効力…13, 128, 162

要物契約…130

利息…27
流質契約…139
留置権…6, 161, 198
留置権に基づく競売権…151
留置権の消滅請求…153
留置的効力…12, 128, 136, 150
流動集合動産譲渡担保…212

累積根抵当…125

# 判例索引

大判明37・3・25民録10輯330頁…148
大判明38・12・6民録11輯1653頁…26
大判明39・5・23民録12輯880頁…33
大判明41・3・20民録14輯313頁…71
大判明41・5・11民録14輯677頁…74
大判明42・12・10民録15輯933頁…61
大判明45・7・8民録18輯691頁…191
大判大3・7・4民録20輯587頁…158
大判大4・7・1民録21輯1313頁…74
大判大4・9・15民録21輯1469頁…28
大判大4・12・23民録21輯2173頁…61
大判大5・5・31民録22輯1083頁…57
大判大5・6・28民録22輯1281頁…44
大判大5・12・25民録22輯2509頁…133
大判大6・1・22民録23輯14頁…44
大判大6・2・9民録23輯244頁…168
大判大6・7・26民録23輯1203頁…167
大連判大8・3・15民録25輯437頁…33
大判大8・10・8民録25輯1859頁…61
大判大9・3・29民録26輯411頁…137
大判大9・5・5民録26輯1005頁…87
大決大10・7・8民録27輯1313頁…33
大判大11・8・21民集1巻498頁…146
大判大11・11・24民集1巻738頁…37, 117
大連判大12・4・7民集2巻209頁…39, 44, 46, 48,
 52, 53
大連判大12・12・14民集2巻676頁…81
大連判大13・10・7民集3巻476頁…17, 18
大連判大13・12・24民集3巻555頁…191
大判大14・7・18新聞2463号14頁…37, 117
大判大14・10・26民集4巻517頁…31
大判大15・2・5民集5巻82頁…88
大連判大15・4・8民集5巻575頁…109
大判大15・10・26民集5巻741頁…71
大決昭5・9・23民集9巻918頁…46, 48
大判昭5・12・18民集9巻1147頁…31
大判昭6・1・17民集10巻6頁…148
大決昭6・4・7民集10巻535頁…112
大判昭7・4・20新聞3407号15頁…57
大判昭7・5・27民集11巻1289頁…62

大決昭7・8・29民集11巻1729頁…100
大判昭7・10・21民集11巻2177頁…76
大判昭8・10・27民集12巻2656頁…81
大判昭8・11・7民集12巻2691頁…22
大決昭9・3・8民集13巻241頁…31
大判昭9・7・2民集13巻1489頁…33
大判昭10・4・23民集14巻601頁…107
大判昭10・5・13民集14巻876頁…151
大判昭10・8・10民集14巻1549頁…77
大判昭10・10・1民集14巻1671頁…18
大判昭11・1・14民集15巻89頁…22
大判昭11・7・14民集15巻1409頁…109
大判昭11・12・9民集15巻2172頁…112
大判昭11・12・15民集15巻2212頁…76
大判昭13・5・25民集17巻1100頁…77, 85
大判昭14・7・26民集18巻772頁…80
大判昭14・12・19民集18巻1583頁…76
大判昭15・5・14民集19巻840頁…61
大判昭15・11・26民集19巻2100頁…115
大判昭18・2・18民集22巻91頁…148
最判25・10・24民集4巻10号488頁…20
最判29・1・14民集8巻1号16頁…148
最判29・7・22民集8巻7号1425頁…148
最判29・12・23民集8巻12号2235頁…82
最判30・3・4民集9巻3号229頁…151
最判30・6・2民集9巻7号855頁…193
鹿児島地判昭32・1・25下民集8巻1号114頁…54
福岡高宮崎支判昭32・8・30下民集8巻8号1619
 頁…54
名古屋高判昭33・4・15高民集11巻3号239頁…
 29
最判35・2・11民集14巻2号168頁…201
最判36・2・10民集15巻2号219頁…74, 75
最判36・7・20民集15巻7号1903頁…117
最判38・6・25民集17巻5号800頁…74
最判38・10・1民集17巻9号1085頁…74
最大判38・10・30民集17巻9号1252頁…152
最判40・5・4民集19巻4号811頁…37
最判40・7・15民集19巻5号1275頁…153
最判40・12・17民集19巻9号2159頁…194

最判昭41・3・3民集20巻3号386頁…149
最判昭41・4・28民集20巻4号900頁…203
最判昭42・2・23金法472号35頁…18
最判昭42・7・21民集21巻6号1643頁…116
最判昭42・9・29民集21巻7号2034頁…17
最判昭43・3・7民集22巻3号509頁…196
最判昭43・11・21民集22巻12号2765頁…146
最判昭43・12・24民集22巻13号3366頁…116
最判昭44・2・14民集23巻2号357頁…79
最判昭44・2・27判時552号45頁…75
最判昭44・3・4民集23巻3号561頁…232, 233
最判昭44・3・28民集23巻3号699頁…31, 33, 34, 35
最判昭44・4・18判時556号43頁…81
最判昭44・7・4民集23巻8号1347頁…25
最大判昭45・6・24民集24巻6号587頁…50, 51
最判昭46・3・25民集25巻2号208頁…198
最判昭46・7・16民集25巻5号749頁…149
最判昭46・10・14民集25巻7号933頁…79
最判昭46・12・21民集25巻9号1610頁…83
最判昭47・11・2判時690号42頁…75
最判昭47・11・16民集26巻9号1619頁…147
大阪地判昭47・12・21判時713号100頁…31
最判昭48・9・18民集27巻8号1066頁…81
最判昭49・7・18民集28巻5号743頁…231
最大判昭49・10・23民集28巻7号1473頁…172
最判昭49・12・24民集28巻10号2117頁…23
最判昭50・2・28民集29巻2号193頁…230
最判昭51・2・27判時809号42頁…75, 76
最判昭51・9・21判時833号69頁…194
最判昭52・3・31金法853号42頁…230
最判昭52・10・11民集31巻6号785頁…77, 78
最判昭53・7・4民集32巻5号785頁…112
最判昭53・9・29民集32巻6号1210頁…82
最判昭53・12・15判時916号25頁…224, 226
最判昭54・2・15民集33巻1号51頁…214, 215
福岡地小倉支判昭55・9・11下民集31巻9～12合併号890頁…54
東京地判昭55・10・9判時997号133頁…198
最判昭56・7・14判時1018号77頁…231
裁判昭56・12・17民集35巻9号1328頁…203
最判昭57・1・22民集36巻1号92頁…200
最判昭57・3・12民集36巻3号349頁…58

最判昭57・9・28判時1062号81頁…191
最判昭57・12・17判時1070号26頁…231
最判昭58・2・24判時1078号76頁…203
最判昭58・3・31民集37巻2号152頁…147, 176
最判昭59・2・2民集38巻3号431頁…165
福岡高判昭59・6・11判時1137号80頁…233
最判昭60・5・23民集39巻4号940頁…112
最判昭60・7・19民集39巻5号1326頁…49, 166
最判昭61・4・11民集40巻3号584頁…178
最判昭61・7・15判時1209号23頁…195
最判昭61・11・20判時1219号63頁…232
最判昭62・2・12民集41巻1号67頁…199, 207
最判昭62・11・10民集41巻8号1559頁…167
最判昭62・11・10民集41巻8号1559頁…214, 215, 216, 219, 220
最判昭62・11・12判時1261号71頁…208
最判平元・10・27民集43巻9号1070頁…43, 53
最判平2・1・22民集44巻1号314頁…80
最判平2・4・19判時1354号80頁…33, 35
最判平2・12・18民集44巻9号1686頁…17
最判平3・3・22民集45巻3号268頁…59
最判平3・7・16民集45巻6号1101頁…151
最判平4・4・7金法1339号36頁…104
東京地裁執行処分平4・6・8金法1324号36頁…86
最判平4・11・6民集46巻8号2625頁…109, 113
最判平5・1・19民集47巻1号41頁…119
最判平5・2・26民集47巻2号1653頁…191, 195
最判平6・1・25民集48巻1号18頁…19
最判平6・2・22民集48巻2号414頁…207
最判平6・9・8判時1511号71頁…211
最判平6・12・20民集48巻8号1470頁…83
最判平7・11・10民集49巻9号2953頁…191
最判平8・7・12民集50巻7号1918頁…223
最判平8・11・22民集50巻10号2702頁…199
最判平9・2・14民集51巻2号375頁…86
最判平9・4・11裁判所時報1193号1頁…199
最判平9・6・5民集51巻5号2116頁…86
最判平9・7・17民集51巻6号2882頁…194
最判平10・1・30民集52巻1号1頁…49, 54
最判平10・2・10判時1628号9頁…49
最判平10・3・26民集52巻2号483頁…50
最判平10・7・3判時1652号68頁…86

判例索引　*241*

最判平10・7・14民集52巻5号1261頁…154
最判平11・1・29民集53巻1号151頁…224, 225, 226
最決平11・5・17民集53巻5号863頁…195
最大判平11・11・24民集53巻8号1899頁…56, 59, 60
最判平11・11・30民集53巻8号1965頁…42
最決平12・4・14民集54巻4号1552頁…44
最判平13・3・13民集55巻2号363頁…47, 51
最判平13・10・25民集55巻6号975頁…55
最判平13・11・22民集55巻6号1056頁…222, 223, 226
最判平13・11・27民集55巻6号1090頁…222, 223

最判平14・3・12民集56巻3号555頁…53
最判平14・3・28民集56巻3号689頁…52
最判平16・7・16民集58巻5号1744頁…223
最判平16・9・14判時1872号67頁…223
最判平17・2・22民集59巻2号314頁…167
最判平17・3・10民集59巻2号356頁…56, 61
最判平18・7・20民集60巻6号2499頁…218, 220
最判平18・10・20判時1950号69頁…209
最判平19・7・6民集61巻5号1940頁…80
最決平22・12・2民集64巻8号1990頁…217
最判平24・3・16民集66巻5号2321頁…116
最決平29・5・10民集71巻5号789頁…193

[著者紹介]

**松 井 宏 興**（まつい　ひろおき）

1970年　大阪市立大学法学部卒業
1976年　同大学大学院法学研究科博士課程単位取得満期退学，
　　　　甲南大学法学部講師，助教授，教授，
　　　　関西学院大学法学部教授，法科大学院教授を経て，
2016年　関西学院大学停年退職
現　在　甲南大学名誉教授

[主要著作]

『抵当制度の基礎理論』（法律文化社，1997年）
『民法の世界2　物権法』（編著，信山社，2002年）
『プリメール民法2　物権・担保物権法〔第3版〕』（共著，法
　律文化社，2005年）
『導入対話による民法講義（債権総論）』（共著，不磨書房，
　2002年）
『導入対話による民法講義（物権法）〔第2版〕』（共著，不磨書
　房，2005年）
『導入対話による民法講義（総則）〔第4版〕』（共著，不磨書房，
　2007年）
『債権総論』（成文堂，2013年）
『物権法』（成文堂，2017年）

担保物権法［第2版］　　　　［民法講義3］

2007年9月20日　初　版第1刷発行
2008年8月1日　補訂版第1刷発行
2011年9月10日　補訂第2版第1刷発行
2019年4月1日　第2版第1刷発行
2020年9月1日　第2版第3刷発行

著　者　　松　井　宏　興

発行者　　阿　部　成　一

〒162-0041　東京都新宿区早稲田鶴巻町514

発行所　株式会社　成　文　堂

電話 03(3203)9201(代) Fax 03(3203)9206
http://www.seibundoh.co.jp

製版・印刷　シナノ印刷　　　　製本　弘伸製本
☆乱丁・落丁本はおとりかえいたします☆
©2019　H. Matsui　　　　Printed in Japan
ISBN978-4-7923-2734-7　C3032

定価（本体2500円＋税）